RENÉ DE CHAMBRUN

LES PRISONS
DES LA FAYETTE

René de Chambrun

LES PRISONS
DES LA FAYETTE

Dix ans de courage et d'amour

Librairie Académique Perrin

© Librairie Académique Perrin, 1977.

ISBN 2-262-00073-5

La quasi-totalité des textes cités : Mémoires retouchés à plusieurs reprises par La Layette — lettres d'Adrienne et de ses filles — lettres des aides de camps du général — documents américains, prussiens, autrichiens, etc., se trouvent à Lagrange ; par ailleurs, les dix mille volumes de la bibliothèque du château ont été une source à laquelle nous avons puisé largement. Mais nous nous sommes abstenus de placer des renvois en bas de page : leur nombre aurait constitué une surcharge considérable et nui à la présentation du livre.

Seules font l'objet d'une mention particulière, les quatre lettres de La Fayette à Archenholtz (et deux à Le Blanc) relatives à la tentative d'évasion de Magdebourg. Elles appartiennent à la Bostonian Society (Collection Colburn) et se trouvent en dépôt à la Massachusetts Historical Society.

Enfin les textes marqués d'un astérisque font partie de la Collection Fabius devenue, depuis, la propriété de l'université de Cornell. Il y a à Lagrange des copies de la plupart d'entre eux, mais nous avons tenu à nous reporter aux originaux et nous sommes très reconnaissants à M. Stanley Idzerda d'avoir bien voulu nous en communiquer des photocopies.

AVANT-PROPOS

Cet ouvrage doit le jour à une suite de miracles qui ont préservé les archives de Lagrange, dont le classement, après vingt ans de travail, n'est pas encore terminé.

La fidélité, le dévouement à toute épreuve de quelques personnes qui étaient au service de Mme de La Fayette, mais qu'elle considérait comme des amis très chers, ont sauvé, à travers les orages de la Révolution, les lettres, messages, billets, documents de toute sorte, livres et certains objets auxquels Adrienne de La Fayette tenait par-dessus tout.

Les épouses des descendants du général n'étaient pas toutes animées des mêmes sentiments ; son petit-fils Jules de Lasteyrie avait épousé Olivia de Rohan-Chabot, de mère anglaise, issue d'une famille d'émigrés. Pour elle, La Fayette était un des fossoyeurs de l'Empire britannique et de la royauté. Aussi, tout ce qui pouvait rappeler son souvenir, se trouva-t-il, à la mort de son mari, relégué au troisième étage de Lagrange, dans seize petites pièces donnant sur le couloir « des Polonais », ainsi nommé en souvenir des Polonais qui avaient trouvé asile chez La Fayette lorsque les Russes écrasèrent l'insurrection de 1831.

Mais qu'importent les mobiles qui font agir les

hommes, si leurs actes aboutissent aux mêmes résultats ? Les Lasteyrie, tout en exilant La Fayette de sa demeure dont ils avaient fait une gentilhommière anglaise, veillèrent scrupuleusement, à travers les épreuves de deux guerres, à conserver intact l'héritage qu'ils avaient reçu.

Louis de Lasteyrie, descendant comme moi de la fille cadette de La Fayette, avait demandé à ma femme, dès notre mariage, d'accepter de lui succéder à Lagrange. Nous commençâmes, en 1956, à ouvrir une à une les seize pièces donnant sur le « couloir des Polonais », et où dormaient, depuis plus d'un siècle, les archives du château : entre autres des milliers de pages d'inédits qui couvraient trente ans d'histoire : guerre d'Indépendance des Etats-Unis, Révolution de 1789, Directoire, Consulat, naissance de l'Empire.

La nouvelle de cette découverte avait fait grand bruit en Amérique. Les Etats-Unis, considérant La Fayette comme un des leurs, sollicitèrent l'autorisation d'exploiter ce trésor.

Ma femme, dès la lecture des premiers documents, avait eu la révélation d'un personnage hors série : Adrienne Noailles-La Fayette, l'épouse du Général. « C'est elle dont il faut faire connaître l'extraordinaire personnalité », me dit-elle. La maison d'édition McGraw-Hill me proposa alors d'écrire sa vie, en collaboration avec Catherine Marshall, romancière à succès. Mme de Chambrun me fit observer que seul André Maurois était qualifié pour mener à bien cette tâche. Il accepta aussitôt et j'entrepris avec lui le long travail de dépouillement, de classement et d'interprétation des textes ; c'est ce volumineux dossier qu'il mit en forme, qu'il anima de sa plume élégante et qui parut en 1961 sous le titre de *Adrienne, ou La vie de Madame de La Fayette.*

Depuis, j'ai, en poursuivant mes recherches dans

les archives de Lagrange, découvert sur les prisons de La Fayette des épisodes inconnus qui m'ont permis de vivre jour par jour avec lui, trois années de solitude passées à Wesel, Magdebourg, Neisse et Olmütz ; d'autre part, en repensant les dix ans d'une captivité qui, après avoir séparé le couple, l'a de nouveau réuni, une vérité m'est apparue : Ces dix ans ont fait ce que n'avait pas fait, ce que ne pouvait pas faire un amour de jeunesse : orienter la vie de deux êtres si profondément différents, vers l'unité d'un même destin.

Aussi m'a-t-il semblé que les prisons des La Fayette se détachaient avec assez de relief sur la toile de fond de tant et tant de geôles révolutionnaires, pour mériter qu'on leur consacre un livre.

VERS UNE MEME PRISON,
VERS UN MEME DESTIN...

15 juillet 1789 : La Fayette, au lendemain de la prise de la Bastille, est nommé par acclamation et aux applaudissements d'une foule enthousiaste, commandant général de la Milice parisienne qui deviendra bientôt la Garde nationale. Il est l'homme de la Révolution. Mieux, il est obligé de refuser une quasi-dictature que lui offrent les présidents des soixante districts de la capitale :

« J'espère, messieurs, que l'organisation civile et militaire de la capitale, marquera bientôt des limites aux différents pouvoirs que vous jugerez bon de me confier. »

15 août 1792 : La Fayette, destitué de son commandement de l'armée Nord-Centre, est décrété par l'Assemblée législative, traître à la Révolution. Sa tête est mise à prix, il doit prendre le chemin de l'exil. Arrêté en Belgique par les autorités militaires autrichiennes, puis dirigé vers la Prusse qui l'a pris en charge, incarcéré successivement à Wesel, à Magdebourg, à Neisse, il sera déporté en Moravie et mis au secret dans la geôle autrichienne d'Olmütz.

10 septembre 1792 : Adrienne de Noailles-La Fayette est arrêtée à Chavaniac où elle demeure prisonnière sur parole ; elle sera libérée le 15 décembre.

Arrêtée de nouveau le 13 novembre 1793 et incarcérée dans la maison d'arrêt de Brioude, elle est transférée à Paris où elle va de prison en prison : d'abord à la Petite Force, puis au Plessis, à la rue des Amandiers, enfin à la maison Delmas d'où elle sort libre le 21 janvier 1795. A peine a-t-elle retrouvé ses filles en Auvergne, elle n'a qu'une idée en tête : partager avec elles la captivité de son mari. Mille obstacles se dressent sur sa route ; elle réussit à les tourner et rejoint, le 15 octobre, son mari à Olmütz où les quatre prisonniers attendront, deux ans encore, l'heure de la libération. Seules d'ailleurs, Adrienne, Anastasie et Virginie pourront rentrer à Paris. Le sol français restera interdit à La Fayette dont l'exil ne prendra fin qu'en décembre 1799.

Ce retournement brutal de fortune qui démentait les prévisions optimistes de Gilbert et ruinait leurs communes espérances, Gilbert et Adrienne non seulement l'acceptèrent, mais ils y firent face chacun à sa manière avec un égal courage ; et lorsque les portes de la forteresse d'Olmütz se refermèrent sur la famille réunie dans la même prison, ils purent se dire qu'ils n'avaient jamais renié l'idéal pour lequel ils combattaient, qu'ils étaient restés fidèles jusqu'au bout à *leur* révolution, bien que la France révolutionnaire aussi bien que l'Europe contre-révolutionnaire l'eussent condamnée sans appel.

« Au sortir du collège où rien ne m'avait déplu que la dépendance, je vis avec mépris les grandeurs et les petitesses de la cour, avec pitié les futilités et l'insignifiance de la société, avec dégoût les minutieuses pédanteries de l'armée, avec indignation tous les genres d'oppression. »

Tel se présente La Fayette dans une lettre du 15 janvier 1799 à Mme d'Hénin. C'est au sortir du collège — il n'a pas encore dix-sept ans — que cet adolescent ambitieux, jaloux de son indépendance et prompt à la révolte, rencontre Adrienne de Noailles — elle n'a pas encore quinze ans — née d'une des plus illustres familles de France. Un même amour les emporte l'un vers l'autre. Mais si Gilbert aime Adrienne, il se sait — plus encore — aimé d'elle, comme en témoignent ces lignes qu'il écrit à La Tour Maubourg au lendemain de sa mort :

« Elle avait quatorze ans et moi seize, lorsque son cœur l'amalgama à tout ce qui pouvait m'intéresser. »

Adrienne, elle, éprouve un sentiment profond qui mêlera vite à l'amour, la passion charnelle ; c'est sa fille Virginie qui le révèle :

« L'excès de son sentiment était tel que pendant quelques mois lorsqu'il revint d'Amérique, elle était près de se trouver mal lorsqu'il sortait de la chambre. Elle fut effrayée d'une si vive passion par l'idée qu'elle ne pourrait pas toujours la dissimuler à mon père et qu'elle deviendrait gênante. Dans cette vue et pour lui seul elle cherchait à se modérer. »

Cet amour-passion va, naturellement, incliner Adrienne à épouser les idées de son mari ; et ce, d'autant plus qu'à la suite du succès de « son aventure américaine », il est pour elle « l'homme qui a eu raison deux ans avant les autres ».

Par ailleurs, elle a, en commun avec lui, « l'horreur de toutes les injustices » ; descendante du chancelier d'Aguesseau, elle ne peut accepter, par exemple, la condition misérable *d'un tiers-monde* qui vient à l'existence. Elle va le montrer, en s'attachant à réaliser l'affranchissement des Noirs qui travaillent dans la propriété de la « Gabrielle » qu'elle a achetée à Cayenne. « Toutes les idées justes et libérales, écrit Virginie, *étaient dans le cœur de ma mère.* »

Mais elle n'est pas, pour autant, l'élève docile de son mari. Elle est profondément croyante, alors que Gilbert, sans être athée, donne volontiers dans un certain scepticisme voltairien.

Elle voue, d'autre part, comme tous les Noailles, un véritable culte à la personne du roi et à la famille royale, alors que Gilbert est loin d'être un « inconditionnel » de la monarchie.

Il n'y a là rien qui puisse troubler, si peu que ce soit, le climat de parfaite entente dans lequel ils vivent. Il est significatif, cependant, que certaines nuances n'ont pas échappé — dès cette époque — à la perspicacité de Virginie : c'est ainsi qu'elle dit à propos de l'affranchissement des esclaves de la Gabrielle :

« Le désir d'enseigner aux Noirs de cette habitation les premiers principes de religion et de morale, s'unissait à celui qu'elle partageait avec mon père de les amener à la liberté. »

On comprend aisément que ce couple d'aristocrates libéraux applaudisse à ce que l'on pourrait appeler le prologue de la révolution de 1789.

La Fayette a respiré l'air de cette fin du XVIIIe siècle, il est ouvert aux idées nouvelles répandues par les philosophes ; la réforme du système politique français est à l'ordre du jour : Gilbert est un des plus actifs, des plus remuants, parmi ceux qui réclament un changement. Bien mieux, alors qu'autour de lui, on s'interroge, on hésite, on tâtonne, il a un modèle de révolution tout prêt : le modèle américain, dont on peut dire qu'il est devenu pour lui, comme il l'explique dans ses *Mémoires,* une véritable obsession :

« C'est à mon dernier voyage aux Etats-Unis, en 1784, que j'ai eu le plaisir de voir cette révolution complétée et, pensant déjà à celle de France, j'ai dit dans un discours au Congrès, imprimé partout, excepté dans *la Gazette de France* : « Puisse cette révolution servir de leçon aux oppresseurs et d'exemple aux opprimés. »

Mais les Etats-Unis sont une république, alors que la monarchie a poussé dans l'histoire de France des racines trop profondes pour qu'il soit question de la supprimer. Qu'à cela ne tienne ! La Fayette souhaite que les rapports entre les Français et leur roi soient à l'image de ceux qu'entretiennent les Américains et leur président. En un mot, la monarchie ne devra pas être seulement une monarchie constitutionnelle, mais une monarchie populaire.

Ce raisonnement par analogie, ce transfert d'une révolution de pays à pays, se heurte à un gros obstacle : l'Amérique ne connaît ni castes ni privilèges de naissance ou de fonction ; il y règne une liberté et une égalité inconnues dans un pays soumis depuis plus de cent ans à un pouvoir politique absolu. Quand Washington a fait sa révolution, il n'a eu qu'à secouer le joug de la métropole britannique. Il ne lui a pas fallu bouleverser des structures politiques et sociales existantes ; il a dû, au contraire, pour promouvoir les treize colonies à la dignité d'un Etat fédéral, créer les organismes nécessaires : un pouvoir exécutif et un pouvoir législatif suffisamment forts. Il n'a pas eu à opérer de révolution sociale : la liberté, l'égalité, et même la fraternité existaient déjà en Amérique, comme le dit, en propres termes, La Fayette dans une lettre du 17 juin 1777 à Adrienne ; une prescience mystérieuse lui fait énumérer les trois mots dans l'ordre qui sera celui de la République française : Liberté, Egalité, Fraternité :

« Les Américains sont aussi aimables que mon enthousiasme avait pu se le figurer. La simplicité des manières, le désir d'obliger, l'amour de la patrie et de la *Liberté,* une douce *égalité* règnent ici parmi tout le monde. L'homme le plus riche et le plus pauvre sont de niveau ; et quoiqu'il y ait des fortunes immenses dans ce pays, je défie de trouver la moindre différence entre leurs manières respectives des uns pour les autres... Ce qui m'enchante ici c'est que tous les citoyens sont *Frères.* Il n'y a en Amérique ni pauvres, ni ce qu'on appelle paysans : tous les citoyens ont un bien honnête et tous, les mêmes droits que le plus puissant propriétaire du pays... »

La Fayette a-t-il mesuré ou simplement même entrevu les risques d'une entreprise qui se proposait d'en finir avec l'immobilisme presque millénaire, dans lequel vivait encore la France ? Peut-être, mais il est persuadé qu'il viendra à bout de toutes difficultés. D'abord parce qu'il fait confiance à la nature humaine. Il y a en lui du Jean-Jacques Rousseau. Comme l'auteur du *Contrat social,* il croit que l'homme est naturellement bon et qu'il ne tient qu'à lui de corriger les erreurs, les abus, les vices, héritage du passé.

De plus, et c'est là un des traits de caractère les plus marquants du personnage, il se croit tout particulièrement qualifié pour agir sur tous ceux qu'il approche, de manière à les faire vivre dans un climat de liberté, d'égalité et de bonne entente. Rien de plus significatif à cet égard que la lettre qu'il écrit à Adrienne le 1er octobre 1777, trois mois après son arrivée :

« Je suis assez heureux pour être aimé par tout le monde étranger ou américain. Je les aime tous. J'espère mériter leur estime et nous sommes fort contents mutuellement les uns des autres. »

Cette confiance naïve en la nature humaine et en lui-même, la conviction qu'il a de pouvoir influencer ceux qu'il approche, jointes à une vitalité, à une énergie hors du commun, en même temps qu'elles font de lui un optimiste impénitent, l'inclinent à prendre souvent ses désirs pour des réalités et à manifester, toujours, quoi qu'il arrive, un contentement qui le met toujours au-dessus de l'événement, ainsi qu'en témoigne l'extraordinaire lettre du 23 juin 1789 à Mme de Simiane :

« Je vous jure que dans les douze ans de ma vie publique, si j'ai fait beaucoup de fautes je n'ai pas eu un moment dont je ne m'applaudisse ; et parmi les fautes que j'ai faites, il y en a beaucoup que je dois à la prudence d'autrui. »

Une manière à peine voilée de dire qu'il ne se reconnaît pas de fautes. Sainte-Beuve en reste rêveur :

« Cela fait douter : quelques fautes de loin en loin rendraient confiance. »

.·.

Voici donc La Fayette prêt à réaliser son rêve, c'est-à-dire à calquer la révolution française sur le modèle américain. Pas un instant il ne doute du succès. Il le dit dans cette même lettre à Mme de Simiane :

« Il y a un an que j'ai fait un plan dont les points les plus simples paraissaient des extravagances, et qui d'ici à six mois s'exécutera tout entier, oui tout entier, sans changer un seul mot ; j'ai fait aussi une déclaration des Droits que Jefferson a trouvée si bonne qu'il a exigé son envoi au général Washington ; et cette déclaration ou à peu près, sera le catéchisme de la France. »

De fait, l'événement semble justifier son optimisme. Avec la convocation des états généraux le 5 mai, la France entre dans la Révolution : le Tiers état passant outre aux injonctions de Louis XVI, s'est constitué en Assemblée nationale et ses membres ont fait le serment de ne pas se séparer avant d'avoir donné à la France une constitution. Louis XVI a capitulé, et la noblesse en rejoignant le Tiers a tiré une épine du pied de Gilbert, l'aristocrate « dont le cœur était avec les opprimés ».

Aussi est-il charmé, comme il l'écrit à Mme de Simiane, par cet événement « qui avance la révolution ». Tout se passe comme il le souhaite, et il se croit sûr de garder le contrôle de l'événement :

« Je calcule tout ce qui empêcherait d'atteindre le point où je désire que nous nous arrêtions. »

Après la prise de la Bastille, il est persuadé que la partie est gagnée, qu'il va pouvoir faire « sa révolution ». Il croit avoir pour lui le peuple ; il croit aussi avoir pour lui le roi depuis que Bailly, maire de Paris, a dit à Louis XVI — qui avait accepté de se rendre sans gardes de Versailles à Paris — en lui remettant les clefs de la ville :

« Ce sont les mêmes clefs qui ont été présentées à Henri IV. Il avait reconquis son peuple, ici c'est le peuple qui a reconquis son roi. »

Gilbert ne se connaît pas d'autre adversaire que la « faction aristocratique », c'est-à-dire une certaine noblesse qui n'accepte pas de perdre ses privilèges ; il n'aura, croit-il, aucun mal à la réduire à l'impuissance, d'autant plus qu'elle pense déjà à émigrer.

Adrienne, dans les débuts de la Révolution, approuve et suit son mari sans hésitation :

« Aucun préjugé, dit Virginie, n'avait d'emprise sur elle ; depuis longtemps, d'ailleurs, elle partageait avec mon père des opinions qui, naturellement, auraient été les siennes : elle approuva, elle admira sa conduite, elle s'identifia avec ses sentiments et se soutenait au milieu de ses inquiétudes, par la pensée qu'il travaillait au triomphe de justes principes. »

La Révolution pour elle, bien plus qu'une révolution politique, était une révolution morale.

.∴.

Mais la réalisation du « Plan » s'avère plus difficile que prévu.

La Fayette n'a pour lui, ni le roi, ni la famille royale : Marie-Antoinette, qui lui préfère Mirabeau, prend ses distances ; Louis XVI se détourne de plus en plus d'une révolution dont il se sent prisonnier, la Constitution civile du clergé l'atteint profondément dans ses sentiments religieux : il désire aller assister à Saint-Cloud à la célébration de la messe par un curé non assermenté. Devant l'hostilité de la Garde nationale, il renonce, et bien que La Fayette insiste pour qu'il s'y rende, il persiste dans son refus.

Il n'a pas non plus le peuple : les premières violences de juillet 1789 font deux morts ; La Fayette doit faire appel à la Garde nationale pour maintenir l'ordre. Puis ce sont les journées des 5 et 6 octobre au cours desquelles il lui faut maîtriser la populace qui a tenté d'envahir les appartements royaux à Versailles ; enfin le 15 juillet 1791, c'est l'émeute du Champ-de-Mars où il fait tirer sur la foule et est entouré aussitôt par une multitude hurlante.

Se trompe-t-il vraiment ? Ne cherche-t-il pas plutôt à s'abuser, à se tromper lui-même ? On est enclin à le croire lorsqu'on voit les jugements lucides qu'il porte sur la conduite de la famille royale. Il ne lui a pas échappé que Marie-Antoinette a, dès le 23 juin 1789, réclamé « des troupes » pour mettre au pas la population parisienne qui commençait à s'agiter, et il note « qu'elle a contribué à la chute de l'autorité royale ». Il se méfie aussi de Louis XVI qu'il sait faible et prompt à subir l'influence de son entourage.

Il en va de même pour ses rapports avec le peuple, comme pour les rapports du peuple avec le roi. Ce n'est pas par hasard qu'il a relevé ce mot d'un jeune homme nommé Mercier, au cours de la matinée du 5 octobre : « Mon Général, le Roi nous trompe tous et vous comme les autres. Il faut le déposer, son enfant sera roi. » Mercier, il est vrai, ne veut déposer le roi que pour introniser La Fayette : « Vous serez régent et tout ira bien. » Sur quoi Gilbert ajoute naïvement : « On leur avait suggéré l'idée d'une régence et ils l'avaient naturellement appliquée à leur général. » Mais le soir même il savait à quoi s'en tenir : en essayant d'interdire aux émeutiers l'accès des appartements royaux, il avait entendu un furieux crier à d'autres furieux : « Tuez La Fayette ! »

Alors pourquoi cherche-t-il à se tromper ? Pourquoi cherche-t-il, envers et contre tout, à faire confiance au peuple et au roi ? Pourquoi se persuade-t-il qu'il est sûr de tous et de tout, qu'il est le maître de l'heure, bref qu'il réussit « sa » révolution ?

La raison en est très simple : outre l'obsession du « modèle américain », outre la conviction qu'il a — parce qu'il fait confiance à la nature humaine — de pouvoir couler la révolution française dans le moule américain, il compte sur un certain pouvoir magnétique, voire magique, qu'il a mis à l'épreuve depuis le début des événements et qui lui permet, par l'ascendant qu'il prend sur la foule révolutionnaire, de dominer les situations, d'écarter les menaces, de conjurer les périls. Deux exemples nous montrent le magicien à l'œuvre :

Nous sommes au plus fort de l'émeute du 6 octobre :

« La Fayette harangua avec chaleur et même avec violence, du haut du balcon, la multitude qui remplissait la cour de marbre et, lorsque le roi et sa famille après avoir promis de venir à Paris se furent retirés du balcon : « *Madame*, dit-il à la reine, *quelle est votre intention personnelle ?* » — « *Je sais le sort qui m'attend,* répondit-elle avec magnanimité, *mais mon devoir est de mourir aux pieds du Roi et dans les bras de mes enfants.* Quoi ! *Seule sur le balcon ? N'avez-vous pas vu les signes qui m'ont été faits ?* » Et en effet ils étaient terribles. « *Oui, Madame, allons-y !* » Et paraissant avec elle, en face de ces vagues qui mugissaient encore au milieu d'une haie de gardes nationales qui garnissaient les trois côtés de la cour, mais ne pouvaient en réprimer le centre, La Fayette ne pouvant se faire entendre, eut recours à un signe hasardeux, mais décisif : il baisa la main de la reine. La multitude, frappée de cette démarche, s'écria : « Vive le Général ! Vive la Reine ! »

« Le roi qui se tenait à quelques pas, s'avançant sur le balcon, dit avec un accent sensible et reconnaissant : « *A présent que pourriez-vous faire pour mes gardes ?* » — « *Amenez m'en un* », répondit La Fayette ; puis donnant sa cocarde à ce garde du corps, il l'embrassa et le peuple cria : « Vivent les gardes du corps ! ».

« Dès ce moment la paix fut faite, les gardes nationales et les gardes du corps firent la route de Paris, se tenant sous le bras. »

Le second exemple est plus significatif encore, car on voit le magicien — dans une lettre à Mme de Simiane — s'interroger sur ce magnétisme qu'il vient de découvrir, sur son pouvoir, sur ses limites :

« A peine m'avait-on parlé de commander la Milice parisienne, tout à coup cette idée s'est emparée de toutes les têtes ; il est devenu nécessaire que j'accepte. Il devient nécessaire que je reste, et ce peuple dans le délire de son enthousiasme ne peut être modéré que par moi... Quarante mille âmes s'assemblent, la fermentation est à son comble, je parais et un mot de moi les disperse. J'ai déjà sauvé la vie à six personnes qu'on pendait dans les différents quartiers de Paris ; mais ce peuple furieux, ivre, ne m'écoutera pas toujours... Ils ne veulent reconnaître que ce que je signe ; lorsque je n'y suis pas, la tête leur tourne... Si je m'éloigne pour plus de quatre heures, nous sommes perdus. Dans tous les cas ma situation ne ressemble à celle de personne : je règne dans Paris et c'est sur un peuple en fureur poussé par d'abominables cabales ; d'un autre côté, on leur a fait mille infamies dont ils ont raison de se plaindre. Dans ce moment même, ils font des cris terribles. Si je parais ils se calmeront ; mais il en viendra d'autres... »

Extraordinaire mélange de lucidité, de clairvoyance et de fatuité : le dompteur devant le fauve. Il sait à quel danger il s'expose, mais le goût du risque et de l'effet théâtral est plus fort que tout. A une nuance près : le peuple n'est pas « un fauve » comme les autres ; il n'obéit pas à l'instinct animal : il est « poussé par d'abominables cabales ». Ce qui amène La Fayette à conclure que sa révolution a contre elle, les « factieux aristocrates » d'une part, et les « factieux jacobins » de l'autre. Son égocentrisme le persuade, en outre, qu'il est la cible que visent tous les opposants, et son optimisme impénitent l'assure qu'il triomphera de tout. Quel contraste, à cet égard, entre le ton de ses lettres à George Washington et celui des réponses du général ! Il lui écrit le 12 janvier 1790 :

« Nous avons avancé dans la carrière de la révolution, sans que le vaisseau de l'Etat ne soit brisé entre les écueils de l'aristocratie et des factions. »

Le 17 mars, il est encore plus confiant :

« Notre révolution poursuit sa marche aussi heureusement que possible, chez une nation qui, recevant à la fois toutes les libertés, est encore sujette à les confondre avec la licence... Les rapports sur notre anarchie et nos troubles intérieurs sont fort exagérés. »

Washington répond, le 17 août, par une lettre qui,

après les félicitations d'usage, laisse percer son inquiétude :

« Mes vœux pour une si hasardeuse et si importante entreprise ne vous ont pas abandonné un instant ; mais souvent les récits que nous recevons par les journaux anglais, notre seul moyen d'information, nous inspirent plus de craintes que d'espérance... »

La correspondance qui se poursuit jusqu'en septembre 1791, nous montre un Washington de plus en plus circonspect ; il écrit, le 17 mars 1791 :

« La distance qui nous sépare jointe à la délicatesse du sujet, nous a toujours fait suspendre nos opinions sur vos affaires. Je sais bien qu'il est impossible de juger, avec précision, certaines mesures dont les motifs sont quelquefois inconnus et dont la nécessité n'est pas toujours comprise. Cependant, il me serait difficile de ne pas désirer avec inquiétude que l'Assemblée nationale ne prolongeât pas trop son existence. »

Elle nous montre, en revanche, un La Fayette qui, tout en se rendant compte que « sa » révolution menace d'être dépassée, n'en persiste pas moins à affirmer qu'il est maître de l'heure et qu'il garde le contrôle de l'événement, comme en témoigne cette lettre du 3 mai :

« La rage des partis est allée aussi loin que possible, excepté l'effusion du sang... Quant à moi, je suis toujours en butte aux attaques de tous les partis parce qu'ils voient en ma personne un obstacle insurmontable à leurs mauvais desseins. J'étais abandonné à la fureur des factions et à la licence populaire, j'étais seul à défendre la loi et je suis parvenu à faire rentrer le flot dans les digues constitutionnelles... Mais je n'ai pu amener mes concitoyens à la subordination, qu'en leur donnant la crainte de perdre le chef qu'ils honorent de leur affection... »

Washington devient de plus en plus sceptique :

« J'ai à vous accuser réception de vos lettres du 7 mars et du 3 mai, mon cher Marquis, et à vous remercier des nouvelles qu'elles contiennent... Mais elles sont loin de tranquilliser mon inquiétude amicale... La populace turbulente des grandes villes est toujours à redouter : sa violence détruit pour un temps, toute autorité publique, et ses suites sont quelquefois étendues et terribles. Il est à supposer qu'à Paris, surtout, ces tumultes sont désastreux maintenant que l'esprit public est en fermentation... »

Et il écrira en apprenant la fuite du roi :

« La nouvelle que nous avons reçue ici d'un événement important, me donne à penser que les nuages dont votre horizon politique est obscurci, ne seront pas dissipés de longtemps... »

Tandis que Gilbert vit, sur le devant de la scène, le drame du héros qui croit maîtriser le destin, c'est d'un tout autre œil qu'Adrienne voit évoluer une révolution qui n'est plus *leur* révolution.

Dès que La Fayette est nommé commandant de la Garde nationale, elle craint pour l'homme qu'elle aime. Et au fur et à mesure que les événements prennent un tour qui n'est pas celui qu'elle souhaitait, ses craintes deviennent de plus en plus vives :

« La vie de mon père, écrit Virginie, se trouva liée à tous les événements de cette époque... Vous jugez dans quelles vives angoisses ma mère passa les trois premières années de la Révolution. Jamais, nous disait-elle, elle n'a vu mon père sortir durant ce temps, sans avoir la pensée qu'elle lui disait adieu pour la dernière fois. »

Ce qui ne l'empêche pas de juger la situation politique avec une lucidité, un pessimisme qui contraste avec l'optimisme de Gilbert. Son instinct de femme la conduit aux mêmes conclusions que Washington :

« Elle voyait mon père à la tête d'une révolution dont il était impossible de prévoir le terme... Elle tremblait à la vue des suites incalculables des événements... Chaque malheur, chaque désordre, était jugé par elle avec un manque complet d'illusion dans sa propre cause. »

La joie avec laquelle elle avait accueilli les prémices de la Révolution fait place à un détachement complet :

« Les premiers malheurs de la Révolution remplirent son âme d'amertume, au point de la rendre insensible à toute jouissance d'amour-propre pour mon père. »

Elle ne néglige pas, pour autant, les obligations que lui impose la situation de son mari :

« Elle accepta, dit Virginie, toutes les demandes qui lui furent faites par chacun des districts de Paris, au nombre de soixante, de quêter à des bénédictions de drapeaux et autres cérémonies patrotiques. Mon père avait table ouverte. Elle faisait les honneurs de chez elle de manière à charmer ses nombreux convives. »

Elle éprouve, du reste, un réconfort à se dire que si Gilbert n'est plus le moteur de la révolution libérale et pacifique qu'elle souhaitait, il peut encore être le frein d'une révolution politique dont elle condamne la violence et les excès :

« Elle était, dit Virginie, toujours soutenue par les principes de mon père et si convaincue du bien qu'il pouvait faire, du mal qu'il pouvait empêcher, qu'elle supportait avec une force incroyable les dangers auxquels il était exposé... Personne n'était, plus qu'elle, terrifiée par les périls de ceux qu'elle aimait, mais dans ce temps, elle était au-dessus d'elle-même, dévouée avec mon père à l'espoir d'empêcher des crimes... Elle n'éprouvait de satisfaction qu'en le voyant sacrifier souvent sa popularité pour s'opposer à un mouvement irrégulier ou à un acte arbitraire. »

Elle n'a pas été longue à démarquer sa conduite de tout ce qui pouvait apparaître comme choix politique :

« Elle avait adopté et professait avec franchise, ajoute Virginie, les opinions libérales, mais elle conservait une délicatesse dont il serait difficile d'indiquer la nuance et qui l'empêchait d'être ce qu'on appelait une femme de parti. »

Bientôt elle s'engage plus avant : Elle décide de faire en toutes circonstances, quoi qu'il arrive, ce qu'elle considère comme son devoir, ce qui la conduit à aller à contre-courant de l'événement, notamment lorsque sont mis en question les deux articles de son credo : l'attachement à la cause catholique et le dévouement à la famille royale. Elle proteste contre la Constitution civile du clergé, en assistant au refus de prêter serment que fait en chaire le curé de Saint-Sulpice dont elle est paroissienne. Et, au lendemain de la fuite à Varennes, elle s'empresse d'aller aux Tuileries, aussitôt que la reine commence à recevoir ; elle s'y trouve, du reste, la seule femme qui appartienne au parti patriote.

Elle n'ignore pas que sa conduite, surtout quand elle prend publiquement position contre la Constitution civile du clergé, fait, selon ses propres paroles, « un tort réel à son mari et diminue une popularité importante à conserver ». Mais « aucune considération ne la fait hésiter lorsqu'il s'agit de remplir son devoir ».

Les premiers nuages vont-ils envahir le ciel de ce couple heureux ?... Non, il n'y aura pas de nuage, car Adrienne exerce sur son mari une influence qui, pour être discrète, n'en est pas moins efficace. Cette influence n'a pas échappé à sa fille :

« Dans l'affaire de la Constitution civile du clergé, mon père était loin de gêner ma mère. »

Gilbert fait mieux : il répond, comme l'indiquent les *Mémoires,* au vœu de sa femme :

« La Fayette avait toujours mis une grande chaleur à faire retrancher de l'acte constitutionnel, *la Constitution civile du clergé,* qu'il désapprouvait hautement et il crut avoir obtenu une victoire pour la liberté, en faisant rejeter tous les décrets relatifs à cet objet dans la classe des lois ordinaires que toute législature pouvait abolir. »

.•.

La fuite à Varennes va être le test décisif. Si elle met La Fayette dans une situation très difficile, tant au point de vue politique qu'au point de vue moral, elle est pour Adrienne un drame dont elle suit avec inquiétude, d'heure en heure, le déroulement. Elle n'ignore pas qu'il y a en Gilbert un républicain qui sommeille et que les circonstances peuvent réveiller d'un moment à l'autre ; elle n'ignore pas davantage, par les confidences qu'il lui a faites depuis dix ans, que son républicanisme n'est pas de fraîche date, qu'il remonte à son premier séjour en Amérique. Des observateurs pénétrants comme Jefferson et Brissot savent à quoi s'en tenir. Jefferson ne cesse de répéter que La Fayette a été trompé dans son calcul en croyant « que la royauté durera encore vingt-cinq ou trente ans » ; Brissot affirme qu'il a entendu dire à La Fayette « qu'il n'est pas encore temps de compléter la république ».

Lui-même, à peine arrivé aux Etats-Unis, n'a-t-il pas écrit à ses amis :

« J'ai toujours pensé qu'un roi était un être au moins inutile ; il fait, d'ici, encore une bien plus triste figure. »

Les journées des 5 et 6 octobre avaient, il est vrai, permis à Adrienne de marquer un point important, comme en témoignent les *Mémoires*.

« La découverte d'une faction orléaniste attacha de plus en plus La Fayette au maintien de la branche régnante. *Les dangers personnels de cette famille devaient exciter l'intérêt de son cœur.* « Ces gens-là », disait-il à M. d'Estaing, en revenant à cheval avec lui de Versailles le 6 octobre, et en lui parlant des crimes des factieux, « ces gens-là me rendront royaliste ». « J'ai contribué plus que personne, disait-il encore le 8 octobre au duc d'Orléans, *à renverser les marches du trône ; la nation a placé le roi sur la dernière. Je l'y défendrai contre vous, et avant que vous preniez sa place, il faudra me passer sur le corps, ce qui n'est pas aisé.* »

Mais ce royalisme qui n'est en fait que de « l'anti-orléanisme », reste sujet à caution ; or la désastreuse journée du 20 juin 1791 ne va-t-elle pas le remettre brutalement en question ? La décision prise secrètement par le roi de fuir à l'étranger place La Fayette dans une situation dramatique. Le roi dont il écrivait en 1777 qu'il était « un être au moins inutile » devient un homme dangereux. Lui-même, pour avoir accepté d'être sa caution, devient son complice et Danton l'enferme dans ce dilemme :

« Le Commandant général a promis sur sa tête que le Roi ne partirait pas. Il nous faut la personne du Roi ou la tête de Monsieur le Commandant général. »

Mais c'est le peuple de Paris, surtout, qui est déchaîné. La Fayette note que « sa fureur est extrême » et le marquis de Bouillé, un des familiers de Louis XVI, écrit dans ses *Mémoires :*

« Si le Roi n'eût pas été arrêté, La Fayette aurait été certainement massacré par le peuple qui le rendait responsable de l'évasion du monarque. »

Or La Fayette, envers et contre tout, va sauver

Louis XVI. Il le fait au prix d'un pieux mensonge : sur sa proposition, l'Assemblée constituante vote une motion aux termes de laquelle Louis XVI ne s'est pas enfui, mais a été enlevé par « les ennemis de la France qui ont exécuté cet attentat envers le Roi et sa famille, dans l'abusive espérance de compromettre la liberté française ».

Dans ces conditions, il importe que l'on s'assure de la personne du roi qui est arrêté sans l'être. Ce n'est pas un fugitif que l'on ramène de Varennes, mais le monarque qui eût été un otage entre les mains des ennemis de la nation.

Cela va permettre à La Fayette d'aller au-devant de la berline dans laquelle avait pris place la famille royale et de faire escorte à celle-ci jusqu'à son arrivée aux Tuileries.

La conduite qu'il tient est à ce point inattendue, en contradiction complète avec le républicanisme dont il fait profession depuis l'âge de dix-neuf ans, que Talleyrand n'hésitera pas à formuler sur lui ce jugement peu flatteur :

« Ce qu'il fait n'a pas l'air d'appartenir à sa propre nature : on dirait qu'il suit un conseil. »

Il suit effectivement un conseil : celui d'Adrienne dont l'influence ne cesse de croître au fur et à mesure que l'horizon s'assombrit et que le danger approche...

Depuis deux ans elle s'est employée, avec une persévérance tenace et discrète, à lui faire défendre la cause de la monarchie. Il ne la défend pas encore contre la cause du peuple, puisque, de retour aux Tuileries, il dit au roi :

« Votre Majesté connaît mon attachement pour elle ; mais je ne lui ai pas laissé ignorer que si elle séparait sa cause de celle du peuple, je resterais du côté du peuple. »

Cependant « les marques d'attendrissement et de respect » que, selon ses propres paroles, il donne au monarque qui, en prenant la fuite, a manifestement séparé sa cause de celle du peuple et dont il juge lui-même la conduite avec une extrême sévérité, montrent assez qu'il applique à la lettre, en la circonstance, la maxime d'Adrienne : « La politique ne doit pas, dans cette situation, régler les rapports personnels. » Maxime dont il ne se rend pas compte qu'elle peut le conduire au désaveu de sa politique.

Gilbert sait-il l'influence que sa femme exerce déjà sur lui ? Nous ne le pensons pas. La prise de conscience n'aura lieu que longtemps après. Comme il l'écrira à La Tour Maubourg au lendemain de la mort d'Adrienne :

« Je me sentais si habitué à tout ce qu'elle était pour moi, que je ne la distinguais pas de ma propre existence. »

Parole d'un égocentriste naïf, qui ignore l'existence de l'autre, ou plutôt qui l'absorbe littéralement dans la sienne. Mieux : beau garçon, adoré par sa femme au point qu'elle se résigne à la liaison affichée qu'il a avec la jolie Adélaïde de Simiane, sans cesse occupé de lui-même et de ses projets qu'elle approuve toujours, il a fini, comme il l'écrira à La Tour Maubourg, par voir en elle un reflet complaisant de sa propre personne :

« Attachée à moi par le sentiment le plus passionné, jamais je n'ai aperçu en elle la plus légère nuance d'exigence, de mécontentement ou de jalousie, rien qui ne laissât la plus libre carrière à mes entreprises... Jouissant de tout ce qui pouvait être de quelque gloire pour moi, jouissant surtout lorsqu'elle me voyait sacrifier des occasions de gloire à un bon sentiment. »

Son égocentrisme mêle le vrai et le faux ; c'est Virginie qui, on l'a vu, rectifie lorsqu'elle écrit : « Les premiers malheurs de la révolution remplirent ma mère d'amertume au point de la rendre insensible à toute jouissance d'amour-propre pour mon père ; elle n'éprouvait de satisfaction qu'en le voyant sacrifier sa popularité pour s'opposer à un mouvement irrégulier ou à un acte arbitraire. »

Et s'il est vrai qu'elle ne manifeste jamais d'exigence, qu'elle « laisse toujours la plus libre carrière à ses entreprises », qu'elle accepte même de lui certaines injustices, sans avoir le moindre « quant-à-soi », elle reste toujours elle-même dans la manière dont elle conduit sa vie politique et dont elle voit Gilbert conduire la sienne. Si elle ne paraît jamais sur le devant de la scène, elle est toujours dans la coulisse, le témoin omniprésent dont le regard le suit partout. Et l'impulsif, jaloux de son indépendance, l'homme des coups de tête et des « gestes hasardeux », ainsi qu'il le dit lui-même, est, comme tous ses pareils, sujet à subir à son insu — parce qu'elle reste discrète — l'influence patiente et tenace d'une femme.

Il écrira à Adrienne, après son arrestation à Rochefort : « Vous savez que mon cœur eût été républicain si ma raison ne m'avait donné cette nuance de royalisme. » Mais elle, qui le connaissait mieux qu'il ne se connaissait, se plaisait à lui répéter : « Vous n'êtes ni royaliste ni républicain, vous êtes *fayettiste*. » Et par là elle entendait non pas qu'il aspirait au pouvoir, mais qu'il aimait à se mettre en avant, à jouer un rôle, qu'il tenait à avoir son « personnage ». Il jouait d'ailleurs ce rôle, il s'identifiait à son personnage avec l'ardeur, la sincérité, la conviction du moment ; nous l'avons vu, à plusieurs reprises, se donner à fond ; mais le texte lui était soufflé à voix basse par sa femme. Quand il lui écrivait que « la raison lui avait donné cette nuance de royalisme », il ne se doutait pas que la « raison » s'appelait Adrienne : Adrienne qui s'employait à faire de ce « fayettiste » un « adrienniste ».

Aussi ne se trompe-t-elle pas sur le sens et la portée du 20 juin 1791. Elle réalise tout de suite que cette
journée marque, dans la carrière révolutionnaire de
son mari, le tournant décisif qu'elle appelait de ses
vœux. Le témoignage de Virginie, à cet égard, est
formel :

« Il n'est aucune circonstance de la vie de mon
père, où ma mère l'ait autant admiré que dans celle-
ci. Elle le voyait, d'un côté, renoncer à ses inclinations républicaines pour se joindre à la majorité, de
l'autre, dans les rapports pénibles auxquels sa position l'obligeait, prendre toutes ses responsabilités,
supporter tous les blâmes, afin d'assurer la sûreté
de la famille royale et de lui épargner tout ce qu'il
pouvait de détails pénibles. »

Lorsque Adrienne dit qu'elle n'a jamais autant admiré son mari, c'est une Noailles qui parle et qui
remercie Gilbert d'avoir fait ce qu'elle attendait de
lui. En un mot, elle sait qu'elle a partie gagnée ;
mais elle a le triomphe modeste, au point que dans
la Vie de la duchesse d'Ayen, sa mère, qu'elle écrira
dans la geôle d'Olmütz sur les marges d'un livre
avec un cure-dent, elle ne dira pas un mot de l'événement. Crainte de porter ombrage à Gilbert ? Désir
de ménager son amour-propre ? Certes ! Mais sa réserve, sa modestie, son effacement viennent de plus
loin : elle ne désespère pas de faire de Gilbert un
« adrienniste », mais elle est sans illusion sur les
difficultés de l'entreprise : Gilbert est la coqueluche
de bien des femmes, et elle n'a pas, pour lui plaire,
la beauté d'une Adélaïde de Simiane ; elle sait aussi
qu'il restera toujours jaloux de son indépendance,
qu'il sera toujours l'homme des « gestes hasardeux » ;
elle sait surtout qu'elle est éperdument amoureuse
de lui, qu'elle est heureuse et que sa gratitude à
l'égard de Gilbert est infinie. Cet amour, cette grati-

tude vont bientôt avoir l'occasion de se donner libre
cours.

Le 17 juillet, un vote de l'Assemblée constituante,
suite logique de la fuite à Varennes, déclare
Louis XVI irresponsable et maintient la monarchie ;
un millier de protestataires, porteurs de pétitions
envahissent le Champ-de-Mars, et très vite la manifestation tourne à l'émeute. La loi martiale est pro-
clamée, la Garde nationale tire sur la foule qui
entoure La Fayette en hurlant.

Virginie va, en toute innocence, nous montrer jusqu'où peut aller la passion d'Adrienne pour Gilbert ;
elle est frappée de voir que sa mère, suivant qu'elle
craint ou ne craint pas pour la vie de son mari, n'est
plus la même femme :

« Il est difficile de se faire une idée de l'état d'angoisse de ma mère, pensant que mon père était au
Champ-de-Mars, en butte à la rage d'une multitude
furieuse qui se dispersa en criant qu'il fallait assassiner ma mère et porter sa tête au-devant de mon
père. Je me rappelle les cris affreux que nous entendîmes, l'effroi de chacun dans la maison, et, par-
dessus tout, la vive joie de ma mère, en pensant
que les brigands n'étaient plus au Champ-de-Mars ;
elle nous embrassait en pleurant de joie. »

Pour parer au péril qui menace sa propre vie et
celle de ses enfants, elle retrouve immédiatement son
sang-froid : « Elle prenait, dans ce danger pressant,
les précautions nécessaires avec un calme et surtout
avec un soulagement bien grands. »

*
**

L'Assemblée arrive, cependant, à voter la Constitution dans une atmosphère de calme politique relatif. Depuis qu'a été adoptée une motion de Robespierre aux termes de laquelle aucun de ses membres

ne pourra faire partie de l'assemblée qui lui succédera, on sait que cette Constitution est écrite sur du sable et qu'elle ne résistera pas à la première tempête politique.

C'est un compromis bâtard qui ne satisfait ni Louis XVI, jeté à bas de son piédestal de monarque absolu, ni les ennemis de la monarchie qui considèrent qu'il a trahi et qu'il est, depuis la fuite de Varennes, en état d'indignité nationale.

La Fayette croit cependant qu'elle pourra être améliorée progressivement, mais il s'abuse. Washington se rend parfaitement compte que c'est chose impossible, tant que le pouvoir législatif dominera l'exécutif. En apprenant le vote de la Constitution, il écrit dans sa lettre à La Fayette du 21 septembre, après les félicitations d'usage :

« Les prières et les vœux de tous les amis de l'humanité accompagnent votre nation. Leur cœur ne sera satisfait que lorsque vos affaires seront complètement réglées sous un gouvernement énergique. »

La Fayette, qui a démissionné de son commandement de la Garde nationale avant même d'avoir reçu cette lettre, part le 19 octobre 1791 pour Chavaniac, avec Adrienne et les trois enfants. C'est là qu'il va être victime du mirage provincial.

L'horloge politique et sociale de la province est en retard sur celle de Paris. Dans cette vieille terre d'Auvergne, il a suffi qu'un certain nombre de vœux formulés par les cahiers des états généraux, notamment en matière d'impôts, soient exaucés, pour que beaucoup considèrent la révolution comme faite. Pour le reste, les structures sociales, tout comme les us et coutumes, n'ont pas changé. Aussi La Fayette est-il accueilli en héros de la révolution et en triomphateur :

« Mon voyage, écrit-il le 20 octobre à Adélaïde de Simiane, a été bien long, mais obligé de m'arrêter partout, de traverser les villes, les bourgs à pied, de recevoir des couronnes civiques de quoi remplir toute la voiture, je ne puis plus aller aussi vite qu'autrefois. J'ai quitté Clermont la nuit. La ville était illuminée. Nous avons été conduits par la Garde nationale et des hommes portant des torches qui faisaient vraiment un spectacle charmant. A Issoire, que vous connaissez bien, on est excellemment patriote. Vous sentez que j'ai été bien reçu, ainsi qu'à Lempde ; Brioude m'a fait toutes les fêtes imaginables... »

Il n'en faut pas plus pour qu'il croie que « sa » révolution est terminée et qu'il va pouvoir, tel Cincinnatus, retourner à sa charrue :

« Quant à moi, je jouis en amant de la liberté et de l'égalité, de ce changement total qui nous a mis tous les citoyens au même niveau, qui ne respecte que les autorités légales. Je ne puis vous dire avec quelle délectation je me courbe devant un maire de village... Ceux qui croient que je viens ici pour une révolution sont de grands imbéciles. Je mets autant de plaisir, et peut-être plus, au repos absolu, que j'en ai mis depuis quinze ans à l'action qui, toujours dirigée vers le même but et couronnée par le succès, ne me laisse de rôle que celui de laboureur... Il n'y a plus que le devoir de nous défendre qui puisse m'arracher à la vie privée. »

Et Adrienne ? « Elle était ivre de joie, dit sa sœur Pauline de Montagu, de la retraite de son mari et ne demandait pas mieux que de croire, comme il le lui disait, que la révolution était finie et qu'ils allaient vieillir ensemble à Chavaniac, tout occupés de travaux rustiques, sans aucun autre souci désormais que ceux des paysans. »

Adrienne rectifiera :

« Une convalescence morale, bien pénible après

tant de troubles, m'empêchait encore de me livrer au même épanouissement de cœur. »

En fait, tout ne va pas aussi bien que le croit Gilbert ; un incident survenu au cours du voyage aurait dû lui ouvrir les yeux : Adrienne a écrit à sa sœur Pauline qu'elle ferait avec tous les siens une halte au château de Plauzat, résidence des Montagu dans le Puy-de-Dôme, pour se réjouir avec elle de voir la révolution si heureusement terminée. Stupeur et effroi de Pauline qui se prépare à émigrer en Angleterre avec son beau-père, le vicomte de Beaune :

« Mme de Montagu, écrit son biographe A. Callet, ne put s'empêcher de pleurer en lisant cette lettre car rien n'est plus triste que les illusions de ceux qu'on aime, lorsqu'on en voit d'avance le néant. La révolution, en effet, était si peu finie qu'elle trembla à l'idée de la visite qu'on lui annonçait. M. de Beaune était homme à lui fermer sa porte, même sur la terre étrangère, si, par hasard, il venait à apprendre qu'elle eût reçu le général La Fayette dans sa maison. »

Elle écrit donc à Adrienne, le cœur navré, qu'elle ne peut, sans encourir la disgrâce de son beau-père, lui donner l'hospitalité. Mais elle va, furtivement, l'attendre sur la grand-route au relais du Vaire où elle sait qu'elle doit passer, et c'est dans une obscure auberge, en cachette, qu'elle lui fait ses adieux. Les deux sœurs se promettent en pleurant de s'écrire souvent.

Adrienne qui souhaite que la politique dans certaines situations ne règle pas les rapports entre personnes, voit la division et la discorde déchirer sa propre famille. Mais, toujours aussi optimiste, Gilbert ne prend pas cet incident pour un avertissement.

Le réveil n'en sera que plus brutal. Brutal autant

qu'inattendu, car ce ne sont pas les « factions » qui menacent « sa » révolution, c'est la vieille Europe monarchiste — comme il l'observe dans ses *Mémoires* — qui se sent menacée par la jeune révolution française :

« Le tocsin du 14 juillet avait retenti dans toute l'Europe, les doctrines de la liberté, de l'égalité, de la souveraineté des peuples se trouvaient tout à coup transportées de l'Amérique dans l'ancien continent ; les cabinets, les cours, les castes et les corporations privilégiées s'émurent. »

Le 27 août 1791, l'empereur d'Allemagne, le roi de Prusse et l'Electeur de Saxe réunis à Pilnitz « conviennent d'unir leurs forces pour rétablir en France la monarchie sur des bases également convenables aux droits des souverains et au bien-être de la nation française ».

Si ce n'est pas encore la guerre, c'est un ultimatum politique qui la laisse entrevoir. De fait, à la fin de l'année, on signale des mouvements de troupes le long de la frontière.

Pour parer à la menace étrangère, trois armées de cinquante mille hommes sont formées. Pour les commander Narbonne propose à Louis XVI, Luckner, Rochambeau et La Fayette.

Gilbert quitte Chavaniac pour rejoindre son quartier général à Metz, en laissant Adrienne éplorée ; ce départ précipité, cette séparation brutale lui sont d'autant plus douloureux que Gilbert, qui voyage jour et nuit, ne trouve pas un instant pour lui écrire. C'est un de ses aides de camp, Pillet, qui le fait à sa place :

« Paris, ce 24 décembre 1791,

« Madame, M. de La Fayette est arrivé ici comblé des bénédictions et des marques d'attachement du peuple de toutes les villes qui, sur sa route, s'empressait de courir au-devant de lui. Le temps qu'il a été obligé de perdre en compliments, voulant arriver à jour fixe, il a cru pouvoir le prendre sur son repos, mais heureusement, quoiqu'il ait couru jour et nuit, la fatigue du voyage ne paraît pas avoir altéré en rien sa santé, et tous ses amis, qui l'avaient vu quitter Paris malade, ont vu, avec bien de la joie, et la fraîcheur et l'embonpoint qu'il avait pris à Chavaniac.

« Tous les visages ici s'épanouissent au nom de M. de La Fayette. Partout on le voit, on le reçoit comme le libérateur de la patrie, comme le seul en qui elle ait mis ses espérances, et il paraît content des dispositions des esprits.

« M. de La Fayette a paru vivement affecté, le long de la route, de l'état dans lequel il vous avait laissée. Il espère, les bruits de guerre se dissipant, que Madame de Chavaniac reprendra un état plus tranquille, et que sa tendresse pour lui, lui fera prendre assez d'empire sur elle-même pour ne pas altérer sa santé... »

Une autre femme aurait sans doute trouvé que le recours à un aide de camp comme intermédiaire était un procédé plutôt cavalier ; mais Adrienne, dont Virginie dira que « son sentiment la portait à jouir de tout ce qui rappelait mon père », va enfermer précieusement cette lettre dans un sachet où nous l'avons retrouvée cent cinquante ans après...

Dès son arrivée à Metz, La Fayette qui a l'expérience de la guerre et qui aime son métier, s'attache à faire de ces officiers, de ces vétérans, de ces jeunes recrues venus d'un peu partout, une armée, en imposant notamment une discipline très stricte. Mais dès que les questions de service lui en laissent le loisir, il revient à la politique.

Il est dans une situation difficile ; il ignore que Louis XVI a engagé, avant même la fuite à Varennes, une négociation secrète avec l'empereur Léopold ;

mais du seul fait que les signataires de la déclaration de Pilnitz s'engagent à restaurer le pouvoir royal en France, le monarque devient leur « allié objectif ».

Aussi les *Mémoires* s'efforcent-ils de dégager sa responsabilité pour la rejeter sur les émigrés :

« Sous quel prétexte l'Europe pouvait-elle s'opposer à ce mouvement intérieur de la France, lorsque le chef de l'ancienne dynastie s'y était associé ? »

Il a, ou croit avoir la conscience tranquille : si la guerre éclate ce sera la guerre du roi et du peuple résolus à défendre la révolution contre les monarques absolus d'Europe manœuvrés par les émigrés. Il le répète dans une lettre à Washington, écrite le 22 janvier 1792 de Metz.

Le 20 avril, la France déclare la guerre à l'Autriche. Et le 1er mai, La Fayette adresse à son armée en marche, une proclamation qui débute ainsi :

« Soldats de la patrie,

« Le corps législatif et le Roi ont, au nom du peuple français, déclaré la guerre... Puisque la patrie, par les organes constitutionnels de sa volonté, vous appelle à sa défense, quel citoyen peut lui refuser son bras ? »

Il reprendra un peu plus loin, avec insistance, le thème de l'union du peuple et du roi :

« Soldats de la Constitution, ne craignez pas qu'elle cesse de veiller pour vous quand vous combattrez pour elle. Ne craignez pas quand vous allez défendre la patrie, que les dissensions intestines troublent vos foyers. Sans doute, le corps législatif et le Roi s'uniront intimement dans cet instant décisif, pour assurer l'empire de la loi. »

Trois mois après, la Constitution vole en éclats ; l'Assemblée législative vote la déchéance du roi, les dissensions intestines tournent à l'émeute et La Fayette, qui est descendu de nouveau dans l'arène politique, engage un combat sans espoir, au terme duquel il ne lui reste plus qu'à fuir à l'étranger. Comment a-t-il pu s'abuser à ce point ? Comment n'a-t-il pas vu que le système politique artificiel qu'il s'obstinait, qu'il s'entêtait à défendre, ne résisterait pas à la poussée des faits ?

Il n'a pas mesuré la portée du réflexe patriotique qui dresse la France contre la coalition des absolutismes monarchistes depuis que ceux-ci ont manifesté clairement dans la déclaration de Pilnitz, le 20 juin 1791, leur intention de susciter une contre-révolution qui rétablirait Louis XVI dans ses droits et prérogatives, c'est-à-dire de rayer d'un trait de plume toute l'œuvre de la Révolution.

Il n'a pas compris qu'au fur et à mesure que la menace étrangère se précise, le pays va se lever tout entier pour repousser l'envahisseur. Jusqu'au bout, il croit ou veut croire que l'armée qu'il commande va défendre la Constitution ; il ne sait pas que les soldats, qu'il appelle « les soldats de la Constitution », seront les « soldats de l'an II » et qu'ils se battront, non pas pour un morceau de papier auquel personne ne croit plus sauf lui, mais pour défendre le sol national contre la coalition étrangère.

Dans sa lettre à Washington du 22 janvier 1792, et dans ses réflexions « sur les armées des premières années de la Révolution », il accusait avec violence les émigrés et une certaine aristocratie d'avoir désorganisé l'armée, sapé le moral des troupes et de n'avoir laissé à la France d'autre choix que « la contre-révolution ou la guerre ». Il procède dans ses *Mémoires* à un nouveau transfert de responsabilités, quant aux origines du conflit. Il écrira :

« Les ennemis de la France attendaient le moment de profiter de cette guerre ouverte organisée contre les lois et la souveraineté nationale, non seulement dans les clubs, mais dans une partie du ministère et de l'Assemblée législative. Les meilleurs patriotes en prévoyaient les suites funestes et, en même temps, les jacobins paraissaient si puissants que personne n'osait attaquer, corps à corps, cette formidable secte. »

Lui, aura cette audace suprême. Dans une lettre à l'Assemblée législative, écrite le 16 juin du camp de Maubeuge, il dénonce l'action des jacobins « ivres de fanatisme et d'orgueil et qui nous fatiguent de leur insolente malveillance ». Il invite en même temps les députés à réprimer les menées jacobines pour rester fidèles à la Constitution.

La réaction de Paris ne se fait pas attendre. Les uns, pour disculper La Fayette, affirment que la lettre n'est pas de sa main, les autres, au contraire, voient en lui un général factieux qui se croit tout permis parce qu'il sait que ses troupes le suivent. La lettre reste sans effet ; l'Assemblée n'en inscrit même pas l'examen à son ordre du jour et le 20 juin, comme pour braver les avertissements de La Fayette, des bandes armées, après avoir traversé la salle des séances de l'Assemblée, s'en vont manifester devant la résidence du roi.

La Fayette vient de constater qu'il a perdu toute influence sur une Assemblée qui « n'est plus assez confiante dans ses moyens de gouvernement » ; mais surtout il est piqué au vif par le reproche qu'on lui adresse de menacer le pouvoir civil à l'abri du rempart que lui fait son armée. Aussi décide-t-il de relever le défi et d'aller s'expliquer à la barre de l'Assemblée législative.

Le vieux maréchal Luckner prédit que « les sans-culottes vont lui couper la tête ».

Mais Gilbert, qui a conservé intacts son goût du risque, sa confiance en lui-même et cet espoir de réussir qui ne l'abandonne jamais, se précipite à Paris, accompagné d'un aide de camp. Le voici le 28 juin à la barre de la Législative.

D'abord, pour déclarer qu'il n'a pas peur de prendre ses responsabilités :

« On a dit que ma lettre du 26 juin à l'Assemblée nationale n'était pas de moi ; on m'a reproché de l'avoir écrite au milieu d'un camp. Je devais peut-être, pour l'avouer, me présenter seul, et sortir de cet honorable rempart que l'affection des troupes formait autour de moi. »

Ensuite, pour demander une sanction contre les violences du 20 juin ; mais le ton n'est plus celui de la mise en demeure :

« Je supplie l'Assemblée nationale d'ordonner que les instigateurs et les chefs des violences commises le 20 juin aux Tuileries soient poursuivis et punis comme criminels de lèse-nation. »

Enfin, il établit entre « *les factieux aristocrates* » et « *les factieux jacobins* », *un distinguo* qui pour la première fois est à l'avantage des premiers. Mais c'est l'échec total : l'Assemblée législative « est sans courage » et La Fayette ne reçoit de la famille royale que de « vains remerciements ».

Il ne renonce pas pour autant, et songe à « ranimer la confiance de l'Assemblée par une manifestation de l'esprit public ». Il entre presque dans l'illégalité :

« Louis XVI devait, par hasard, passer une revue de quatre mille hommes de la Garde nationale. La Fayette demande de l'y accompagner en annonçant le projet, lorsque le Roi se serait retiré, de parler à ses gardes nationales et de faire ce qu'il croirait nécessaire pour le service de la Constitution et de l'ordre public. »

Nouvelle déception : la Cour fait tout ce qu'elle peut pour déjouer les desseins de La Fayette et Petion, maire de Paris, décommande au dernier moment la revue. Gilbert apprend que la reine a dit dans un cercle de familiers : « J'aime mieux périr que d'être sauvée par La Fayette et les constitutionnels. »

En désespoir de cause, il tente tout au long de la journée du 29 juin de « galvaniser » quelques-uns des plus influents parmi les officiers de la Garde nationale. Il est trop tard. Il a perdu ce don d'influencer tous ceux qu'il approchait, ce « magnétisme » qui faisait sa force. Les réunions qu'il tient dégénèrent en parlotes.

Le 30 juin, il retourne tristement à son armée.

Mais à l'instar de Guillaume d'Orange « le taciturne », La Fayette n'a pas besoin de réussir pour persévérer. A la suite de tous ces échecs, il ne voit plus qu'un seul moyen de sauver la chose publique. Une idée a germé dans l'esprit de cet imaginatif, prompt à créer l'occasion quand elle ne se présente pas d'elle-même. Il va se livrer à une dernière tentative — ignorée ou presque, jusqu'à ce jour — pour sauver le roi, la « Constitution » et ramener la paix.

Son armée qui a fait mouvement vers le sud-ouest, doit passer à La Capelle, ville située à quelque vingt lieues de la résidence royale de Compiègne. Or voici, s'il faut en croire les *Mémoires,* comment l'idée devient un projet détaillé, circonstancié, précis :

« Le Roi, premier fonctionnaire public, doit avoir sa résidence à vingt lieues au plus de l'Assemblée nationale, en vertu du décret constitutionnel du 28 mars 1791. Il peut donc se rendre, en plein jour, à l'Assemblée, accompagné de La Fayette et annoncer son intention d'aller pour quelques jours au château de Compiègne qui se trouve précisément à la distance « constitutionnelle » de vingt lieues de Paris. »

L'armée de La Fayette stationnant à vingt lieues de Compiègne, Louis XVI se trouve *ipso facto* sous la protection de troupes fidèles à leur général :

« Le Roi étant à l'abri de toute violence et placé

dans une situation de son choix, fait une proclamation défendant à ses frères et aux émigrés d'aller plus avant, se déclarant prêt à marcher lui-même, si l'Assemblée le trouvait bon, contre les ennemis étrangers en se prononçant sur la Constitution en des termes qui n'eûssent laissé aucun doute sur ses véritables sentiments. »

Une fois de plus, l'éternel optimiste croit que le succès est assuré :

« Une telle épreuve, en rassurant les constitutionnels sincères et même ceux d'entre les jacobins dont les intentions étaient honnêtes, ne laissait dans les autres partis qu'un petit nombre d'adversaires. Elle sauvait, à la fois, les jours du Roi et ceux de sa famille, éloignait de lui les perfides conseils, rendait de la force à l'Assemblée nationale, de l'énergie aux bons citoyens, déconcertait les jacobins et les aristocrates. Il est probable que Louis XVI aurait pu rentrer alors dans Paris aux acclamations de tout un peuple ; mais un tel triomphe eût été celui de la liberté. »

Comment une partie qui paraissait gagnée d'avance a-t-elle été perdue ? La Fayette nous le dit en six mots :

« La Cour n'en voulait pas. »

Puis il précise :

« Quelques amis personnels du Roi tentèrent par les plus grands efforts, de calmer ses inquiétudes, de lui inspirer de la confiance pour le général patriote ; ils le conjurèrent, les yeux en larmes, de s'abandonner aux conseils de celui qui pouvait seul l'arracher à sa perte et sauver aussi tant d'autres existences qui dépendaient d'une semblable décision.

« En vain : la Reine n'était pas la moins acharnée contre lui, qui allait répétant partout : « Il serait trop fâcheux pour nous de lui devoir deux fois la vie. » Aussi fut-il, suivant ses propres termes, « remercié et refusé ».

Telle est la manière dont les *Mémoires* présentent le projet, les intentions de La Fayette et les raisons de son échec. Ce qui frappe de prime abord c'est le soin que met Gilbert à se défendre d'avoir tenté un coup d'Etat militaire. Il reste de bout en bout, dit-il, dans la stricte légalité : les troupes qui se trouvent par hasard dans les environs de Compiègne sont là simplement pour protéger le roi, « placé dans une situation de son choix » et le mettre à l'abri des violences jacobines. Il veut à tout prix éviter qu'on lui reproche d'avoir mis le pouvoir civil, incarné par le roi, sous la dépendance de la force armée et, sous prétexte d'assurer la liberté d'action du souverain, de le « chambrer » et de lui dicter ce qu'il doit faire.

D'autre part, il présente un Louis XVI attaché à la monarchie constitutionnelle et libérale au point de défendre à ses frères et aux émigrés de poursuivre leurs agissements et de se déclarer « prêt à combattre lui-même contre les ennemis du dehors ».

Enfin il fait retomber sur une « camarilla » menée par la reine la responsabilité de son échec.

Or si l'on se reporte à la lettre secrète adressée le lundi 9 juillet 1792 au roi par Lally-Tollendal et dans laquelle celui-ci déclare « qu'il est chargé par M. La Fayette de proposer directement à Sa Majesté le projet dont le général a envoyé le plan aux familiers du Roi », on constate qu'il s'agit d'un véritable coup d'Etat militaire :

« Le maréchal Luckner et le général La Fayette proposent que Sa Majesté sorte publiquement de la ville, *entre eux deux,* en l'écrivant à l'Assemblée nationale, en lui annonçant qu'elle ne dépassera pas la ligne constitutionnelle et qu'elle se rend à Compiègne.

« Sa Majesté et toute la famille royale seront dans

une seule voiture. Il est aisé de trouver cent bons
cavaliers qui l'escorteront. Les Suisses, au besoin, et
une partie de la Garde nationale protégeront le départ. Les deux généraux resteront près de Sa Majesté. Arrivée à Compiègne, elle aura pour garde un
détachement de l'endroit, qui est très bon, un de la
capitale qui sera choisi, et un de l'armée.

« M. La Fayette, toutes ses places garnies, ainsi
que son camp de retraite, a de disponible, dans son
armée, dix escadrons et l'artillerie à cheval. Deux
marches forcées peuvent amener toute cette division
à Compiègne.

« *Si contre toute vraisemblance, Sa Majesté ne
pouvait sortir de la ville, les lois étant bien évidemment violées, les deux généraux marcheraient vers
la capitale avec une armée.* »

Après cet exposé du projet, Lally-Tollendal en
indique les « suites qui se montrent d'elles-mêmes ».
Il s'agit d'un véritable bouleversement de la Constitution et pour tout dire d'un commencement de
Restauration :

« La paix avec toute l'Europe par la médiation du
Roi, le Roi rétabli dans tout son pouvoir légal, une
large et nécessaire extension de ses prérogatives
sacrées, une véritable monarchie, un véritable monarque, une véritable liberté, une véritable représentation nationale dont le Roi sera chef et partie intégrante, un véritable pouvoir exécutif, une véritable
représentation nationale choisie parmi les propriétaires, la Constitution révisée, abolie en partie,
améliorée et rétablie sur une meilleure base, le nouveau corps législatif tenant les séances seulement
trois mois par an, l'ancienne noblesse rétablie dans
les anciens privilèges non pas politiques, mais civils,
dépendants de l'opinion comme titres, armes, li-
vrées, etc. »

Enfin cette précision qui montre bien le caractère contre-révolutionnaire du projet :

« M. La Fayette n'admet pas l'idée que le Roi une fois sorti de la capitale ait d'autre direction à suivre que celle de sa conscience et de sa libre volonté. Il croit que la première opération de Sa Majesté devrait être de se créer une garde. Il croit aussi que son projet peut se modifier de vingt différentes manières. Il préfère la retraite dans le Nord à celle dans le Midi, comme étant plus à portée de secourir de ce côté, et redoutant la faction méridionale. »

« Je remplis ma commission, souligne Lally-Tollendal, sans me permettre ni un conseil ni une réflexion. »

S'agit-il vraiment d'une simple commission ? Autrement dit, faut-il mettre sur le compte de La Fayette tout ce qu'écrit Lally-Tollendal ? Répondre de façon précise n'est pas chose aisée.

La Fayette, dans une lettre du 8 juillet, ne souffle pas mot du bouleversement de la Constitution. En revanche, il précise bien que le roi doit sortir de Paris où il est menacé, pour se rendre à Compiègne. Pour que cette opération soit menée à bonne fin, « il faut qu'il demande expressément aux généraux Luckner et La Fayette de venir dans la capitale où ils arriveront le 12 au soir ; le 14 ils accompagneront le Roi à l'autel de la patrie et empêcheront les atteintes qu'on voudrait porter à la dignité de sa personne ».

En même temps, Louis XVI écrirait à Luckner et à La Fayette une lettre secrète qui les trouverait en route pour Paris dans la soirée du 11 ou dans la journée du 12, et dans laquelle il dirait en substance, qu'après avoir prêté serment, il désirait prouver aux étrangers sa sincérité en allant passer quelques jours à Compiègne, qu'il chargeait les deux généraux d'y rassembler quelques escadrons pour joindre à la Garde nationale et à un détachement de la capitale.

Luckner et La Fayette l'accompagneraient à Compiègne puis rejoindraient leurs armées respectives.

Tout cela sent le coup de force militaire. Et La Fayette s'en rend tellement compte qu'après avoir *indiqué* que l'officier chargé de mettre en place le dispositif « prendra avec lui quatre pièces d'artillerie à cheval, huit si l'on veut », il ajoute :

« *Mais il ne faut pas que le Roi en parle, parce que l'odieux du canon doit tomber sur nous.* »

Le 15 à dix heures au matin, le roi irait à l'Assemblée toujours accompagné de Luckner et de La Fayette, escorté soit par un bataillon, soit plus simplement par cinquante cavaliers d'un dévouement à toute épreuve. Ce qui se passerait alors est une étrange anticipation du 18-Brumaire :

« Nous verrions si le Roi, la famille royale, Luckner et moi nous serions arrêtés. Je suppose que nous le fussions : Luckner et moi rentrerions à l'Assemblée pour nous plaindre et la *menacer de nos armées.* »

Et comme il pense à tout, il ajoute : « Il y a encore une chose à prévoir : celle où l'Assemblée décréterait que les généraux ne doivent pas venir dans la capitale. Il suffit que le Roi y refuse immédiatement sa sanction.

« Si par une fatalité inconcevable, le Roi avait déjà donné sa sanction, qu'il nous donne rendez-vous à Compiègne, dût-il être arrêté en partant. Nous lui ouvrirons les moyens d'y venir *libre* et *triomphant.* »

Cette lettre ne laisse aucun doute sur les intentions de La Fayette. Seulement voilà : dans le texte des *Mémoires* cité plus haut, il n'est plus question d'un coup de force, il n'est plus question d'un roi emprisonné dans la capitale par le peuple de Paris et délivré par les armées de La Fayette et Luckner qui lui permettent de gagner Compiègne « libre et triomphant ». Nous voyons seulement Louis XVI faire

une manière d'unanimité nationale contre les ennemis du dehors et les ennemis du dedans.

Qu'est-ce à dire, sinon que l'optique de La Fayette
a changé d'année en année et qu'il a — comme
beaucoup d'autres — remodelé son passé au fil des
événements et au gré de ses désirs ?

Ces « variations », du reste, présentent surtout un
intérêt majeur : elles mettent en évidence le fait que
cet imaginatif quand il combine, calcule, prévoit,
perd contact avec le réel. Il garantit le succès de son
coup de force en déclarant dans sa lettre du
8 juillet :

« Les démarches que j'ai faites, l'adhésion de
beaucoup de départements et de communes, celle de
M. Luckner, mon crédit sur mon armée et même
sur les autres troupes, ma popularité dans le royaume
qui est plutôt augmentée que diminuée, quoique fort
restreinte dans la capitale, toutes ces circonstances,
jointes à plusieurs autres, ont donné à penser aux
factieux, en donnant l'éveil aux honnêtes gens. »

Or il a noté lui-même le 29 juin, quand il essaya
de galvaniser quelques-uns des plus influents parmi
les officiers de la Garde nationale, que les réunions
qu'il tenait dégénéraient en parlotes, « qu'il ne ré-
sulta de cet essai aucune mesure civique un peu
décisive, et que La Fayette à peine éloigné, les uns
et les autres retombèrent dans leur inertie habi-
tuelle ».

De même, il attribue son échec aux intrigues sor-
dides d'une camarilla haineuse qui empêche le roi
de remettre avec confiance son destin entre les mains
du « général patriote ».

Or la réponse secrète de Louis XVI à la lettre de
Lally-Tollendal qui lui exposait le projet de coup de
force, est plus qu'une fin de non-recevoir. Il ne prend
pas La Fayette au sérieux :

« Il faut lui répondre que je suis infiniment sen-

sible à l'attachement pour moi qui le portait à se
mettre aussi en avant, mais que la manière me paraît
impraticable. Ce n'est point par crainte personnelle,
mais tout serait en jeu à la fois et quoi qu'il en dise,
ce projet manqué ferait retomber tout pire que jamais et de plus en plus sous la férule des factieux.
Fontainebleau n'est qu'un cul-de-sac, ce serait une
mauvaise retraite, et du côté du Midi. Du côté du
Nord, cela aurait l'air d'aller au-devant des Autrichiens... La présence des généraux à la fédération
pourrait être utile. Elle pourrait, d'ailleurs, avoir
pour motif de voir le nouveau ministre, de convenir
avec lui des besoins de l'armée. Le meilleur conseil
à donner à M. de La Fayette est de servir toujours
d'épouvantail aux factieux en remplissant bien son
métier de général. Par là il s'assurera de plus en plus
la confiance de son armée et pourra s'en servir comme
il voudra, au besoin. »

Gilbert ne se rend pas compte que, tandis qu'il
rêve, les événements dans l'ensemble du pays vont
dans un sens opposé à celui qu'il souhaitait : face à
l'invasion étrangère, la France se dresse tout entière ;
le pays, dans son immense majorité, ne sépare plus
la cause de Louis XVI de celle de la coalition étrangère qui veut le rétablir dans ses droits et prérogatives. *D'accusateur des factieux, La Fayette devient
accusé et factieux.* Le 21 juillet six membres de l'Assemblée législative signent une motion le déclarant
coupable d'avoir préparé, de concert avec le maréchal Luckner, une attaque contre la capitale. Il dément le 26 juillet. Le 28 juillet Luckner dément à son
tour, et le 29 juillet, Bureaux de Pusy qui avait été
intermédiaire entre La Fayette et Luckner s'attache
à montrer à la barre de l'Assemblée — avec pièces à
l'appui — qu'il n'a jamais été question pour les deux
généraux de marcher avec leurs armées sur Paris.
Mais ce long plaidoyer est sans effet, et Bureaux de

Pusy entend au Palais-Royal, parmi les groupes de promeneurs, des voix demander « qu'on promène la tête de La Fayette au haut d'une pique ».

*
**

Dans ce climat qui se détériore de jour en jour, éclate le coup de tonnerre du manifeste de Brunswick. Le 3 août, Paris apprend que le duc de Brunswick-Lüneburg, commandant des armées combinées de l'empereur d'Autriche et du roi de Prusse, a adressé aux habitants de France une déclaration sur le but qui tient à cœur aux deux souverains et sur les mesures qu'ils ont l'intention de prendre pour le réaliser : « Faire cesser l'anarchie dans l'intérieur de la France, arrêter les attaques portées au trône et à l'autel, rétablir le pouvoir légal. Rendre au Roi la sûreté et la liberté dont il est privé et le mettre en état d'exercer l'autorité légitime qui lui est due, retourner sans délai aux voies de la raison et de la justice, de l'ordre et de la paix. »

Pour finir, la menace : « Les populations qui oseraient se défendre contre les troupes austro-allemandes, seront punies sur-le-champ et subiront la rigueur des lois de la guerre ; leurs maisons seront démolies et brûlées. »

« Ce manifeste, acte le plus impolitique que l'orgueil et l'ignorance aient jamais dicté, a été, écrit le royaliste constitutionnel Mathieu Dumas, un véritable fratricide des princes français émigrés, envers Louis XVI et sa famille. »

De fait, ce même jour, 3 août, Pétion, maire de Paris, demande à l'Assemblée législative de prononcer la déchéance de Louis XVI et, le 10 août, c'est l'émeute ; l'assaut donné aux Tuileries, les gardes suisses égorgés, la vie du roi menacée. C'est la dramatique réplique de la foule au manifeste de Bruns-

wick ; mais pour La Fayette engagé désormais dans
une voie sans retour, cette réplique est la démonstration que l'ennemi du dedans, la faction jacobine, est
aussi dangereux que l'ennemi du dehors.

Il n'hésite pas devant l'épreuve de force : le
15 août il fait arrêter à Sedan les commissaires de
l'Assemblée venus pour l'appréhender.

La riposte est immédiate : le 17 août, il est destitué
de son commandement et sa tête est mise à prix. Il ne
lui reste plus qu'une issue : se réfugier en Hollande,
de là en Angleterre et... peut-être en Amérique.

.*.

Adrienne, du jour où la guerre a été déclarée, vit
dans l'angoisse. L'armée que commande La Fayette
a été engagée la première et plusieurs combats ont
eu lieu au cours desquels M. de Gouvion, ancien major de la Garde nationale, a été tué.

« Ma mère, écrit Virginie, était pénétrée de terreur
et poursuivie des plus affreux pressentiments. Les
troubles de l'intérieur ajoutaient à son effroi. »

Mais son angoisse est mêlée de joie ; elle est *sûre*
que Gilbert, quoi qu'il arrive, restera l'homme du
20 juin 1791, qui, pour sauver Louis XVI, « a renoncé
à ses inclinations républicaines » :

« La lettre de mon père à l'Assemblée législative
contre les jacobins et son apparition à la barre pour
le soutenir, dit Virginie, mêlaient aux tourments de
ma mère toutes les jouissances qu'elle était accoutu-
mée à trouver dans sa conduite. »

Cependant le besoin de la présence physique de
l'homme qu'elle adore, est de jour en jour plus
impérieux :

« Vous comprenez, dit Virginie, ce qu'elle souffrait
à cette distance, en le voyant exposé à tant de dangers différents. »

Il l'engage à venir le joindre ; mais une fois de plus — quoi qu'il lui en coûte — elle renonce, de peur de le gêner :

« Elle craignait que dans l'effervescence des esprits, son déplacement ne servît de prétexte aux calomnies et qu'on ne prétendît qu'il voulait mettre sa famille à l'abri ; elle avait peur, aussi, de gêner ses marches qui dépendaient de tant d'événements incertains. Après quelques jours de délibération, elle résolut de se sacrifier et de rester à Chavaniac. »

Ici se situe un incident qui montre à quel point Adrienne et Pauline, qui pourtant s'adorent, réagissent différemment au « fait révolutionnaire » :

« Un bataillon de volontaires de la Gironde qui regagnait l'armée, passa, dit Virginie, dans le village vers ce temps. Ils étaient fort exaltés, quelques-uns même parlaient de brûler le château. Ma mère donna à dîner aux officiers, fit nourrir le détachement qui logeait dans le village et sa manière noble et patriotique inspira du respect et préserva de tout incident. »

Petite-fille de d'Aguesseau, Adrienne a toujours été ouverte aux idées libérales. Femme de La Fayette, elle a souscrit aux conquêtes d'un certain esprit révolutionnaire et patriotique. Au même moment, sa sœur Pauline de Montagu qui habite le château de Plauzat à quinze lieues à peine de Chavaniac, voit les choses d'un tout autre œil :

« L'esprit révolutionnaire commençait à souffler sur ce canton jusque-là sain et tranquille. Partout le peuple, à l'imitation de la capitale, s'organisait en municipalités pour se régir, en gardes nationales pour se défendre, en clubs pour s'insurger ; on se soulevait dans les villes, et, dans les campagnes, on brûlait les châteaux... Cette population si cordiale et si respectueuse ne fut bientôt plus reconnaissable. Des gens qui, six mois auparavant, si on les eût laissés faire, se seraient attelés au carrosse de M. et

Mme de Montagu, passaient devant eux, le chapeau sur la tête, en sifflant l'air de « Ça ira ! »... Quand Mme de Montagu allait, avec son mari et sa fille, se promener dans les champs, des patriotes qui se cachaient dans les haies, sans oser jamais se montrer, criaient sur leur passage : « A la lanterne ! » Et comme les lanternes étaient choses inconnues à Plauzat, il y avait autant de quoi rire que de quoi frémir, d'entendre sous ce beau ciel, dans ces tranquilles solitudes, le stupide et barbare écho des carrefours de Paris. »

Mais la révolution d'Adrienne s'arrête au point « calculé » par Gilbert, le point où ils ont souhaité qu'elle s'arrête : la monarchie constitutionnelle. Elle est, par ailleurs, bien plus fidèle que Gilbert à certaines traditions : dévouement à la famille royale, attachement à la cause catholique. Enfin, et c'est là un des traits marquants de sa nature, elle a horreur de ce qu'elle appelle « les mouvements irréguliers et les actes arbitraires ». Dans les épreuves pénibles qu'elle va vivre, elle ne voudra — toujours et partout — avoir d'autre recours que la légalité. Aussi, après « l'affreuse journée » du 10 août, Gilbert lui apparaît comme le dernier rempart de cette légalité, et elle l'approuve d'aller à contre-courant de l'événement et de « résister » à Sedan.

« Les gazettes, dit Virginie, étaient pleines de décrets sanguinaires auxquels on se soumettait partout, excepté sur le point où mon père commandait. »

Mais dès qu'elle apprend par Rosalie que la tête de Gilbert est mise à prix et qu'il cherche à se réfugier en Belgique, Adrienne ne vit plus : « Rien, dit Virginie, n'est comparable aux angoisses de ma mère dans les jours qui suivirent... »

Angoisses d'autant plus cruelles qu'elle n'a personne auprès d'elle pour partager ses souffrances. Sa mère et sa sœur ont quitté Chavaniac pour Paris.

Elle n'a d'autre compagnie que celle de la tante de Gilbert, Mme de Chavaniac. La vieille dame affaiblie par l'âge et qui a la Révolution en horreur, ne lui est d'aucun secours. Les heures s'égrènent, dans l'attente de nouvelles qui n'arrivent toujours pas...

GILBERT : L'AVENTURE EN TERRE ETRANGERE
ADRIENNE : LIBERTE SURVEILLEE
EN AUVERGNE

Le dimanche 24 août est un jour de courrier. Le coursier Michel est allé à Brioude. Les trois enfants, Anastasie, Virginie et George Washington jouent ; Frestel, précepteur de George, feint d'être absorbé par sa lecture. Adrienne ne dit mot, mais d'instant en instant, elle devient plus pâle ; enfin n'y tenant plus, elle se lève pour aller chez sa gouvernante Mlle Marin ; au même moment Frestel revient avec des lettres ; il y en a une de la vicomtesse de Noailles ; Adrienne la décachète fébrilement : Gilbert a franchi la frontière...

« La joie de maman, écrit Anastasie, fut proportionnée aux angoisses dans lesquelles elle avait passé les jours précédents. »

Mme de Chavaniac, par contre, sanglotait. La vieille dame, qui n'était plus à la question, ne pouvait se faire à l'idée qu'elle ne verrait peut-être plus son cher neveu en Auvergne... Adrienne n'en avait cure et s'abandonnait à l'ivresse de sa joie au point que M. Frestel et Mlle Marin la conjurèrent d'en modérer l'expression. Le bruit courait que les jacobins allaient venir de Paulhaguet, brûler et piller le château.

Cette alternance de sentiments extrêmes, c'est la

trame même de la vie d'Adrienne depuis que, jeune
mariée, elle a vu Gilbert partir pour aller combattre
dans la lointaine Amérique. La présence ou l'absence
de l'homme qu'elle aime la fait, tour à tour, monter
jusqu'au sommet de la joie la plus vertigineuse, ou
plonger dans l'abîme d'une tristesse sans fond. Mais
elle garde toujours le même jugement lucide et, dès
qu'elle ne craint plus pour Gilbert, elle retrouve son
sang-froid pour agir au mieux des circonstances,
quelles que soient les difficultés auxquelles elle doit
faire face. A peine a-t-elle appris qu'il est sain et
sauf, elle cache ou brûle les papiers compromettants
et se préoccupe de mettre ses enfants en lieu sûr.
Frestel conduira George jusqu'à la cachette qu'un
curé assermenté lui a trouvée dans une paroisse perdue de la montagne d'Auvergne, tandis qu'Anastasie
et Virginie partiront pour Langeac à quelque huit
lieues de Chavaniac. Elle pense, aussi, à enterrer au
pied d'un marronnier l'épée d'honneur que le Congrès
américain a offerte à Gilbert avant la victoire de
Yorktown, et dont la poignée en or massif a été cise-
lée par des artisans parisiens. Mais il lui reste une
tâche urgente à accomplir : Gilbert a échappé à la
mort, mais qui sait s'il ne va pas jouer sa tête dans
l'aventure où il vient de s'engager ? Or c'est lui
qu'Adrienne a, tout naturellement, désigné pour exécuter ses dernières volontés. Il faut donc qu'elle
choisisse un successeur éventuel en ajoutant un codicille à son testament.

Ce testament a déjà une longue histoire. C'est en
effet le 15 avril 1787 qu'Adrienne couvre, de son écriture serrée, dix pages qui commencent par une profession de foi :

« Au nom du père et du fils et du Saint-Esprit,
amen.

« C'est au nom de Dieu en trois personnes, c'est
dans la foi de l'Eglise catholique et romaine que j'ai

« Elle enterra l'épée au pied d'un marronnier... »

été baptisée, c'est dans cette foi que je veux mourir. »

Elle désigne alors La Fayette comme exécuteur testamentaire, en ajoutant ces quelques mots :

« Il m'est doux de lui remettre tous les soins, tels petits qu'ils soient, qui intéressent ma mémoire ; il me semble que c'est une manière de prolonger notre union qu'il me coûtera sûrement beaucoup de voir rompre. »

En le priant d'accepter à titre de souvenir les portraits qu'elle a des trois enfants, George, Anastasie et Virginie, elle lui dit avec une délicatesse et une pudeur extrêmes, la profondeur de l'amour qu'elle lui a voué :

« Je lui demande de les recevoir comme un témoignage de mes sentiments et de la consolation que je trouve à songer qu'il leur reste et qu'ils restent à lui.

« La lettre que je joins ici lui en dira davantage, mais je ne puis me refuser de lui répéter encore dans le dernier acte de ma vie, que j'ai senti le prix et tout le charme de mon sort et que j'aurais voulu en être digne de toutes les manières, comme je l'étais par ma vive tendresse. »

Suit en vingt articles — car Adrienne est une femme précise, méticuleuse — l'énumération des legs en argent ou en nature qu'elle fait à ses enfants, à sa famille et à ses amis. On relève parmi les noms des bénéficiaires, l'abbé Frestel, précepteur de son fils George, et Mme Beauchet, sa première femme de chambre :

« Article 8 — Je donne et lègue à M. l'abbé Frestel, précepteur de mon fils George, un diamant de mille écus et un buste de M. de La Fayette en plâtre, fait par Houdon. Je le prie d'accepter l'un et l'autre, comme un faible témoignage d'une reconnaissance que notre confiance a rendue telle qu'une plus longue habitude de lui devoir n'y pourra rien ajouter. »

Et pour finir cette phrase, aussi touchante qu'inattendue : « Je n'ai pas besoin de lui demander d'être la mère de mon fils et il sent sûrement le prix et les devoirs qu'impose d'être associé à la paternité de M. de La Fayette. »

« Article 10 — Je donne et lègue à Mme Beauchet, ma première femme de chambre, une pension viagère de huit cents livres, mes dentelles et mon linge (le reste de ma garde-robe sera partagé entre elle et ma seconde femme de chambre). Elle sait combien j'ai été touchée de son attachement depuis qu'elle est avec moi, et combien je désire son bonheur, celui de son mari et de ses enfants, pour toute la suite de sa vie. »

Ces dispositions montrent qu'Adrienne — deux ans avant la Révolution — considérait Frestel et Mme Beauchet non comme des personnes à son service, mais comme des amis ; l'un et l'autre, en retour, n'hésiteront pas à risquer leur vie pour elle, tout au long des tragiques événements de la Terreur.

Aux pages 10 et 11 figure un premier codicille dont sont bénéficiaires l'abbé Fayon et un jeune Américain, Caldwell, protégé de La Fayette. Il a été rédigé à Chaville, le 24 octobre 1788.

Un deuxième codicille, fait à Paris le 27 janvier 1791, porte la pension de Mme Beauchet de 800 à 1 200 livres.

.*.

Donc, le 25 avril 1792, Adrienne ouvre le secrétaire dans lequel le testament dort depuis un an et demi et y ajoute un troisième codicille, par lequel elle désigne M. de Grammont, son beau-frère, comme son exécuteur testamentaire.

Le début du codicille ne laisse aucun doute sur ses pensées et ses craintes :

« Dans le cas où les affaires publiques ou quelque malheur empêchât M. de La Fayette de se charger de l'exécution du présent testament... »

« Les ennemis du dehors et les ennemis du dedans », c'est le leimotiv auquel elle revient sans cesse. La révolution est faite. Mais il lui faut se défendre contre l'anarchie tyrannique des Jacobins d'une part, la contre-révolution des émigrés et de la coalition monarchique de l'autre.

Ayant ainsi paré au plus pressé, Adrienne attend dans l'inquiétude et dans l'espoir des nouvelles du fugitif...

Mais, tandis que Gilbert, après avoir franchi la frontière, s'en va vers l'inconnu, elle voit le ciel politique de l'Auvergne s'assombrir de plus en plus.

Dans les derniers jours d'août, deux coups de canon la réveillent en sursaut. Est-ce l'arrivée des Jacobins, ces « brigands » dont on parle tant ? Non, c'est la fête de saint Julien, patron de Brioude ; mais des rumeurs inquiétantes commencent à se répandre : « On va mettre le feu à Chavaniac. » Adrienne commande une chaise à porteurs et deux hommes pour transporter la vieille tante, dans le cas où il faudrait fuir, puis elle va retrouver ses filles à Langeac :

« Nous la vîmes paraître sur son cheval blanc, écrit Anastasie, et nous fûmes réunis pour une demi-heure. »

Entre-temps les scellés avaient été apposés à Chavaniac ; mais c'est Adrienne elle-même qui l'avait demandé au président du tribunal de Brioude pour tenir en respect les « brigands ». Elle avait demandé en même temps que La Fayette, propriétaire du château, ne fût pas qualifié « d'émigré » dans le procès-verbal, et les commissaires le lui avaient accordé sans hésitation. Elle ne manquera jamais une occasion de protester avec véhémence toutes les fois qu'on reproche à Gilbert un choix politique qu'elle juge presque infamant.

Du reste, pour bien montrer qu'elle n'émigrera pas, Adrienne se rend à Brioude où elle a l'intention de louer un pied-à-terre. Elle y est très entourée et quelques dames de l'aristocratie la félicitent d'être restée, alors que d'autres sont partis : sous-entendu venimeux auquel elle réplique aussitôt « qu'elle prendra pour insulte tout témoignage qu'elle n'aurait pas à partager avec son mari et par lequel on prétendrait séparer sa cause de la sienne ». Mais, en même temps, elle refuse, comme toujours, d'être une femme de parti et assiste à la messe d'un curé non assermenté.

De retour à Chavaniac, elle trouve la lettre que Gilbert lui a écrite le 21 août de Rochefort, au moment de son arrestation, et dans laquelle certains ont cru voir comme un besoin de justification.

Qu'il ait toujours cherché, quoi qu'il fasse et quoi qu'il arrive, à préserver aux yeux de l'opinion son image de marque d'ami de la liberté et d'ennemi de toutes les tyrannies, de toutes les oppressions, c'est un fait ; mais s'agissant d'Adrienne, il n'a pas besoin de faire le plaidoyer *pro domo* dont il est spécialiste.

Depuis le 20 juin 1791, depuis la fuite à Varennes, Adrienne est en parfaite communion d'idées et de sentiments avec son mari. Tout ce qu'il fait est et sera toujours bien fait. Du reste, ne lui a-t-il pas écrit, le 18 avril, de son quartier général de Metz à deux jours de la déclaration de guerre :

« Mes amis et moi nous servirons quiconque voudra maintenir la Constitution, en repoussant tout ce qui pourra la rendre aristocrate ou républicaine. »

C'est « *sa* » révolution, c'est peut-être encore plus

la révolution d'Adrienne, puisqu'elle l'a vu — avec quelle joie ! —, le jour de la fuite à Varennes, « renoncer à ses inclinations républicaines », pour prendre Louis XVI sous sa protection et sauver, coûte que coûte, la monarchie.

Ne voulant ni « la contre-révolution aristocrate », ni « la révolution jacobine » qui triomphe, il ne lui reste plus qu'à quitter la France. Comment Adrienne pourrait-elle ne pas être d'accord avec lui ? Pourquoi aurait-il besoin de se justifier devant elle ?

Seulement pour Gilbert, dont la confiance frôle la naïveté, son arrestation n'est qu'un incident de parcours ; il se voit déjà en Angleterre vers laquelle il pense que sa femme et ses enfants sont déjà en route, avec peut-être sa vieille tante de Chavaniac, à qui il écrit de Nivelle qu'il souhaite qu'elle ait consenti à les suivre.

Adrienne est moins optimiste. « Tout en espérant, dit Virginie, qu'il serait bientôt libre, elle était, cependant, fort troublée par son arrestation. »

Ce qui se passe autour d'elle n'est d'ailleurs pas fait pour l'incliner à l'optimisme. A Brioude, des « sans-culottes » ont dansé devant « un arbre de la liberté ». C'est un signe avant-coureur. Les Jacobins qui investissent peu à peu toute la France, ne sont pas loin de Chavaniac. La province se met à l'heure de Paris.

De fait, le 10 septembre, à huit heures du matin, une troupe d'hommes armés envahit le château. En voyant celui qui les commande s'avancer vers elle, Adrienne prend les devants :

— Oserai-je vous demander qui vous êtes, monsieur ?

— Le commissaire, madame.

— Votre nom, s'il vous plaît ?

— Alphonse Aulagnier.

— Vos ordres, monsieur ?

— Je vais vous les montrer, madame.

Et il tend à Adrienne un arrêté du Comité de sûreté générale, qui ordonne de la conduire à Paris, et une lettre de Roland, ministre de l'Intérieur, datée du 2 septembre, qui charge Aulagnier de l'exécution de l'arrêté.

Adrienne n'hésite pas un instant sur la conduite à tenir. Il lui faut d'abord abréger le séjour de cette troupe dont un soldat se vante d'avoir tué son officier parce qu'il était aristocrate ; ensuite, descendante d'un grand légiste, elle décide de se placer, le plus vite possible, sous la protection des autorités officielles du district. Elle commande donc une voiture et, pendant qu'on procède aux préparatifs du départ, elle va dans la chambre, ouvre son secrétaire ; Aulagnier, qui l'a suivie, saisit aussitôt les lettres de Gilbert.

« — Vous y verrez, monsieur, lui dit Adrienne, que s'il y avait eu des tribunaux en France, M. de La Fayette y eût apporté sa tête, bien sûr qu'il ne se trouverait pas une seule action de sa vie qui pût le compromettre aux yeux des patriotes. »

Pour Aulagnier, la légalité n'est plus, dans la tourmente révolutionnaire, qu'un vain mot :

« — Les tribunaux aujourd'hui, madame, sont l'opinion publique. »

Au vrai, l'opinion publique en Auvergne est encore hésitante. Tout au long de la route qui la conduit au Puy, on salue Adrienne avec sympathie. Mais, quelques jours auparavant, un prisonnier a été égorgé dans les faubourgs de la ville ; ce ne sont pas encore les massacres de Septembre à Paris, mais la province commence à rattraper son retard. Adrienne, voyant que ses deux filles ne cèdent pas à la peur lorsque quelques voyous lancent des pierres sur le passage de la voiture, leur dit :

« — Si votre père vous savait ici, il serait inquiet, mais aussi bien content de vous. »

Avant d'atteindre le Puy, elle demande à Aulagnier d'être immédiatement conduite au département :

« — Je respecte autant les ordres de l'administration, que je déteste ceux qui me viennent d'ailleurs. »

C'est bien la même femme qui, dans les débuts de la Révolution, disait la satisfaction qu'elle éprouvait à voir son mari « s'opposer à un mouvement irrégulier ou à un acte arbitraire ».

Dès l'arrivée au Puy, les membres du département sont convoqués et les premiers mots d'Adrienne les disposent favorablement :

« — Je me place avec confiance sous la protection du département parce que je vois en lui l'autorité du peuple et que partout où je la trouve, je la respecte. Vous recevez vos ordres de M. Roland ou de qui vous voulez ; pour moi, je n'en veux recevoir que de vous et je me constitue votre prisonnière. »

Elle demande ensuite que les lettres de Gilbert qui ont été saisies à Chavaniac, soient copiées avant d'être expédiées à Paris, et qu'une copie lui en soit remise car « on ment souvent à l'assemblée ».

Elle sollicite enfin l'autorisation de lire ces lettres tout haut. Comme un des membres du département lui fait observer que cette lecture peut être pénible pour elle, elle réplique avec vivacité :

« — Au contraire, monsieur, les sentiments qu'elles expriment me soutiennent et sont ma consolation. »

Elle a gagné la partie. Le département lui est acquis. Virginie ne peut s'empêcher d'admirer son sang-froid et son habileté manœuvrière :

« Ma mère songeait à tout, sans être distraite par l'intérêt de sa position. Elle remarqua que le maintien du maire, M. Bertrand, montrait une bienveillance qui pouvait le compromettre. Afin de le préserver de toute accusation à ce sujet, elle lui reprocha d'avoir, depuis longtemps, cessé de venir à Chavaniac. »

Adrienne n'a plus qu'à conclure : si l'on persiste à la retenir comme otage, elle demande que lui soit accordée l'autorisation de rester prisonnière sur parole à Chavaniac.

La sympathie que les membres du département lui témoignent n'a pas échappé à Aulagnier. Il est lui-même touché. Mais il fait plus : il prend sur lui de ne pas exécuter l'ordre du ministre :

« Le transport à Paris, écrit-il à Roland, n'a pas eu lieu car les événements des 2 et 3 septembre m'indiquaient assez le sort qui pourrait attendre une illustre prisonnière. »

Adrienne demande et obtient que l'on joigne à la dépêche d'Aulagnier une lettre qu'elle écrit au député girondin Brissot. Celui-ci n'est pas pour elle un inconnu. Il a fondé en 1788 avec Clavière, Mirabeau, La Fayette et Volney la Société des Amis des Noirs. Et comme elle a, elle-même, mis au point un plan d'émancipation des Noirs qui travaillent dans sa propriété de la « Gabrielle », près de Cayenne, elle a été en relation avec lui. Aussi est-ce sous le signe d'un même dévouement à une même cause, qu'elle place tout naturellement sa lettre :

« Au Puy, le 12 septembre 1792.

« Monsieur,

« Je vous crois réellement fanatique de la liberté. C'est un honneur que je fais en ce moment à bien peu de personnes. Je n'examine pas si ce fanatisme, comme celui de la religion, agit ordinairement contre son objet, mais je ne saurais me persuader qu'un ami zélé des Noirs puisse être un suppôt de la tyrannie ; je pense que si le but de votre parti vous passionne, du moins les moyens vous répugnent. Je suis sûre que vous estimez, je dirais presque que vous respectez M. de La Fayette comme un ami courageux et fidèle de la liberté, lors même que vous le

persécutez parce que des opinions contraires aux vôtres sur la manière dont elle peut être affirmée en
France, soutenues par un courage tel que le sien et
par une fidélité inébranlable à ses serments, peuvent
s'opposer au parti que vous avez embrassé et à votre
révolution. Je crois tout cela, et c'est pourquoi je
m'adresse à vous, dédaignant de m'adresser à d'autres. Si je me trompe, mandez-le moi, ce sera la dernière fois que je vous importunerai. »

Elle formule alors le souhait d'être remise en liberté, pour aller rejoindre son mari qu'elle espère
retrouver en Angleterre. Si ce souhait ne peut être
réalisé, elle demande à rester prisonnière sur parole
à Chavaniac.

« Si vous voulez me servir, vous aurez la satisfaction d'avoir fait une bonne action, en adoucissant le
sort d'une personne injustement persécutée, et qui,
vous le savez, n'a pas plus de moyens que d'envie de
nuire. »

Et pour finir :

« Je consens à vous devoir ce service. »

Sept petits mots sur lesquels, sans doute, on n'a pas
fini d'épiloguer.

La réaction de Roland, à qui Brissot a communiqué la lettre, est d'une extrême violence. S'il autorise
Adrienne à rester prisonnière sur parole à Chavaniac,
il termine — après s'être répandu en injures sur La
Fayette — sur une impertinence :

« L'expression de « consentir à lui devoir un service », que vous avez employée, tient à l'orgueil
suranné de ce qu'on appelle noblesse. »

A près de deux cents ans de distance, André Maurois et moi-même avions trouvé cette lettre un peu
trop romaine et la dernière phrase dure et peut-être
maladroite. Depuis la découverte des documents qui
vont suivre et qui éclairent l'âme d'Adrienne dans

cette douloureuse épreuve, il me semble que nous avons eu tort de porter ce jugement.

Tout d'abord, il convient d'observer que ce n'est pas Brissot, le destinataire de la lettre, qui adresse des reproches à Adrienne alors qu'il lui serait très facile de le faire ; il faut croire que l'expression « je consens à vous devoir ce service » ne l'a pas autrement choqué. Et on le comprend aisément. « Je consens à vous devoir ce service » signifie tout simplement : « J'accepte de vous devoir ce service. » Je pense, par contre, que Roland, victime d'une demi-homonymie, a lu ou cru lire : « Je condescends à vous devoir ce service », ce qui, en effet, signifie : « J'aurais le droit de refuser de vous devoir ce service, mais je ne le fais pas », et témoigne manifestement d'un certain orgueil ou tout au moins d'une certaine hauteur. « Je consens à » n'implique pas la moindre réserve distante. A preuve : lorsqu'on dit de quelqu'un : « Il est consentant », on entend qu'il donne son approbation pleine et entière. En vérité, Adrienne sait que Brissot est un ennemi politique implacable de son mari, aussi lui en coûte-t-il — et elle le dit — de lui demander un service, mais elle fait taire sa répugnance et elle accepte de lui devoir ce service. Elle perdrait plus qu'elle ne gagnerait à descendre plus bas, à « s'humilier ». La suite de l'événement va, du reste, achever de donner raison à cette thèse.

Tandis qu'Adrienne attend au Puy que Paris réponde à la requête dans laquelle elle sollicite l'autorisation de rester prisonnière sur parole à Chavaniac, elle apprend par la lecture du journal de Brissot *Le Patriote français* que Gilbert, bien loin d'être relâché, est devenu « Le Prisonnier de l'Europe » et que, pris en charge par le gouvernement prussien, il va être — croit-on — dirigé sur la forteresse de Spandau.

« L'impression que cette nouvelle produisit sur ma mère, dit Virginie, fut terrible. Elle était au désespoir d'avoir offert sa parole de rester à Chavaniac. Car malgré l'impossibilité de sortir de France, elle ne supportait pas la pensée de s'engager à ne pas chercher sans cesse les moyens de rejoindre mon père. »

Aussi est-ce à regret qu'elle se voit accorder l'autorisation de demeurer à Chavaniac :

« Ma mère, dit Virginie, reçut la permission qu'elle sollicitait, au moment où elle était saisie d'effroi de la situation de mon père et des dangers qu'il courait maintenant par les puissances étrangères, tout à l'heure par les révolutionnaires. Elle sentait qu'elle ne pouvait refuser une promesse proposée par elle-même, que d'ailleurs il lui était impossible de s'échapper, encore plus impossible de quitter la France ; mais elle était au désespoir de s'interdire toute tentative pour parvenir à ce but. »

Tant elle subit l'aimantation douloureuse et douce qui l'attire vers Gilbert partout et toujours.

Là-dessus, les autorités du Puy décident que six hommes monteront la garde autour de Chavaniac. Adrienne réagit avec hauteur :

« Je déclare que je ne donne plus la parole que j'ai offerte, si l'on met des gardes à ma porte. Choisissez entre deux sûretés. Je ne puis me choquer de ce que vous ne me croyez pas une honnête femme. Mon mari a beaucoup mieux prouvé qu'il était un bon patriote. Mais vous permettez que moi-même je croie à ma probité et que je ne cumule pas ma parole avec des baïonnettes. »

« Sa parole, dit Virginie, était pour ma mère un poids accablant. »

Elle ne pense plus désormais qu'à rejoindre Gilbert, où il se trouve, et il lui faut, pour cela, obtenir coûte que coûte la révocation de l'arrêté d'incarcération pris par le Comité de sûreté générale. Elle écrit donc, le 4 octobre, une deuxième lettre à Brissot :

« Je ne devrais plus vous écrire, Monsieur, après

l'usage que vous faites de mes lettres. Mais les sentiments de révolte qu'avaient fait naître dans mon âme et mon injuste captivité et surtout la dure obligation de m'adresser aux ennemis de ce que j'aime, ceux mêmes que les calomnies rebattues que M. Roland m'a adressées n'ont pu manquer d'exciter en mon cœur, sont surpassés depuis les nouvelles d'hier, par le sentiment de mes alarmes et de ma vive douleur de la captivité bien plus affreuse de celui qui mérite bien plus que moi d'être libre. Ne vous attendez donc plus à trouver dans mes expressions ni amertume, ni même la fierté de l'innocence opprimée. Je plaiderai ma cause avec l'unique désir de la gagner. J'ai écrit à Roland par le dernier courrier. Je venais de lire dans votre « Gazette », la seule où je trouve des nouvelles de mon mari, qu'on le séparait de MM. de Maubourg et Pusy et qu'on le transportait à Spandau. Son malheur, les risques de sa santé, tout ce que je crains encore, tout ce que j'ignore, tous ces maux à la fois ne sont pas réellement supportables pour moi fixée loin de lui... »

Suivent quelques mots flatteurs à l'adresse de Brissot pour mieux le faire entrer dans son jeu :

« Après tout ce que votre crédit a fait, après tout ce que vous osez depuis quelque temps avec courage contre une faction meurtrière, je ne puis croire que vous ne puissiez et que vous ne voulez obtenir du Comité la révocation entière de son arrêté... J'avoue, Monsieur, que je ne pourrai jamais croire que celui qui poursuit depuis tant d'années l'abolition de l'esclavage des Noirs, puisse refuser d'employer son éloquence pour délivrer d'esclavage, une femme qui ne demande d'autre liberté que celle d'aller s'enfermer dans les murs ou au moins autour des murs de la citadelle de Spandau. »

Ainsi, dès octobre 1792, Adrienne a décidé de partager la prison de Gilbert. Elle vit avec cette idée fixe

qui lui laisse un répit pendant les dix-huit mois
qu'elle passe elle-même dans les geôles révolutionnaires, pour reprendre de plus belle, dès qu'elle se
retrouve libre, et qui ne la lâchera plus jusqu'à ce
qu'elle atteigne le but qu'elle poursuit.

Mais elle s'est trompée d'adresse : seul le ministre
de l'Intérieur, Roland, peut révoquer l'arrêté d'incarcération. Sans hésiter, elle lui écrit la lettre que
voici :

« Toute prison, telle qu'elle soit, n'est plus supportable pour moi, depuis que j'ai appris ce matin dans
la « Gazette » de M. Brissot, que mon mari avait été
transféré de ville en ville par les ennemis de la
France et qu'on le transférait à Spandau. Quelque
répugnance que j'aie pu sentir à devoir un service à
ceux qui se sont montrés les ennemis et les accusateurs de celui que je révère et que j'aime autant qu'il
est digne de l'être, c'est dans toute la franchise de
mon cœur que je voue une reconnaissance à jamais
durable à celui qui, en affranchissant l'administration de sa responsabilité et en me rendant ma parole,
me donnera la faculté d'aller rejoindre mon mari, si,
la France devenue libre, il était possible de voyager
sans risque.

« C'est à genoux, s'il le faut, que je vous demande
cette grâce ; jugez de l'état où je suis. »

Brissot, qui ne s'était nullement formalisé de la
phrase « Je consens à vous devoir ce service », dit à
Beauchet, qui lui avait remis la seconde lettre
d'Adrienne :

« — Je souhaite qu'il devienne possible d'abandonner la citoyenne La Fayette à l'industrie du sentiment
qui l'anime. »

« Phrase circonspecte et obscure », écrit Virginie.

Or, il nous apparaît aujourd'hui que la phrase n'est
ni circonspecte ni obscure. Le Larousse de 1880 donne
— cent ans après la Révolution — comme premier

« Sans risque,

« C'est à genoux s'il le faut que je vous demande cette grace. jugez l'etat où je suis.

Noailles Lafayette..

Pour aller retrouver Gilbert...
(manuscrit de Virginie)

sens du mot industrie : « Dextérité, adresse à faire quelque chose. »

Dès lors, on comprend parfaitement ce que veut dire Brissot : « Je souhaite qu'il devienne possible de donner à la citoyenne La Fayette la possibilité de suivre son instinct très sûr de femme amoureuse. »

Roland, de son côté, ne laisse pas Adrienne sans espoir :

« J'ai mis, Madame, votre touchante réclamation sous les yeux du Comité. Je dois pourtant vous observer qu'il ne me paraît pas prudent pour une personne de votre nom, de voyager en France à cause des impressions fâcheuses qui y sont en ce moment. Mais les circonstances peuvent changer. Je vous invite à les attendre et je serai le premier à les saisir. »

Roland est sincère. Adrienne ne s'y trompe pas et elle le remercie aussitôt :

« Je vous rends grâce, Monsieur, du rayon d'espérance que vous faites luire dans mon cœur si peu accoutumé depuis longtemps à ce sentiment... Je commence déjà à sentir quelque chose de cette reconnaissance que je vous ai promise, si vous obtenez que je sois délivrée, rendue à ce que j'aime et à goûter quelques consolations en lui en offrant. »

Brissot a vu juste quand il a parlé de « l'industrie du sentiment qui anime Mme de La Fayette ». Roland n'est pas seulement touché, ému : Adrienne vient de s'en faire un allié. Elle a désormais confiance dans le ministre de l'Intérieur ; elle n'hésitera pas à lui écrire des lettres confidentielles dans lesquelles elle lui demande conseil pour la défense du patrimoine de Gilbert, et lorsqu'il quitte — peu de temps après — le gouvernement, elle dit à ses filles que « c'est une vraie perte pour elle ». Une fois de plus, elle a obtenu, à force de patience et de ténacité « que la politique ne règle pas dans certaines situations, les rapports personnels ».

Depuis qu'elle s'est retrouvée avec ses filles et sa vieille tante à Chavaniac, elle sait qu'elle ne pourra pas, tant qu'elle est prisonnière, songer à rejoindre Gilbert dont elle a appris par les journaux le transfert à Wesel et non, comme on le croyait, à Spandau. Elle va du moins chercher — par tous les moyens — à avoir de ses nouvelles. L'idée lui vient d'écrire au duc de Brunswick, qui commande les armées de la coalition monarchique européenne. Seulement, comme il ne peut être question de lui adresser directement la lettre, elle demande à Servan, ministre de la Guerre, d'être son intermédiaire, et une fois de plus, elle a recours au « facteur Beauchet ». Mais Servan n'est plus ministre et son successeur Lajard refuse de se charger de la commission. Lebrun, ministre des Affaires étrangères, promet de le faire. Promesse tenue ou non tenue ? Quoi qu'il en soit, elle ne reçoit pas de réponse.

« Pourquoi ne pas vous adresser directement au roi de Prusse, qui a reçu jadis M. de La Fayette ? », suggère Beauchet. Adrienne approuve et Morris, ministre des Etats-Unis en France, lui propose un modèle de lettre. Elle la juge « trop humble » et, elle joue la carte de la loyauté pour se concilier le souverain en terminant par ces mots :

« Serai-je assez heureuse, moi, pour offrir à votre sensibilité la joie de me rendre à la vie en le délivrant ? »

Ici encore, pas de réponse ; mais elle ne se décourage pas et frappe à toutes les portes. Ayant lu dans un journal une lettre de Klopstock favorable à La Fayette, elle écrit au poète allemand ; puis, faisant flèche de tout bois, elle profite du départ de deux plâtriers italiens qui regagnent leur pays pour alerter les amis que La Fayette compte dans la péninsule. Enfin, elle écrit, sur le conseil de Gouverneur Morris, à la princesse d'Orange, sœur du roi de Prusse, qui lui répond poliment mais sans lui donner d'espérance précise.

C'est en décembre qu'elle recouvre la liberté — liberté illusoire puisqu'il est interdit de sortir du département. Cependant, le seul fait d'être dégagée de sa parole suffit à entretenir chez elle l'espoir de pouvoir faire quelque chose un jour. Mais cette éventualité devient de plus en plus hypothétique, au fur et à mesure que le ciel politique s'assombrit. Le procès et la mort de Louis XVI marquent un tournant décisif de la Révolution : on va vers une dictature des montagnards pour qui les « ci-devant » sont, par principe, des suspects qu'il faut mettre hors d'état de nuire.

En même temps, Adrienne est aux prises avec des difficultés financières. Elle n'a pas empêché, malgré ses protestations, la mise sous séquestre des biens de Gilbert. Elle essaie d'exercer, du moins, un droit de reprise de sa dot évaluée à 200 000 livres : on lui propose 8 000 livres... Elle tente alors d'obtenir que Mme de Chavaniac, créancière de son neveu, soit remboursée de sa créance, ce qui permettrait de régler les dettes du couple avec l'argent des biens séquestrés. Elle ne cesse d'ailleurs de répéter que La Fayette n'est pas un émigré et que le séquestre de ses biens est une iniquité. Peine perdue : Roland lui eût peut-être donné raison, mais Garat, qui lui succède au ministère de l'Intérieur, maintient le séquestre.

C'est à Mme Beauchet, sa première femme de chambre, l'amie et la confidente de toujours, qu'elle fait part de ses préoccupations, de ses tracas. Elle lui écrit, le 17 mars :

« Lorsque c'est d'un intérêt pécunaire qu'il s'agit, je m'en rapporte à votre délicatesse... Vous avez l'âme trop élevée pour ne pas sentir comme moi, pour moi, comme si c'était pour vous... »

Le 30 mars, elle lui répond, au reçu de son relevé de comptes ; elle fait le bilan de la situation désastreuse dans laquelle elle se trouve, avec le plus parfait sang-froid, et cherche comment il lui est possible de se défendre :

« Je vous remercie et dans tous les moments, ma chère amie, de vos soins pour mes petites affaires ; votre comptabilité est merveilleusement en règle... Non seulement, je me vois tout à fait ruinée, mais je vois qu'après avoir été forcée de traiter avec la Commune de Paris, je n'obtiendrai pas justice... Envoyez-moi les noms et, si vous le pouvez, sans imprudence, quelques mots sur le caractère de ceux qui composent le bureau de la Municipalité où doit venir mon affaire... »

Mais comme elle redoute un déni de justice, et qu'elle ne veut pas laisser ses enfants dans la misère, elle ajoute, le 10 avril, un nouveau codicille à son testament. Elle indique les mesures à prendre pour que, toutes ses dettes étant réglées, Anastasie, Virginie et George soient à l'abri du besoin :

« Codicille à Chavaniac, le 10 avril mille sept cent quatre-vingt treize.

« Je déclare par le présent codicille à mes enfants, à leurs tuteurs et à mon exécuteur testamentaire, en l'absence de M. de La Fayette, M. de Grammont, mon beau-frère, que mon intention est, qu'après avoir fait toutes les démarches nécessaires auprès des administrations pour que les dettes de M. de La Fayette soient payées par la nation qui s'empara de ses biens, ce qui n'aura pas été reçu desdites dettes soit payé sur ma succession et, s'il est possible, sur les revenus.

« Le tableau de ces charges pourrait peut-être, si je venais à mourir, être présenté comme une raison suffisante d'obtenir, au moins pour mes enfants, des secours que le besoin qu'ils en auraient, rendrait nécessaire à solliciter ; je crois que, de plus, l'article de mon contrat de mariage qui assure mon douaire, ce qui porte que le fonds sera propre aux enfants à naître dudit mariage, leur assure au moins 12 000 — douze mille — livres de rente, et que les 10 000 — dix mille —, distraits de ma dot étant joints à ces objets, pourront payer en huit ou dix ans toutes ces dettes sans toucher au fonds.

« Je joins ici l'état de ces dettes pour lesquelles je crains le refus des administrations :

« M. Bauvaud	12 000
« L'hôpital de Clermont	20 000
« M. Mabau	1 300
« M	6 000
	2 000
« Gens à Paris	2 100
« Gens ici	1 000
« Boucher et boulanger	1 500
« Dettes personnelles	5 500
« Caution si Mr. Genestre ne paie pas ..	3 300
	61 700

« Total : soixante et un mille sept cent livres.

« Je charge mon exécuteur testamentaire de veiller au paiement desdites dettes, de les poursuivre près des administrations et je le prie de les payer sur les propres fonds de ma succession si l'on a l'injustice de les refuser.

« Fait à Chavaniac, le dix avril mille sept cent quatre vingt treize.

« Adrienne Noailles-La Fayette »

Toutes ces préoccupations, tous ces soucis ne l'empêchent pas de s'intéresser à l'actualité et de la suivre de très près. Elle écrit à Mme Beauchet :

« Nous voici à la fin de nos abonnements de journaux, ma chère amie ; je voudrais renouveler celui du *Patriote français,* des *Débats* et changer *Les Feuillants* pour *Le Thermomètre*. Ma tante vous prie de renouveler son abonnement aux *Nouvelles politiques et étrangères*. »

Après la trahison de Dumouriez — le vainqueur de Valmy et de Jemmapes — qui voulait tenter un coup de force pour rétablir la royauté, les « ci-devant », suspects par principe, le deviennent en fait : les visites domiciliaires commencent aux fins de vérification des papiers d'identité. Un représentant en mission, Jean-Baptiste Lacoste, parcourt le département en accablant La Fayette et en déclarant qu'il faut arrêter Mme de La Fayette.

Comme elle l'avait fait avec Aulagnier, Adrienne prend les devants ; elle va le trouver à Brioude :

« — Si je suis charmée d'être la caution de M. de La Fayette, je ne puis l'être en aucune manière de ses ennemis. D'ailleurs ma vie et ma mort sont fort indifférentes à M. Dumouriez... Je demande qu'on me laisse avec mes enfants dans la seule situation qui me soit supportable, pendant que leur père est captif des ennemis de la France.

« — Citoyenne, ces sentiments sont dignes de vous.

« — Je ne m'embarrasse pas, monsieur, de savoir s'ils sont dignes de moi, je désire seulement qu'ils soient dignes de lui. »

Lacoste quitte le département sans donner suite à ses menaces, mais l'étau continue à se resserrer : le 31 mai voit le triomphe des montagnards ; la chute et l'arrestation des girondins Brissot et Vergniaud, sont un coup dur pour Adrienne. Elle n'est pas en danger dans l'immédiat, mais elle ne se dissimule pas que les événements prennent un tour « qui achève d'ôter tout espoir dans l'avenir ».

Sans parler de la situation financière qui devient de plus en plus préoccupante : le 14 mai, Adrienne écrit à Mme Beauchet qu'elle a besoin de cent louis pour régler ses dettes et payer ses gens.

Mais ses ennuis, ses inquiétudes, ses craintes ne l'empêchent pas de mettre à profit un présent d'autant plus précieux que l'avenir est de plus en plus bouché. Elle oublie ses propres misères pour éviter que soient commises autour d'elle des injustices criantes. C'est ainsi qu'apprenant l'arrestation du curé de Chavaniac qui avait refusé de prêter le serment constitutionnel, elle réussit, à force de démarches aussi habiles que persévérantes, non seulement à l'arracher à la prison, mais aussi à obtenir qu'il soit dispensé du serment. L'audace et l'efficacité avec lesquelles elle agit la surprennent elle-même, au point qu'elle en plaisante dans sa lettre du 14 mai à Mme Beauchet :

« Je me sens un courage qui tient de la stupidité... Au moins a-t-il l'avantage de me laisser un jugement fort sain et fort calme des objets. »

28 avril 1793 : « Je suis fâchée qu'on vous ait tant inquiétée des troubles de notre département. Notre petit municipal, fort honnête et fort patriote, main-

tient l'ordre dans nos villages et les troubles ne viennent pas jusqu'ici. »

10 juin 1793 : « Vous êtes folle réellement, ma chère amie, d'avoir de si vives inquiétudes sur les troubles de la Lozère... Je vous conjure d'être, une bonne fois, convaincue que notre paix dans ce canton est imperturbable... et que tous mes voisins connaissant parfaitement la vérité de mon patriotisme, je suis à l'abri de toute suspicion. »

15 juin 1793 : « Si Paris devient inhabitable, ce département peut offrir, je vous l'assure, un asile aux bons patriotes qui ne se mêlent pas de ces intrigues. »

Mais au moment même où elle vient d'écrire ces lignes, elle reçoit, par l'intermédiaire du ministre des Etats-Unis, deux lettres écrites par Gilbert de sa prison de Magdebourg : l'une, secrète, par l'intermédiaire de Mme d'Hénin, l'autre ouverte, adressée à elle-même.

Changement à vue :

« Les inquiétudes qu'elles donnaient sur la santé de mon père, dit Virginie, empoisonnèrent la joie de les recevoir. Le désir de ma mère de quitter la France pour aller rejoindre mon père fut plus violent que jamais. »

Une fois de plus le même magnétisme douloureux et doux l'attire vers les geôles prussiennes, sans, du reste, qu'elle sache comment elle s'y prendra pour quitter Chavaniac. Mais elle tient d'abord à acquitter des dettes qu'elle n'a pas encore payées. Gouverneur Morris, ministre des Etats-Unis à Paris, lui consent aussitôt un prêt personnel de 100 000 livres, en ajoutant que, quoi qu'il arrive, le gouvernement américain prendra la dette à son compte : geste d'autant plus généreux et délicat que, si Morris admire en La Fayette le héros de l'indépendance américaine, il juge durement l'action qu'il a menée depuis le début de la Révolution.

Dans sa lettre du 21 août 1792 à Adrienne, après son arrestation à Rochefort, Gilbert écrivait : « Je ne fais point d'excuse ni à mes enfants, ni à vous d'avoir ruiné ma famille. »

Et le 2 octobre 1793, il va lui redire de Magdebourg : « Je vous ai associée à des destins fort agités et maintenant fort tristes. »

Il n'en est pas moins vrai que si Adrienne réussit à franchir des caps financiers difficiles, c'est parce qu'elle peut monnayer le capital de gloire que Gilbert a ramené d'Amérique.

Les dettes une fois payées, il reste à la famille tout juste de quoi vivre chichement. Il y aurait bien un moyen de défendre l'héritage des trois enfants et d'assurer la sécurité personnelle d'Adrienne : le divorce « fictif » auquel ont recours beaucoup de femmes d'émigrés.

Mais elle n'entend pas sauver sa vie à ce prix. Et ce n'est pas seulement par respect pour la loi chrétienne :

« Elle n'avait pas besoin, dit Virginie, de ce motif qui eût bien suffi à la déterminer. Son sentiment la portait à jouir de tout ce qui rappelait mon père. »

Elle s'était vraiment, comme Gilbert l'écrira à La Tour Maubourg, « amalgamée à lui ». Aussi, loin de « chercher son salut dans un divorce simulé », chaque fois qu'elle adressait une demande à quelque administration que ce fût, ou qu'elle présentait une pétition, elle commençait invariablement — « et elle en éprouvait, dit Virginie, une vive satisfaction » — par ces mots : « La Femme La Fayette ».

Au mois de septembre, Lyon, un des derniers bastions du fédéralisme girondin, est, avec plusieurs autres grandes villes, le théâtre d'une révolte contre le Paris « montagnard ». Adrienne, qui ne cesse de penser à rejoindre Gilbert, songe un instant à s'y rendre, en se disant qu'elle aura peut-être une possibilité de

quitter la France. Mais la prise de la ville et la répression qui suit, ruinent ses espoirs.

Elle sent sa liberté se rétrécir comme une peau de
chagrin ; elle met à profit le peu qui lui en reste pour
protester solennellement contre la mise en vente des
biens de La Fayette, considéré désormais comme un
émigré. C'est à ce moment qu'elle reçoit la lettre que
Gilbert lui a adressée de Magdebourg, le 2 octobre,
et dans laquelle il écrit : « Votre tendresse et votre
estime sont au premier rang des souvenirs heureux
de ma vie, des consolations de ma captivité solitaire. »
Pour la première fois, il éprouve pour Adrienne un
sentiment nouveau : le respect. Elle en est heureuse,
comme elle est heureuse d'apprendre que sa santé
s'améliore ; peut-être même se réjouit-elle de voir
qu'il croit « les cinq objets si chers à sa tendresse »
réunis à Chavaniac dans un état de tranquillité. Mais
s'il savait !...

« Nous menions une vie triste et agitée », note Virginie ; pourtant Adrienne, en dépit des inquiétudes,
des préoccupations, des tracas qui l'assaillent, trouve
encore le temps de veiller à l'éducation de ses enfants :

« Elle s'occupait de tout, même de nos amusements,
comme elle l'eût fait dans une situation tranquille ;
le matin, elle se promenait avec nous et, dehors, près
de quelque ruisseau, en face de nos charmantes montagnes, elle nous faisait d'agréables lectures. Je me
souviens encore du vif plaisir que j'éprouvais à ces
moments-là. »

« Comme elle l'eût fait dans une situation tranquille... » Paradoxe ou miracle ? Adrienne, au milieu
des épreuves les plus dures, alors même qu'elle est
en proie aux plus cruelles angoisses, garde son sang-
froid, sa lucidité, sa disponibilité d'esprit.

Elle pense, comme le dit Virginie, que c'est un miracle dont elle est redevable à la religion :

« La piété de ma mère la soutenait au milieu de ses peines. »

Mais quelle piété, quelle religion ?

« Elle consistait surtout en une douce résignation à la volonté de Dieu. »

Seulement cette résignation n'est nullement un renoncement à soi et aux joies de ce monde :

« Elle admirait assurément l'exaltation de cette sainte qui désirait toujours souffrir ; mais les paroles de saint Paul, dont elle sentait en elle-même toute la vérité, parlaient plus à son cœur : « A mesure que les souffrances s'augmentent en nous, nos consolations s'augmentent aussi en Jésus-Christ. »

On ne peut pas dire plus clairement qu'une âme chrétienne ne doit pas chercher une souffrance qui, en l'élevant vers Dieu, la détourne de ce monde, mais qu'au contraire Dieu en aidant cette âme à surmonter ses épreuves, lui permet de prendre sa part de bonheur dans le monde.

C'est ici que la religion d'Adrienne — à son insu, peut-être — s'éloigne de la religion de ses sœurs Rosalie et Pauline. Mais Pauline a réalisé parfaitement ce qui la sépare d'Adrienne et elle le souligne dans une phrase qui frôle le reproche et qui est une réplique indirecte à la maxime de saint Paul dont s'inspire sa sœur :

« Elle n'est pas assez intérieure, écrit-elle, elle calcule trop le bonheur ou du moins les consolations que l'on peut avoir sur la terre. »

Ce qui a échappé complètement à Pauline, ce sont les raisons pour lesquelles Adrienne tenait tant à ce bonheur et à ces consolations que l'on peut avoir sur terre. Elle n'a pas compris que la passion profonde qu'elle éprouvait pour Gilbert, en faisant d'elle une créature de chair, lui avait permis de goûter à des joies auxquelles elle ne pouvait ni ne voulait renoncer. Car ces joies, Pauline ne les connaissait pas. Elle

avait épousé un homme pour lequel elle avait de
l'estime, de l'affection, du respect, tout en un mot,
sauf la véritable passion amoureuse. Montagu était
pour elle un compagnon de route dans la traversée
de cette vallée de larmes qu'est la terre. Elle n'avait
pas besoin de sa présence physique, comme Adrienne
avait besoin de la présence physique de Gilbert ; il
n'est que de voir la facilité relative avec laquelle ils
acceptent de se séparer — pour des raisons pleines
de noblesse, d'ailleurs — sur la route de l'exil :

« Elle fit comprendre à son mari que ce sacrifice,
pénible pour elle et pour lui, serait utile à son père
en ce qu'il permettait d'accroître ses ressources et
d'en prolonger la durée. Il ne fallait pas moins qu'une
telle raison pour persuader M. de Montagu qui avait
goûté, dans les malheurs de sa vie errante plus encore
qu'à Paris aux temps prospères, les intimes douceurs
de la vie domestique avec une semblable compagne. »

Nous sommes le 24 mai 1794. Or c'est en août seulement que Pauline retrouvera son mari à Constance
où habitait son beau-père. Encore faut-il préciser
qu'elle ne logeait pas dans la famille de son mari,
mais dans le voisinage et, qu'au surplus, il lui plaisait
parfois de « chercher la solitude »... Nouvelle séparation en février 1795. Pauline accompagnait sa tante
Mme de Tessé à Erfurt et son mari retournait chez
son père à Constance. Nouvelles retrouvailles à Altona, en septembre 1795, mais au bout de quelques
jours, nouvelle séparation...

Si l'on ajoute à cela une certaine fragilité nerveuse
qui inclinait Pauline à fuir les rencontres qui pouvaient la meurtrir, on comprend qu'elle se soit fait
un idéal de vie « intérieure » dans laquelle elle ne
cessait d'offrir ses souffrances à Dieu ; et l'on
comprend aussi que cette « désespérée prudente » —
pour reprendre le mot par lequel Mauriac dépeint
une de ses héroïnes — n'ait pas — tout en admirant

Adrienne et tout en subissant, comme nous aurons l'occasion de le voir, son ascendant — pris pour modèle cette imprudente qui espérait toujours, et que son choix se soit porté sur sa sœur Rosalie qui, plus encore qu'elle, était, dès son jeune âge, comme le disait spirituellement Mme de Tessé, « au dix-huitième ciel ».

Avec le décret de septembre 1793 sur les suspects, la souricière va se refermer sur les « ci-devant ». Il y aurait encore une possibilité d'y échapper en présentant des certificats de civisme. Il suffirait à Adrienne de s'adresser à la municipalité d'Auron pour obtenir une attestation particulièrement élogieuse. Mais voilà ! ces éloges répugnent à Mme de Chavaniac, qui refuse net de se voir décerner l'épithète de « patriote ». Adrienne ne voulant pas être traitée mieux que sa tante, le certificat qu'on leur délivre, au lieu de les protéger, les expose.

Aussi n'est-elle pas surprise lorsqu'elle apprend le 12 novembre, de source sûre, qu'elle va être arrêtée le lendemain. De fait, le 13 au soir, Granchier se présente au château, porteur d'un mandat d'arrestation. C'est à peine s'il jette un coup d'œil sur le certificat de civisme : il est périmé ; d'ailleurs, comme il n'est pas signé par le Comité de sûreté générale, il n'a aucune valeur.

« — Citoyen, demande alors Anastasie, empêche-t-on les filles de suivre leur mère ?

« — Oui, mademoiselle.

« — J'ai seize ans, donc je suis comprise dans la loi. »

Granchier semble ému ; il se distrait en racontant toutes les arrestations qu'il a effectuées dans les environs ; pour finir, il a un geste : il permet à Adrienne de ne pas aller coucher dans l'église d'Auron où sont rassemblés tous les suspects du pays. Il est entendu qu'elle s'y rendra le lendemain à neuf heures, pour faire partie du convoi de prisonniers que l'on va diriger vers Brioude.

« Ma mère, dit Virginie, soutenait le courage de tous. Elle cherchait à nous persuader que cette séparation ne serait pas longue. Elle avait besoin de cette espérance et elle la communiqua autour d'elle. »

La religion d'Adrienne est bien celle de saint Paul dont les paroles parlent à son cœur : « A mesure que les souffrances s'augmentent en nous, nos consolations s'augmentent aussi en Jésus-Christ. »

Une religion qui, loin de l'inciter comme Pauline de Montagu à fuir le monde et à se réfugier en Dieu, la soutient au moment où elle va se trouver face à face avec une révolution qui n'est pas *sa* révolution, la révolution de Gilbert, *leur* révolution ; car cette révolution vient de condamner l'aristocratie tout entière :

« Ces nobles, dira Danton, ne sont pas coupables, mais il faut qu'ils meurent parce qu'ils sont hors de place, entravent le mouvement des choses et gênent l'avenir. »

L'heure de vérité a sonné pour Adrienne. Seul le hasard, car c'en était un que sa décision de ne pas rejoindre Gilbert — comme il le lui proposait — aux armées et de rester à Chavaniac, a fait qu'elle va connaître les geôles révolutionnaires de la France, au lieu de suivre son mari en terre étrangère. Elle y entre sans armes et sans armure autres que sa piété et l'amour passionné qu'elle porte à son mari et à ses enfants. Cette piété, cet amour passionné qui la font vivre, lutter et ne jamais désespérer, seront-ils à la mesure de la mort qui va rôder autour d'elle ?

GILBERT PRISONNIER DE L'EUROPE

La Fayette a gardé le secret sur le projet qu'il a formé de quitter le sol français. Seuls sont dans la confidence les vingt-deux officiers de son état-major résolus, quoi qu'il arrive, à le suivre. La plupart des soldats qui les accompagnent croient participer à des opérations de guerre. Ils ignorent tout des intentions du général : traverser la principauté de Liège, gagner la Hollande où il espère trouver asile chez son

« Mon Cher Pusy, il faut être avant midi à Bouillon... »
Proscrit par la Révolution, La Fayette gagne la Belgique.

ami Pierre Paulus, et de là, partir pour l'Angleterre ou les Etats-Unis.

La petite troupe, après avoir franchi la frontière, arrive à Bouillon vers trois heures de l'après-midi. La Fayette renvoie aussitôt la plus grande partie de ses hommes ; il ne veut pas priver l'armée française de ses soldats. Il garde avec lui les vingt-deux officiers et les vingt-trois hommes qui ont lié leur sort au sien ; il dispose de cinquante-neuf chevaux pour essayer de mener à bien son entreprise.

Le voici donc qui s'engage sur la route de Rochefort, si l'on peut donner ce nom à une succession ininterrompue de fondrières, de raidillons qui escaladent les rochers, de laies étroites qui s'enfoncent dans les profondeurs d'épaisses forêts.

Après sept heures d'un parcours épuisant, la caravane aperçoit, au sommet d'un coteau qu'elle va gravir, les feux d'un bivouac. Autrichiens ou Français émigrés ? La Fayette envoie Bureaux de Pusy en reconnaissance et le charge de prendre contact avec le commandant du poste.

Ce ne sont ni des Autrichiens, ni des Français émigrés, mais des volontaires venus du duché de Limburg. En fait, ces soi-disant « volontaires », transfuges de l'armée des Pays-Bas, passés dans le camp de l'Autriche, ne vivent que de maraude et de rapines, et les Autrichiens, qui les méprisent, ne les emploient qu'à des besognes de patrouilles et de surveillance des routes.

Bureaux de Pusy aborde un caporal : celui-ci le conduit au château de Rochefort, poste de commandement du comte d'Harnancourt qui le reçoit avec courtoisie.

La cavalcade pénètre dans Rochefort en pleine nuit. La Fayette espère ainsi bénéficier d'un incognito relatif. Mais à peine est-il installé à *l'Auberge du*

Pélican qu'il est reconnu : un homme de son escorte — croit-on — n'a pu tenir sa langue...

Presque aussitôt Harnancourt vient lui offrir l'hospitalité au château. Il refuse poliment. Le capitaine autrichien se retire sans insister ; quelques instants plus tard, le général comprend ce que signifie cette visite : un fort détachement monte la garde autour de l'auberge et Harnancourt, qui a compris l'importance de la « prise » et désire dégager sa responsabilité, fait savoir à La Fayette qu'il ne pourra continuer sa route avant d'avoir obtenu un passeport du général autrichien Moitelle, commandant de Namur.

La Fayette proteste avec vivacité : la principauté de Liège étant neutre, les Autrichiens n'ont pas le droit d'exercer le contrôle des routes à l'encontre des étrangers. En vain. Il doit se soumettre aux exigences d'Harnancourt. Bureaux de Pusy part donc à quatre heures du matin, en compagnie d'un officier autrichien porteur d'une dépêche d'Harnancourt à Moitelle pour demander l'indispensable sauf-conduit.

Mais déjà les domestiques ont reçu l'ordre d'enlever la cocarde tricolore qu'ils arboraient fièrement. La Fayette et ses compagnons ne sont plus que des prisonniers, comme le confirmera le rapport expédié à Namur et qui relate l'arrestation par des volontaires limbourgeois, le 19 août 1792, à dix heures du soir, du général La Fayette et de vingt-deux officiers, « les meilleurs de son armée ».

La Fayette ne se fait pas d'illusions. Aussi Bureaux de Pusy est-il porteur d'une déclaration dans laquelle les fugitifs « réclament le libre passage que le droit des gens leur assure » : une manière de protester par avance contre le refus qui va leur être opposé.

Bureaux de Pusy et l'officier qui l'accompagne sont reçus, dès leur arrivée à Namur, par le général Moitelle qui, avant même d'avoir achevé la lecture de la dépêche d'Harnancourt, est saisi d'une joie si tumul-

qui réclament un libre passage que le droit
des gens leur assure, et dont ils useront
pour se rendre promptement sur un territoire
dont le gouvernement ne soit pas
actuellement en état d'hostilité contre
leur Patrie.

à Rochefort ce 19 août.

Lafayette
alexandre Lameth   La Tour Maubourg
                    Laumoy
A. Masson   Du Roure
        Ricard   bureau pusy
            Victor Latour = Maubourg
Victor Gouveou = pusy
                            Pionville
    Alex. Romeuf
Louis Romeuf   Turmez   Philip. C. d'Agrain
                                    Pillot
Lacolombe victor Romeuf Charles La La Tour Maubourg
    Pouberzau   Ch cadignan Al. d'Ablay

« Les soussignés réclament un libre passage que le Droit
des gens leur assure... »

tueuse qu'il ne peut que crier à tue-tête : « La Fayette ! La Fayette ! La Fayette ! »

Puis, il s'adresse à l'officier autrichien, mais son trouble est tel qu'il mêle ordres et exclamations :

« Courez sur-le-champ en informer le duc de Bourbon... La Fayette ! La Fayette !... Vous allez prendre la poste pour porter cette nouvelle à Son Altesse Royale à Bruxelles... La Fayette ! La Fayette ! »

Il finit par s'aviser de la présence de Bureaux de Pusy et lui demande quel est l'objet de sa démarche. Bureaux de Pusy, qui a conscience de la situation ridicule dans laquelle il se trouve, n'en formule pas moins sa requête, mais il sait déjà à quoi s'en tenir : en fait de passeport, Moitelle donne à Harnancourt l'ordre de diriger La Fayette et sa suite sur Namur où les fugitifs arrivent le 22 août à huit heures et sont consignés sous bonne garde à l'Hôtel d'Harscanp.

Avant de quitter Rochefort, La Fayette a écrit à Adrienne une lettre dont nous avons vu qu'elle est bien plus qu'un plaidoyer « pro domo » : au moment où commence pour lui une aventure dont il ne sait comment elle tournera, c'est vers sa femme et ses enfants que vont ses pensées. Il y a dans sa lettre, par-delà le souci de préserver son image « d'ennemi de toutes les tyrannies, d'ami de la liberté », une émotion, une sincérité qui laissent entrevoir la place qu'Adrienne occupera un jour dans son esprit et dans son cœur :

« La démonstration mathématique de ne pouvoir plus m'opposer utilement au crime et d'être l'objet d'un crime de plus, m'a forcé de soustraire ma tête à une lutte où il était évident que j'allais mourir sans fruit. J'ignore à quel point ma marche pourrait être retardée, mais je vais me rendre en Angleterre où je désire que toute ma famille vienne me joindre... Je ne fais point d'excuse, ni à mes enfants ni à vous, d'avoir ruiné ma famille ; il n'y a personne parmi

vous qui voulût devoir sa fortune à une conduite
contraire à ma conscience. Venez me joindre en
Angleterre. Etablissons-nous en Amérique, nous y
trouverons la liberté qui n'existe plus en France, et
ma tendresse cherchera à vous dédommager de toutes les jouissances que vous aurez perdues. Adieu,
mon cher Cœur. »

« J'ignore à quel point ma marche pourrait être
retardée », écrivait La Fayette. Il allait l'apprendre
dès son arrivée à Namur, et, du coup, son rêve de
« liberté américaine » voyait sa réalisation reportée
à des temps meilleurs.

Le général Chasteler, qui a remplacé le général
Moitelle à Namur, fait savoir à La Fayette qu'il va
être interrogé par le prince Charles de Lorraine venu
en hâte de Bruxelles pour se renseigner sur l'état des
affaires en France. La Fayette est au comble de l'indignation. Ainsi, malgré sa déclaration de Rochefort,
les émigrés affectent de le tenir pour un des leurs...
Ils le croient disposé à jouer les indicateurs. Et —
circonstance aggravante — le prince Charles de Lorraine, ex-prince de Lambesc, a chargé, sabre au clair,
le 12 juillet 1789, à la tête des dragons du Royal
Allemand, la foule parisienne qui se pressait dans le
jardin des Tuileries.

Aussi répond-il sèchement à Chasteler : « Je ne
suppose pas que personne se permette de me faire
des questions auxquelles il ne me convient pas de
répondre. »

Le prince insiste néanmoins pour être reçu et se
confond en amabilités. Mais La Fayette et ses compagnons lui témoignent une froideur telle que l'entretien tourne court.

La présence à Namur de La Fayette et de ses
compagnons a fait sensation, et leur départ va mettre

la ville en émoi, comme en témoigne une lettre d'un fonctionnaire nommé Douxchamps à l'un de ses supérieurs :

« Le vacarme occasionné par le départ de La Fayette, qui a excité la curiosité la moins polie, a tellement augmenté la lenteur ordinaire de la distribution des lettres qu'il n'y a pas eu la possibilité, Monsieur, de satisfaire, par le même courrier, au contenu de celle dont vous m'avez honoré.

« La curiosité outrée de la foule qui se pressait dans les cours de l'Hôtel d'Harscanp pour aller se rassasier fort bêtement de la vue de cette compagnie, a paru déplaire souverainement à ces messieurs qui ont paru très piqués d'être, comme ils le disent, « exposés en spectacle ».

Quelle est la destination des fugitifs ? Impossible de le savoir :

« Le major Paulus, auquel on a confié la direction du cortège, n'a rien pu m'apprendre au moment de son départ sur l'endroit destiné à reléguer ces messieurs, n'ayant eu d'autres instructions que de diriger la première marche jusqu'à Nivelle, pour y être rendu le soir, jusqu'à ce que des ordres ultérieurs lui parviennent ou qu'il trouvera à son arrivée, de manière qu'on ne sait s'il sera conduit à Mons et de là transféré à la citadelle d'Anvers, ce qui serait très fort l'avis du général Lambesc qui a été un moment ici et qui s'est expliqué à cet égard. »

En attendant, La Fayette n'a pu plaider sa cause qu'auprès des Limbourgeois. Autant dire qu'il parle dans le vide :

« M. de La Fayette se propose de faire son apologie en justifiant la nécessité de sa fuite par la publication d'un mémoire qui a déjà été ébauché ici, mais les Limbourgeois, qui en ont fait la capture, ont exécuté ponctuellement leur service, sans que l'éloquence de ces messieurs eût pu les en détourner et

4

sans beaucoup s'inquiéter si le résultat de leur démarche devait produire des Mémoires, des discussions, ce qu'il ne leur convenait pas d'approfondir. »

A Nivelle, où les fugitifs arrivent toujours escortés
par un important escadron de hussards, une dernière
avanie les attend : ordre a été donné « d'enlever aux
officiers français le butin de guerre qu'on trouverait
sur eux ».

La Fayette va, cette fois, jusqu'à l'insolence :

« A ma place, leurs Altesses Royales l'auraient sans
doute emporté. »

En fait, on ne trouve sur eux qu'une somme qui
représente deux mois de traitement, auxquels s'est
ajouté le produit de la vente de quelques chevaux. Ce
qui n'empêche pas certaines gazettes d'imprimer que
l'on a découvert dans leurs bagages trente-sept mille
louis d'or.

C'est à Nivelle que parvient, le 25 août, la décision
de l'empereur d'Allemagne, fixant définitivement le
sort des prisonniers.

Ceux qui n'ont servi que dans la Garde nationale
sont mis en liberté avec l'obligation de quitter immédiatement les Pays-Bas. Ceux qui ont été officiers
dans l'armée française vont être conduits à Bruxelles, puis, de là, à Anvers, où ils seront libérés deux
mois plus tard.

Seuls sont retenus, pour être dirigés sur Luxembourg, La Fayette, La Tour Maubourg, Bureaux de
Pusy et Alexandre de Lameth, en raison du rôle qu'ils
ont joué à l'Assemblée constituante.

La Fayette, au moment de la séparation, s'arrange
pour avoir un bref aparté avec son ami Louis Romeuf. Il explique et justifie tout d'un trait, la
conduite qu'il a tenue et la décision qu'il a prise :
un véritable testament oral destiné à être publié après
sa mort, et que Louis Romeuf, qui l'a retenu mot
pour mot, note — sans perdre un instant — par écrit :

« J'avais bien prévu que si je tombais dans les mains des gouvernements arbitraires, ils se vengeraient de tout le mal que je leur ai fait ; mais, après avoir défendu contre les factieux, jusqu'au dernier instant, la Constitution libre et nationale de notre pays, je me suis abandonné à mon sort, pensant qu'il valait mieux périr par la main des tyrans que par la main égarée de mes concitoyens. Il fallait surtout éviter qu'un grand exemple d'ingratitude nuisît à la cause du peuple, auprès de ceux qui ignorent qu'il y a plus de jouissance dans un seul service rendu à cette cause que toutes les vicissitudes personnelles ne peuvent causer de peine. Au reste, ils ont beau faire : les vérités que j'ai dites, mes travaux dans les deux mondes, ne sont pas perdus. L'aristocratie et le despotisme sont frappés à mort et mon sang criant vengeance donnera à la liberté de nouveaux défenseurs. »

La Fayette a saisi, avec un instinct très sûr, l'occasion qui se présente de préserver l'image de marque à laquelle il tient tant : l'ennemi de toutes les tyrannies, de toutes les oppressions. Mais il ne se rend pas compte de la chance inespérée que lui offre son arrestation. Il continue — chose étrange — à se dire officier américain, à déclarer qu'il veut vivre dans un pays où existe encore la liberté. Et Lally-Tollendal, dans le Mémoire qu'il adressera au roi de Prusse pour obtenir la liberté du prisonnier, écrira textuellement :

« M. de La Fayette, libre, doit aller avec sa femme et ses enfants s'ensevelir en Amérique. C'est son projet ; il le leur a mandé et j'oserai me porter garant de son exécution. »

Gilbert ne voit pas que fuir la France pour aller vivre paisiblement et confortablement aux Etats-Unis, alors que tant d'autres — sans distinction de parti — meurent sur le sol de la patrie pour l'idéal qu'ils ont choisi, ce serait pour lui non seulement un suicide politique, mais un suicide moral !

Il ne voit pas, qu'en le faisant prisonnier, la coalition monarchique va le remettre en selle, le replacer dans le camp des ennemis de la tyrannie et de l'oppression, des amis de la liberté. Cependant, il s'en faut de beaucoup pour qu'il retourne en sa faveur une opinion publique pour laquelle il fait figure de traître et de fuyard ; il s'en faut de beaucoup pour qu'il puisse espérer apparaître aux yeux de la postérité « tel qu'en lui-même enfin l'éternité le change » ; mais la Sainte-Alliance des rois va lui faciliter la tâche. Dès qu'il arrive à Luxembourg, on lui remet une lettre du duc de Saxe-Teschen, gouverneur général des Pays-Bas :

« Monsieur, on ne vous a point arrêté comme constitutionnel, ni comme émigré ; mais c'est vous qui avez été le fauteur de la Révolution, qui avez donné des fers à votre roi, qui avez été le principal instrument de ses disgrâces. Il n'est que trop juste qu'on vous retienne. »

Impossible, il est vrai, de se prévaloir de cette lettre ; Saxe-Teschen n'est, après tout, qu'un fonctionnaire. Sa déclaration n'engage que lui-même. Mais la roue tourne tant et si bien pour La Fayette qu'une conférence des représentants de l'Autriche et de la Prusse, à laquelle participe comme délégué — ou plutôt comme soi-disant délégué de Louis XVI — l'ancien ministre français, le baron de Breteuil, décide que La Fayette « coupable du crime de lèse-majesté, ennemi des rois, et cause du péril pour tous les Etats européens, doit être tenu sous bonne garde dans une forteresse jusqu'au jour où Louis XVI, remonté sur le trône, voudra bien décider de son sort ».

Le 19 septembre, il est incarcéré à Wesel, en Prusse,

et devient officiellement « le prisonnier de l'Europe ».

Ainsi, l'Europe, coalisée contre la Révolution, condamne Gilbert à retrouver une virginité révolutionnaire au fond de ses cachots : l'heure de vérité est venue. Pourra-t-il faire face à cette longue et redoutable épreuve ?

WESEL : L'OUBLIETTE

Depuis qu'il est officiellement « le prisonnier de l'Europe », La Fayette est étroitement surveillé. Aussi se garde-t-il de donner de ses nouvelles à sa femme et à ses amis restés en France, de peur de leur causer de graves ennuis, peut-être même de mettre leur vie en danger. C'est à la princesse d'Hénin, installée à Londres, et en qui il a toute confiance, qu'il adresse de Nivelle, le 27 août 1792, ce court billet :

« Nous sommes surveillés au point que j'ai une sentinelle à ma porte et ne puis pas me promener dans un petit jardin au bout de mon escalier. Nous nous promenons seulement dans la cour... »

Cependant, il n'a pas perdu l'espoir de retrouver la liberté :

« Si la justice et la politique l'emportent sur les malveillances personnelles, je compte bientôt me rendre en Angleterre où je serai bien heureux de vous voir... »

Là-dessus, il quitte Nivelle à destination de Luxembourg. En cours de route il écrit d'Arlon, le 3 septembre, une assez longue lettre. Il est moins optimiste, mais il garde le moral et plaisante même sur sa situation :

« Nous arrivons demain à Luxembourg et voilà tout ce que j'en sais...

« Il est assez étrange de voir La Rochefoucauld et Barnave sous le fer de Jacobins, moi et mes camarades dans les chaînes autrichiennes. Les amis de la liberté sont poursuivis des deux côtés ; je ne me sens donc à ma place que dans une prison et j'aime mieux souffrir au nom du despotisme que j'ai combattu qu'au nom du peuple dont la cause m'est chère et dont le nom est aujourd'hui profané par des brigands...

« Vous allez me demander : que veut-on faire de moi à Luxembourg ? Je n'en sais ma foi ! rien. Mais on n'en fera pas un homme inconséquent à ses principes et assoupli par la situation où il se trouve. »

Les prisonniers, après avoir descendu la vallée de la Moselle, arrivent le 4 septembre à Luxembourg. De là, ils repartent pour Trèves et Coblentz, qu'ils atteignent le 16. La Fayette écrit à la princesse d'Hénin qui va être désormais sa boîte à lettres et son centre d'informations :

« Coblentz ! Oui, ma chère princesse, c'est de Coblentz que je vous écris... Je vous ai promis le journal de ma captivité et c'est en même temps pour ma femme, mes enfants, mes amis, que je vous écris. Vous savez où sont tous les objets de mon affection, vous leur distribuerez mes nouvelles ; ma tendresse leur est connue.

« A Luxembourg, nous sommes passés de la domination autrichienne à celle des Prussiens. Quatre voitures attendaient mes compagnons et moi... Nous marchions au milieu d'un détachement à cheval ; l'officier chargé de notre garde dans ma voiture, des bas officiers dans les trois autres ; j'en avais sur le siège et derrière le carrosse ; nous sommes arrivés à Trèves et l'on nous a placés dans quatre cellules avec un grabat, une table et un bas officier, le pistolet à la main. »

A Coblentz, comme à Namur, la population court, comme au spectacle, voir La Fayette et ses compagnons :

« Vous sentez bien que notre entrée dans les villes excite de grands rassemblements. Nous traversons des rangs de curieux, environnés de nos bas officiers et au milieu des sensations de curiosité, de bienveillance, de haine que nous apercevons... Nous faisons très bien louer les maisons et les fenêtres desquelles on peut nous voir, et nous remarquons de loin plus de mines compatissantes qu'ennemies. »

Départ de Coblentz le 17 septembre, et descente du Rhin en bateau à destination de la forteresse de Wesel, en Westphalie, à cinquante-sept kilomètres en aval de Düsseldorf.

La Fayette ne pouvait pas se douter que, trois mois plus tard, sa belle-sœur Pauline de Montagu, qui émigrait en Angleterre en compagnie de son beau-père, le vicomte de Beaune, adversaire politique acharné de La Fayette, allait suivre cette même rive gauche et qu'elle arriverait un soir au confluent de la Lippe, en face de Wesel, où elle venait d'apprendre que Gilbert était incarcéré. Il se doutait encore moins qu'elle allait être au supplice, comme l'écrit son biographe A. Callet :

« Du plus loin qu'elle aperçut la forteresse, elle chercha à le voir ; elle se mit à la portière, espérant découvrir le prisonnier derrière les barreaux de quelque fenêtre ; elle était tout en larmes, elle eût souhaité que la voiture s'arrête, mais elle n'osa pas le demander. M. de Beaune ne s'informa pas de ce qu'elle avait et fit semblant de ne rien voir ; il ne se plaignit pas du froid qui entrait dans la voiture par le carreau ouvert, ce qu'il eût fait en tout autre temps, et passa devant Wesel sans dire une parole. »

Les prisonniers arrivent à Wesel le 13 septembre ; leur séjour, qui durera plus de trois mois, du 13 sep-

tembre jusqu'au 31 décembre 1792, va être une douloureuse épreuve. Comme ils ont été, de surcroît,
mis au secret, c'est seulement de Magdebourg, leur
nouvelle prison, que La Fayette pourra enfin, dans
une lettre secrète du 12 mars 1793 — six mois exactement après celle qu'il avait écrite le 16 septembre de
Coblentz ! — donner des précisions rétrospectives
sur leur détention à Wesel :

« Ce qu'on a imaginé de précautions pour couper
toute communication entre nous et le reste du monde,
pour nous retenir dans notre prison, pour nous y garder à vue et multiplier nos privations, demanderait
une fort longue description. J'ai éprouvé des maux
de poitrine et de nerfs, la fièvre et l'insomnie ; mes
compagnons souffrent aussi ; le roi de Prusse avait
renouvelé la défense qu'on nous laissât prendre l'air
quoique le médecin le crût nécessaire ; on avait signifié à Maubourg que, même au lit de mort, nous ne
nous verrions pas ; et le commandant était responsable de sa vigilance sur sa tête... »

Pourtant, un matin, le commandant vint rendre
visite à La Fayette ; il était porteur d'une lettre de
Frédéric-Guillaume Ier, dont il lui donna lecture :

« Il me proposait, pour améliorer mon sort, de lui
donner des plans contre la France et pour la cause
commune. »

Le roi de Prusse, en personne, se livrait au même
chantage que le duc de Lorraine à Namur. Il essuya
le même refus insolent :

« Le roi est bien impertinent de mêler mon nom
à une pareille idée. »

La Fayette et ses amis restèrent donc au secret. Les
Américains, de jour en jour plus inquiets, demandèrent à leur ministre à La Haye d'aller aux renseignements. Il se heurta à un mur de silence :

« On observe le secret le plus impénétrable à son
égard et à celui de ses compagnons d'infortune. Il

est certain qu'il est l'homme de France que les Autrichiens et les Prussiens haïssent le plus. Le désir de la vengeance leur a fait commettre l'injustice la plus flagrante et la violation la plus honteuse du droit des gens.

« Ils le savent eux-mêmes mieux que personne, et, en cherchant à étouffer l'affaire, ils étouffent leurs victimes en même temps. »

MAGDEBOURG : L'ESPOIR

Cependant, lorsqu'on annonça aux prisonniers qu'ils seraient transférés à Magdebourg, forteresse prussienne située en Saxe à quelque cent cinquante kilomètres de Berlin, ils eurent un mouvement de joie : ils allaient être de nouveau réunis pendant le voyage, ils allaient respirer l'air du dehors... Mais quand ils furent rassemblés, ils se regardèrent en silence : chacun d'eux apercevait sur le visage des autres, sa propre déchéance.

En outre, une surprise pénible les attendait en cours de route : tandis qu'ils prenaient, sous bonne garde, leur repas dans une auberge de la petite ville de Hamm, le comte d'Artois et le comte de Provence, frères de Louis XVI, faisaient bonne chère à une table voisine et prenaient un plaisir manifeste à voir La Fayette en si piteux état.

Quand le convoi arriva à Magdebourg, ce fut bien pis, comme l'écrivait La Fayette à Mme d'Hénin, dans cette même lettre du 13 mars :

« Imaginez-vous une ouverture pratiquée sous le rempart de la citadelle et entourée d'une haute et forte palissade ; c'est par là qu'en ouvrant successivement quatre portes dont chacune est armée de chaînes, cadenas, barres de fer, on parvient, non sans peine, et sans bruit, jusqu'à mon cachot large de trois pas et long de cinq et demi. Il est lugubre, humide et m'offre pour tout ornement deux vers français qui finissent par *souffrir et mourir*... Le mur du côté du fossé se moisit et celui du devant laisse voir le jour mais non le soleil, par une petite fenêtre grillée ; ajoutez à cela deux sentinelles dont la vue plonge dans notre souterrain, mais en dehors de la palissade pour qu'ils ne parlent pas, des observateurs étrangers à la garde, tout ce qu'il y a de murs, de remparts, de fossés et de gardes en dedans et en dehors de la citadelle de Magdebourg, et vous jugerez que les puissances étrangères ne négligent rien pour nous retenir dans leurs Etats.

« La bruyante ouverture de mes quatre portes se renouvelle le matin, pour introduire mon domestique ; à dîner, pour manger en présence du commandant de la citadelle et de celui de la garde ; et le soir, pour ramener mon domestique en prison. Après avoir refermé sur moi toutes les portes, le commandant emporte les clefs dans le logement où, depuis notre arrivée, le roi lui a commandé de coucher. »

La souffrance morale est plus cruelle encore : La Fayette est sans nouvelles de sa femme, de sa famille, de ses amis ; on cherche par tous les moyens à l'empêcher de communiquer avec le dehors :

« On a si bien intercepté toutes les lettres de ma femme, de mes enfants et de mes autres amis, que je suis encore dans la plus douloureuse inquiétude sur le sort de tout ce qui m'est cher.

« J'ai des livres dont on ôte les feuillets blancs, mais point de gazette, point de communications, ni encre, ni plume, ni papier, ni crayon. C'est par miracle que je possède cette feuille, et je vous écris avec un cure-dent... »

Ce miracle, c'est la complicité d'un de ses gardiens. Régime éprouvant, s'il en fut ; aussi cet homme

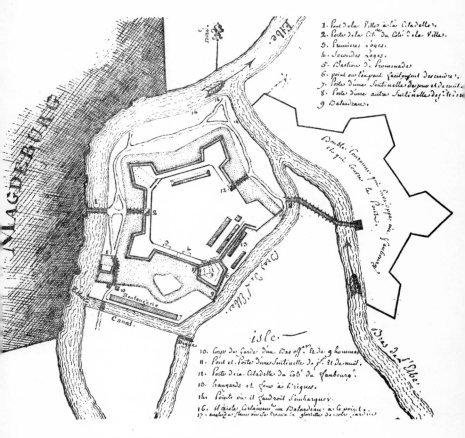

« Ajoutez à cela deux sentinelles dont la vue plonge dans notre souterrain... »

qu'habite pourtant un vouloir-vivre tenace, voit l'avenir sous un jour plutôt sombre :

« Ma santé se détériore journellement, ma constitution physique a presque autant besoin de liberté que ma constitution morale. Le peu d'air qui m'arrive, en séjournant dans ce souterrain, détruit ma poitrine ; la fièvre s'en mêle souvent ; point d'exercice, point de sommeil. Je ne me plains plus et je sais par expérience qu'il est au moins inutile de le faire ; mais je m'obstine à vivre, et mes amis peuvent compter sur la réunion de tous les sentiments qui me portent à la conservation de moi-même, quoique d'après ma situation et le progrès de mes souffrances, je ne puisse répondre longtemps de leur efficacité. »

Cependant, il a vite fait d'oublier ses inquiétudes pour parler de la situation politique, s'indigner de l'assassinat du roi, du meurtre de son ami La Rochefoucauld et se réjouir de la manne inespérée qui vient de lui tomber du ciel :

« Il a été déposé ici, de la part des Etats-Unis, dix mille florins, ce qui m'empêchera, à la fin de mon argent, de vivre au pain et à l'eau. »

Il retrouve son ardeur, sa confiance en lui-même, la foi dans le succès de la cause qu'il défend :

« Au milieu des secousses, de l'anarchie et de tant d'attaques hostiles, la liberté malgré ses ennemis de tout genre, ne périra pas. »

La liberté : idéal universel, éternel, qui domine les vicissitudes de l'histoire et au nom duquel, du fond de son cachot de Magdebourg, il demande que les nègres de la plantation de la « Gabrielle », à Cayenne, ne retombent pas en esclavage :

« Je ne sais ce qu'on aura fait de mon habitation à Cayenne, mais j'espère que ma femme se sera arrangée pour que les Noirs qui la cultivent conservent leur liberté. »

Geste émouvant qui témoigne de ce que Sainte-Beuve appelait très justement « l'unité psychologique de toute une existence ».

Mais ces envolées sur la liberté ramènent La Fayette à sa condition de prisonnier qui lui pèse de plus en plus :

« Vous comprenez facilement que nous soupirons après notre résurrection hors de ce tombeau. Une mort si lente est triste pour nous, et, sans examiner qui elle peut réjouir, je voudrais bien que vous puissiez nous y arracher. »

Pour la première fois, il demande expressément à ses amis de tout faire pour qu'il recouvre le plus tôt possible la liberté.

Le désir de sortir au plus vite des geôles prussiennes va devenir de plus en plus impérieux, au fur et à mesure qu'il reçoit — malgré un filtrage sévère — des nouvelles du monde extérieur.

Dans la deuxième quinzaine de mars, on lui remet le numéro de février d'une revue mensuelle publiée à Berlin, *Minerva,* qui traite de sujets historiques et politiques, numéro dans lequel le directeur, M. Archenholtz, un Allemand de Hambourg, a écrit un long article où il fait l'apolopie de la politique constitutionnelle et sépare la cause de La Fayette de celle des Jacobins qui viennent de mettre à mort Louis XVI.

Un rayon de soleil vient de pénétrer dans le cachot du prisonnier. Le 27 mars, il écrit à Archenholtz une lettre dans laquelle il lui dit toute sa reconnaissance, revient longuement sur la politique qu'il a suivie depuis le début de la Révolution et flétrit « la triple tyrannie du pouvoir despotique, aristocratique, superstitieux » qui l'a jeté dans les fers. Mais « le monstre est blessé à mort »...

Et le voici qui rêve, après les « convulsions de la licence » c'est-à-dire du jacobinisme, de reprendre le combat pour la liberté... Mais il est ramené aussitôt à sa dure condition de prisonnier, et cette fois il pense à s'évader :

« ... Est-il possible, du reste, d'échapper à tant de barrières, de gardes et de chaînes ? Pourquoi non ? Déjà, au péril de la vie, on vous portera cette lettre... »

Celui dont il s'est assuré la complicité est donc un homme sûr. Cela suffit pour que Gilbert se voie déjà libre et hésitant entre l'Amérique, « cette patrie de son cœur », et la Suisse, où il séjournerait quelque temps pour y être informé de ce qui se passe en France.

L'article de la *Minerva* a fait d'Archenholtz l'homme en qui La Fayette place toute sa confiance. Déjà, sans doute, il l'associe en pensée à tout ce qu'il pourra entreprendre pour sortir de la geôle de Magdebourg... Les lettres qui suivent nous montrent un Gilbert redevenu optimiste. Et il a sujet de l'être ; outre l'amélioration de « l'ordinaire » de la prison que lui ont value les 10 000 florins mis à sa disposition par Washington, Gouverneur Morris, ministre des Etats-Unis à Paris, à force de faire pression sur le gouvernement prussien, a obtenu, au nom du gouvernement américain, que le roi Frédéric-Guillaume autorise La Fayette à recevoir quelques lettres ouvertes à titre de papiers publics et à y répondre sous la surveillance de ses gardiens : procédure compliquée, minutieuse, tatillonne, que Jules Thomas suit à la trace dans sa *Correspondance* inédite de La Fayette :

« Les lettres qu'il recevait, étaient lues par lui, en présence du commandant de la forteresse qui les remportait ensuite. Le lendemain, l'officier revenait avec une feuille de papier, une plume et de l'encre. La Fayette écrivait sous ses yeux. La lettre était remise au commandant de place qui la transcrivait sur un registre et l'envoyait avec une traduction allemande au conseil de guerre de Berlin. Le gouvernement, après l'avoir examinée et cachetée, la transmettait à l'adresse, s'il n'y trouvait rien d'inquiétant, ou la renvoyait au prisonnier pour corrections. »

La première lettre ouverte de La Fayette, datée du 25 avril, est naturellement adressée à Adrienne :

« Lorsqu'après huit mois de silence, mon cher Cœur, on a consenti à me parler de vous, il m'a été permis, à la demande de M. Pinckney, dit-on, de vous certifier que je vivais encore. Depuis ce jour, bien cher à mon cœur, on m'a laissé entrevoir, sans cependant me le donner, un billet de vous qui a été pour moi une inexprimable consolation. »

Il ne dit pas la vérité : six mois seulement se sont écoulés depuis la lettre écrite de Coblentz à Mme d'Hénin le 16 septembre 1792 et la lettre secrète adressée de Magdebourg, le 13 mars 1793, à la princesse qui l'a communiquée à Adrienne. Mais c'est à dessein qu'il parle de huit mois de silence : il veut laisser croire aux gardiens de la prison que c'est la première fois qu'il écrit. Le plaisir qu'il éprouve à correspondre directement avec sa femme est gâché par l'obligation qui lui est faite de s'en tenir à des banalités :

« Je jouis à l'idée que cette lettre vous trouvera à Chavaniac, mais on exige qu'elle soit très insignifiante et vous me connaissez trop bien pour attribuer cette insignifiance à tout autre motif moins digne de moi. »

Une toute petite phrase sur sa santé mais qui, nous le verrons, « empoisonnera la joie » qu'Adrienne éprouve à recevoir de ses nouvelles :

« Vous n'attendez pas que dans mon étroite tanière je puisse respirer et marcher et que, par conséquent, ce régime convienne à ma poitrine. »

Mais il demande à tous ceux qui lui sont chers d'être courageux en pensant à lui, comme il est courageux en pensant à eux, et surtout de se dire que ni lui ni eux n'ont rien à se reprocher :

« Les faibles moyens qu'on me laisse pour que ma santé résiste le plus longtemps possible à ce genre de captivité seront employés par moi avec une constance et une attention que je crois devoir à tout ce qui m'est cher... Je vous conjure, mon cher Cœur, d'employer tout votre courage et pour vous et pour ma tante et pour nos enfants. Songez que l'idée la plus capable d'adoucir ma solitude est celle de vous embrasser un jour et songez qu'il vaut mieux éprouver tous les malheurs qu'un remords. »

Au bonheur de recevoir une lettre d'Adrienne et de lui répondre, va s'ajouter la joie d'espérer que, grâce à des appuis et à des complicités de plus en plus nombreuses, il va pouvoir enfin recouvrer la liberté. C'est à Archenholtz qu'il dévoile le secret des complicités qu'il a trouvées à l'intérieur de la forteresse et dont il est redevable au climat de libéralisme qui règne chez quelques officiers, comme il l'explique au directeur de la *Minerva* en réponse à une lettre que celui-ci a écrite le 29 juin et à laquelle était joint un billet de Londres :

« Quoique mes dépêches vous soient portées, Monsieur, par un lieutenant de cette garnison, vous ne devez pas me croire réconcilié avec le roi de Prusse, et la liberté que je prends de vous expédier un de ses officiers est une pure usurpation de ma part... Tandis que la tyrannie multipliait contre nous ses cruautés et ses précautions, vous saurez qu'ici même, dans le cadre de six pas sur quatre, la liberté se formait un parti et ses amis s'indignaient de notre captivité : le plus sensible, le plus dévoué de tous vous porte cette lettre. Il vous montrera ses instructions, il vous dira ce que nous avons préparé, ce que nous pouvons faire, ce que nous demandons à votre amitié, et votre entrevue décidera de notre sort. »

Cet ami « sensible et dévoué », ce n'est autre que le gardien chef de la prison, Le Blanc, émigré protestant qui a accepté, sans la moindre hésitation, d'être l'intermédiaire entre La Fayette et Archenholtz.

Gilbert se demande ensuite quelle est la procédure la plus expéditive pour le rendre à la liberté : une intervention diplomatique de Washington auprès de l'Angleterre ? Une pression exercée sur les puissances de la coalition monarchique ? Il n'y croit pas :

« ... L'Amérique est bien éloignée et la politique de l'Europe bien tourmentée. »

Mais surtout, il se méfie des rois, et au surplus, il ne veut rien leur devoir :

« Je regarde les rois en général comme ayant plus d'instinct que de raisonnement et ils ne me mentionnent jamais sans aboyer sur moi. Je crois donc que l'on pourra obtenir des modifications à notre emprisonnement, mais non notre liberté, et cette liberté même, pour mille raisons de tout genre, nous aimerions incomparablement mieux la prendre que la recevoir d'eux. »

Gilbert a donc choisi l'évasion, mais il s'en voudrait de forcer la main à Archenholtz :

« Je ne vous presse pas, Monsieur, je connais vos sentiments, j'ai approuvé votre générosité, j'approuve les témoignages de votre amitié et je m'abandonne à elle. Je regarderai comme impossible tout ce que vous n'aurez pas imaginé, exécuté, et soit que vous me rendiez à la vie, soit que le tombeau d'où je vous écris ne doive pas s'ouvrir, je serai jusqu'à mon dernier soupir, pénétré de la reconnaissance et de l'attachement que je vous ai voués. »

Le 22 juillet, nouvelle lettre à Archenholtz [*] : Le

---

[*] L'original de cette lettre est la propriété de la Bostonian Society (Collection Colburn).

Blanc ne l'a pas trouvé, comme il l'espérait, à Brunswick ; Gilbert insiste pour que le directeur de la *Minerva* reçoive le plus tôt possible l'officier prussien « dont les obligations militaires exigent que son absence ne soit pas remarquée ».

En même temps qu'il a cet échange de correspondance avec Archenholtz, La Fayette garde le contact avec Mme d'Hénin. Il lui écrit le 22 juin pour lui parler de tout : de son état de santé qui s'améliore, de l'adoucissement du régime de détention, notamment de la promenade quotidienne d'une heure qu'il fait dans le petit jardin du bastion, en compagnie... d'un officier prussien :

« Jamais sultane favorite ne fut plus sévèrement dérobée à l'approche des curieux. Mais enfin, après plus de cinq mois, j'ai éprouvé, non sans saisissement, le contact de l'air extérieur, j'ai revu le soleil et je m'en trouve fort bien. »

Il dit enfin le bonheur immense qu'il a éprouvé en revoyant l'écriture de sa femme et en profite pour plaisanter sur le contrôle auquel sont soumises les lettres qu'il adresse à Adrienne :

« Ma première réponse a passé : on m'a rendu la seconde une fois, deux fois, trois fois : tantôt c'était à cause du mot de liberté, tantôt parce que je disais comment je suis et que le roi leur maître ne veut pas qu'on le sache ; tantôt parce qu'on voulait que j'écrivisse seulement que je suis bien. »

Mais dans cette lettre, pourtant secrète, il ne dit pas un mot à la princesse, de la confiance qu'il a en Archenholtz et de la correspondance qu'il commence à échanger avec lui sur la procédure à suivre pour qu'il recouvre rapidement la liberté. Cependant, il fait une allusion voilée aux complicités qu'il s'est assurées dans la place :

« Voici, ma chère princesse, la seconde fois que je vous écris de mon cachot. Je n'avais pour la première qu'une feuille de papier, un peu de vinaigre, du noir et un cure-dent ; mais grâce au plus généreux dévouement, je puis vous donner une seconde fois de mes nouvelles et les faire parvenir jusqu'à vous. »

Il est sur le point d'en dire plus, mais il se reprend :

« Ce cachot lui-même tout souterrain, tout resserré, tout hermétiquement fermé et ridiculement surveillé qu'il est... Mais je m'arrête : il ne faut rien compromettre. »

Réserve pour le moins surprenante à l'égard d'une femme à qui l'attachent les liens d'une amitié profonde et qui a toute sa confiance, puisque c'est par elle que passe toute la correspondance secrète du prisonnier et qu'au surplus elle est l'animatrice du petit groupe de Londres — Talleyrand, Pinckney, Short, etc., — qui, en liaison avec Mme de Staël, s'occupe activement d'obtenir sa libération.

Il n'est pas plus bavard avec Pinckney, à qui il écrit le 4 juillet, jour de la fête nationale américaine, pour faire un large tour d'horizon politique et le remercier, au passage, d'être intervenu pour que ses « geôliers couronnés » aient consenti, après huit mois de silence, à lui laisser savoir que sa femme et ses enfants étaient vivants.

La lettre du 16 juillet à Mme d'Hénin nous permet enfin de comprendre la réserve — pour ne pas dire les cachotteries — de Gilbert. Il sait qu'elle travaille activement à une intervention diplomatique des Etats-Unis en sa faveur ; or, comme il l'a écrit à Archenholtz, il est sceptique sur les chances de succès de cette intervention. Aussi, sans décourager son amie, il reste évasif :

« Je regarde une démarche des Etats-Unis comme le moyen le plus convenable de briser mes chaînes, mais je crains bien les détours, les lenteurs et les perfidies de la politique européenne. Je vois aussi que vous y avez fait tout ce qui dépendait de vous et je n'ai pas besoin d'ajouter que toute manière de sortir qui ne compromettra ni mes principes, ni ma liberté, serait pour moi une bien heureuse résurrection. Mais les despotes et moi nous combattons réciproquement et je me défie de leur antipathie animale... Tâchez cependant, puisqu'ils exercent leur juridiction sur nous, de faire commuer notre peine en celle du bannissement. »

Il a décidément choisi l'évasion, mais c'est à peine s'il y fait allusion dans une phrase qu'il n'achève du reste pas :

« Il me semble que s'il y avait ici quelque homme non suspect, parlant allemand, ayant de l'argent et se faufilant sans confidence, on pourrait... »

Ce qu'il ne lui dit pas, c'est qu'il a déjà choisi de s'évader avec la complicité de Le Blanc, et qu'Archenholtz a accepté de les prendre en charge à partir de leur sortie de la forteresse. Il emploie les semaines qui suivent à mettre au point avec Archenholtz le plan de l'opération, comme l'indique sa lettre du 23 août au directeur de la *Minerva* *. Lettre dans laquelle il précise les moindres détails avec une minutie telle qu'il semble déjà vivre son évasion :

« J'ai reçu, Monsieur, avec autant de plaisir que de reconnaissance votre lettre du 12 et nous nous empressons de profiter de vos conseils, de vos secours. C'est donc sur Hambourg et Altona que nous dirigerons notre marche et M. Le Blanc va passer, pour tout concerter avec vous.

« Il vous dira comment nous nous sommes assurés de quatre mille livres et d'un piqueur juif, comment nous aurons des chevaux et les moyens de passer l'eau, comment pendant que le commandant dort sur

* L'original de cette lettre est la propriété de la Bostonian Society (Collection Colburn).

son monceau de clefs, le major de place auprès de sa femme, et que le capitaine de garde écarte momentanément son lieutenant et nos sentinelles, nous devons tous les quatre déboucher de nos trous et franchir avec le capitaine les remparts de la rivière, pour joindre nos chevaux gardés par Le Blanc et gagner lestement la voiture que nous devons à vos soins. Notre ami vous dira aussi qu'à défaut, nous en pourrions inventer d'autres et que le succès est d'autant plus sûr que la pauvre imagination de nos geôliers est bien loin de le croire possible. »

Si l'imagination de ses geôliers est pauvre, la sienne, en revanche, est riche au point que non seulement il assiste en pensée à la conférence que vont tenir Archenholtz et Le Blanc, mais que, sans s'en rendre compte, il se substitue à l'officier allemand :

« Vous verrez par cette confiance que nos moyens de Magdebourg suffisent pour conduire à cinq milles (à moins que nous n'eussions besoin de vous pour le passage de l'eau, ce que M. Le Blanc doit vérifier avant de partir) et c'est pour nous transporter du premier relais à Altona que les secours venant d'Hambourg nous sont nécessaires, mais notre ami doit rapporter : 1°) une bonne carte où l'itinéraire soit tracé ; 2°) des armes ; 3°) des passeports ; 4°) une perruque ; 5°) quelques ingrédients qui, en cas de besoin, assureraient à nos gardiens une nuit tranquille avec des renseignements pour en ménager la dose. En un mot, tous les objets contenus dans l'instruction qui vous a été communiquée.

« Vous aurez à régler, pour le reste de notre route, un premier lieu de rendez-vous, un itinéraire, et la distribution des moyens de transport.

« M. Le Blanc a reconnu près d'Helmstadt un emplacement convenable pour quitter nos chevaux et monter en voiture. Si vous convenez de ce rendez-vous, il faut déterminer la maison où la voiture attendrait l'époque de son arrivée, les moyens de savoir qu'elle y est, et de faire connaître le jour et l'heure où elle doit se rendre à son poste.

« En adoptant d'avance toutes vos idées sur l'itinéraire que M. Le Blanc peut encore reconnaître en revenant, je me contente d'observer qu'il est important de le marquer sur notre carte dont vous aurez copie, d'y trouver tous les points de la poste ou des relais et, si nous faisons des détours, de prendre garde aux lieux dangereux où, par une route plus directe, on aurait pu donner l'alarme.

« Quant aux moyens de transport, vous voyez que nous en aurons pour gagner le rendez-vous d'Helmstadt et c'est là qu'il me semble que nous devrions trouver un chariot de poste à six places pour lequel quatre bons chevaux et un postillon suffisent, avec un courrier à cheval qui nous ferait préparer la poste et les relais que vous auriez jugés nécessaires pour parvenir au lieu de sûreté où nous aurons la joie d'embrasser notre libérateur. »

Il parle comme « s'il y était déjà » ; quant au financement de l'opération, il ne faut pas qu'il pose le moindre problème :

« Je n'ai pas besoin d'ajouter que pour nous assurer le secret et la promptitude, il ne faut être arrêté par aucune économie, ni sur le sort des chevaux qui auront assez servi s'ils fournissent leurs relais, ni sur les salaires des conducteurs, et la multiplication des moyens. »

Mais c'est ici que notre visionnaire sent où le bât blesse. L'argent vient de Londres et c'est Mme d'Hénin qui tient les cordons de la bourse. Or, elle voudrait obtenir la libération de Gilbert en négociant avec le roi de Prusse ; et Justus Bollmann, un médecin hanovrien, qui a déjà réussi l'exploit de faire passer de France en Angleterre l'amant de Mme de Staël, Narbonne, ex-ministre de la Guerre, a pris contact à

cet effet avec l'oncle de Frédéric-Guillaume, le prince
Pierre, réputé pour son attachement aux idées libérales. La Fayette ignore cette dernière tractation,
mais il est sûr que la princesse se rendra à ses raisons :

« Il est impossible de douter que Mme d'Hénin dont,
malgré nos opinions politiques, vous savez que je
suis sûr, n'adopte une idée à laquelle son amitié ne
pourrait opposer que de vaines espérances ; il est
impossible que Mr. Pinckney, représentant des Etats-
Unis, Mr. Short, qui est en même temps mon ami,
que mes aides de camp, si on leur a confié votre
demande, soient tous assez insensés pour s'en rapporter sur mon sort à la coalition des rois, plutôt qu'à
moi-même. Je ne puis croire qu'on les ait trompés
à ce point, lorsque M. de Manstein, dans une lettre à
Maubourg reçue hier, croit faire beaucoup pour lui
en le bornant à espérer, dit-il, qu'après la paix il
pourra revoir sa femme et ses enfants. Il n'est donc
pas douteux que mes trois lettres de change ne doivent être acquittées sur-le-champ. »

Gilbert, qui tient à gagner Londres de vitesse,
reconnaît naïvement en fin de lettre, après s'être
substitué à Le Blanc pour régler en imagination les
détails du projet, que c'est l'officier allemand qui
aura voix au chapitre :

« Je termine mon griffonnage et ce n'est pas nous
qui devons régler les détails de ce projet. Ils ne peuvent être déterminés que dans la confiance qu'en a
M. L. B. et vous. »

Et pour finir, le même optimisme impénitent :

« Adieu, mon généreux ami, nous allons, grâce à
vous, être soustrait aux libertés de l'empire germanique et le jour n'est pas loin où je pourrai vous
exprimer moi-même ma tendre et reconnaissante
amitié. »

Le 30 août, lettre à Le Blanc * : La Fayette, qui sait à quels dangers l'officier prussien s'expose, a prévu le pire :

« Si par malheur notre projet était découvert, et si vous vous trouviez en danger, ne balancez, mon cher ami, à vous mettre alors en sûreté. Votre cheval et les quatre mille livres y suffiraient pour le premier moment et vous iriez trouver M. A... et de là, mes amis en Angleterre où vous attendriez avec eux, les événements qui pourraient encore nous réunir. »

Restent à régler quelques difficultés : un officier prussien du nom de Munch, tout en assurant La Fayette qu'il est décidé à le suivre, explique « qu'il ne voudrait pas être soupçonné de vues intéressées » mais que son beau-père, à qui il a écrit, ne lui a pas répondu et que, dans ces conditions, il ne peut partir. Gilbert a compris :

« Il est impossible de ne pas voir dans ce ton mystérieux, quelques considérations pécuniaires et j'espère que notre première conférence peut encore les lever. »

Il faut surtout faire les derniers achats et hâter les derniers préparatifs, car différer l'exécution du projet, c'est risquer de compromettre tous ceux qui participent au complot.

Là-dessus, Gilbert perçoit un léger bruit de clefs :

« J'entends ouvrir mon premier cadenas et n'ai que le temps de vous embrasser de tout mon cœur. »

Tout en se hâtant d'écrire en post-scriptum : « Maubourg va cacheter et y ajouter ce qui pourrait avoir été oublié. »

Entre la fin d'août et la mi-octobre, La Fayette n'écrit que des lettres « ouvertes », donc sans grand intérêt. Il en est une pourtant qui tranche sur les

---

* L'original de cette lettre est la propriété de la Bostonian Society (Collection Colburn).

autres : celle du 2 octobre dans laquelle il répond à la lettre d'Adrienne datée du 1er août et dans laquelle elle lui apprenait qu'elle avait été arrêtée et qu'après être restée prisonnière sur parole à Chavaniac, elle avait été relâchée à la fin décembre 1792. On le sent bouleversé et heureux :

« Les cinq objets si chers à ma tendresse sont donc réunis à Chavaniac et dans un état de tranquillité qu'ils méritent trop bien pour que j'osasse l'espérer. »

Il ignore — heureusement pour lui — qu'en trois mois le climat politique de l'Auvergne a changé et que le décret sur les suspects est suspendu sur la tête de sa femme comme une épée de Damoclès...

Ce n'est pas seulement le danger auquel était exposée Adrienne qui l'a ému : le sang-froid, l'intelligence, la dignité avec lesquels elle a répondu à toutes les accusations, sont pour lui un objet de légitime fierté :

« J'étais sûr que le désir même d'obtenir ma liberté ne vous arracherait aucune démarche, ni aucune expression qui ne fût digne de nous. Mais la manière dont vous m'en parlez répond tellement à mon cœur que j'ai besoin de vous remercier. Je vous ai associée à des destinées fort agitées et maintenant fort tristes ; mais je suis sûr que vous trouvez quelque douceur à sentir que votre tendresse et votre estime sont au premier rang des souvenirs heureux de ma vie, des consolations de ma captivité solitaire et des espérances d'un avenir qui, s'il me rend à ma famille, m'en laissera jouir plus que jamais. »

La Fayette aimait tendrement sa femme. Mais il commence à découvrir une Adrienne qu'il ne soupçonnait pas et cette découverte lui inspire un sentiment nouveau : le respect. Il n'a certes pas oublié sa jolie maîtresse Mme de Simiane et il aura un long chemin à parcourir pour devenir « l'adrienniste » auquel Adrienne rêve sans oser y croire ; mais il est

engagé désormais sur le chemin de l'adriennisme
inconditionnel...

Les trois premières semaines d'octobre se passent
à mettre définitivement au point le plan d'évasion ;
mais quelle que soit sa hâte de conclure, « l'homme
pressé » doit compter sur les incidents de parcours
qui peuvent faire obstacle à ses désirs. Or voici qu'il
reçoit, vers le 9 octobre, deux lettres de Mme d'Hénin, datées du mois de mai, et qui vont être, pour lui,
un sujet de vives inquiétudes :

D'abord parce que, au lieu de lui être données directement, elles ont été transmises au général
commandant la place qui les a ouvertes avant de les
lui remettre, sans se douter — fort heureusement —
que c'étaient des lettres secrètes écrites avec de l'encre sympathique... La Fayette en présente une à la
flamme : il voit apparaître les lignes rouges et c'est
ainsi qu'il apprend que la princesse a confié à Bollmann — qui a déjà sauvé Narbonne — le soin de
mener à bien son évasion, qu'elle assurera au Hanovrien, s'il réussit, quatre mille livres de pension, que
Gilbert n'a qu'à adresser tous les renseignements
nécessaires à Londres et qu'il peut compter sur l'intermédiaire, homme sûr. Or, c'est cet homme « sûr »
qui, en remettant les lettres au général, a failli pro-
voquer une catastrophe.

Gilbert commence par parer au plus pressé : comme
il doit rendre les lettres au bout de huit jours et qu'il
a brûlé celle écrite à l'encre sympathique, il persuade
le commandant que c'est lui qui l'a perdue ; et
comme l'autre lettre pourrait, si elle tombait entre
les mains du ministre, lui faire courir un grand danger, il engage l'officier prussien à garder tout le
paquet, pour que l'on ne s'aperçoive pas en haut lieu
qu'il a commis l'étourderie de perdre la première.

Mais ce qui le préoccupe le plus, c'est que deux
projets distincts d'évasion vont s'emmêler et cela

compromettra la réussite. De plus, il tient à ce que
le projet Archenholtz-Le Blanc, dont le directeur de
la *Minerva* a dû toucher un mot à la princesse, soit
seul retenu. Aussi n'hésite-t-il pas, dans la lettre qu'il
adresse d'urgence à Mme d'Hénin, à dire les choses
en clair, (sauf que le nom d'Archenholtz ne figure
qu'en initiales et que celui de Le Blanc est passé sous
silence) en même temps qu'il se montre pressant et
poliment impératif :

« Je vous ai adressé par une voie secrète une
réponse dans laquelle vous trouverez, ma chère princesse, mes plus instantes sollicitations pour que vous
abandonniez tout autre projet que les miens. Ils ont
dû vous être communiqués par M. A..., mon généreux
ami, d'H..., qui vous fera passer cette lettre, s'il est
nécessaire, ou plutôt qui la montrera à quiconque
serait de votre part auprès de lui. Ne croyez pas que
les moyens étrangers puissent parvenir jusqu'à moi.
Il m'a fallu organiser une machine extrêmement
compliquée dont il tient un fil et l'autre est dans des
mains... en un mot ce n'est que par les efforts d'un
dévouement inouï que le succès a été possible et à
présent il est immanquable si l'on a ce que M. A...
demande en mon nom. Vous sentez que pour un tel
projet nécessairement compliqué, il y a dans quelques détails d'exécution, des hommes et des choses
à payer et en argent comptant et, quoique mes deux
amis s'en soient procuré, il en manque encore. Je ne
puis m'exprimer plus clairement sans compromettre
beaucoup de monde, mais j'attends de votre amitié,
ma chère princesse, et de celle de quiconque pourra
agir de votre part, que tout ce que M. A... demandera
sera fait sur-le-champ sans qu'aucun autre projet
vienne croiser celui-ci. »

Pour finir, le même optimisme, mais traversé par
une peur rétrospective :

« Bientôt, peut-être, je pourrai dater d'un lieu de

sûreté, les nouvelles expressions d'un sentiment qui ne finira qu'avec la vie. »

« Je me flatte que vos deux lettres auront échappé aux conjectures qu'on en doit tirer, mais nous l'avons échappé belle. »

Ce même jour, 24 octobre, il écrit à Le Blanc *, pour lui dire les problèmes que lui ont posés les deux lettres de Mme d'Hénin, et lui recommande de s'en tenir, quoi qu'il arrive, à l'exécution du plan Archenholtz :

« Il faut observer que les idées de mes amis sont du mois de mai et par conséquent, antérieures aux ouvertures que M. A... leur a faites pour moi. J'ai donc lieu de croire que le jeune docteur ou quelques autres personnes sont actuellemnt auprès de lui et, quoique les moyens soient très insignifiants pour l'objet principal, on peut s'en servir utilement sur la route. Voici même un mot adressé à Mme d'Hénin dont vous feriez usage auprès de quiconque agirait de sa part. Mais comme toutes les additions que nous obtiendrons pour notre plan ne sont pas, à beaucoup près, si avantageuses que le délai doit être fatal, je conjure à M. A... et vous, de renoncer à tout ce qui retarde l'exécution et de regarder votre retour ici comme l'époque décisive de mon départ. »

Suit une répétition générale de l'évasion avec la récapitulation de tous les obstacles qui peuvent surgir et des moyens de les contourner ou de les franchir : pages dignes des meilleurs romans policiers et qui montrent comment l'imagination de l'avenir chez La Fayette procède à la fois d'une manière de voyance, qui est la marque de sa nature, et d'une prévoyance méticuleuse qu'il doit à sa formation militaire. Il rêve certes, mais pour réaliser ce rêve, il ne partira pas les mains vides.

---

* L'original de cette lettre est la propriété de la Bostonian Society (Collection Colburn).

Par ailleurs, il n'examine pas ce qu'il appelle « les différentes branches de plan » dans l'ordre naturel de leur succession. Il commence par ce qui se passera une fois qu'il sera sorti de la forteresse :

« Vous avez tous les renseignements nécessaires pour les armes, passeports, moyens de déguisement que vous devez rapporter de H... Il faut que je passe pour anglais, me disant au besoin américain, et le mélange de mots anglais au peu d'allemand que je baragouinerai aiderait encore à tromper mais je préférerais de n'être point arrêté, et je m'en rapporte bien à tous les arrangements de M. A... qui nous indiquera aussi les moyens de gagner A... sans être exposé aux réquisitions qu'en cas de découverte imprévue, un courrier de Magdebourg ou de B. pourrait faire sur la route en me devançant à quelque passage. Il me semble que pour me rendre d'ici au rendez-vous d'Helmstat, il faudrait les meilleurs chevaux qu'on pût avoir et que d'Helmstadt je devrais gagner à cheval le territoire hanovrien où m'attendrait une voiture légère, et bien attelée ; ne conviendrait-il pas, si vous restez ici, que quelqu'un parlant français ou anglais (le second vaudrait mieux) et allemand fût avec cette voiture tandis que le juif ferait préparer les chevaux. Au reste, c'est à M. A... et à vous à régler toute cette disposition de ma route, à placer plus ou moins de relais, des voitures ou chevaux pour obvier aux soupçons et cependant accélérer ma marche. »

Il s'est préoccupé, bien entendu, de sa condition physique qu'il juge bonne :

« Quoiqu'un séjour de quatorze mois dans les cachots de leurs Majestés ne m'ait pas mis en haleine, j'ai un fonds de constitution et d'ancienne habitude, qui, joint au souvenir de mes fers, me rend propre à faire un voyage très rapide. Je crois qu'on sera longtemps à s'apercevoir de mon absence, mais comme il n'est pas absolument impossible qu'on le sache au bout de deux heures, il faut être en garde contre cet accident et devancer les poursuites. »

Et voici maintenant le plus difficile : la sortie de la forteresse : Gilbert a tout préparé, tout prévu pour éviter une mauvaise surprise :

« Nous voici à l'article de la sortie. Nous examinerons encore la cheminée, ce qui se ferait sans doute si votre ami B... étant de garde et muni d'un billet de vous, venait nous aider à cet examen. Mais dans tous les cas, nous préparerons la cloison de briques qui sépare mon cachot du caveau intérieur, de manière que dans une demi-heure on puisse faire un trou, soit pour gagner réellement cette cheminée lors même que mes portes soient fermées, soit pour persuader à tous les commandants et tous les commandés de Magdebourg que c'est par là que j'ai passé, et que par conséquent on n'a rien à reprocher aux officiers et aux sentinelles. »

La voie est libre : Gilbert va pouvoir gagner sans encombre le lieu du premier rendez-vous :

« Je sortirai donc après sept heures, lorsque les postes auront été relevés, ou par la cheminée, ou par la palissade avec l'officier, ce qui est d'autant plus facile que nos voisins ferment leurs volets à la nuit, que les sentinelles n'auront pas vu si l'officier était rentré seul, sans compter l'arrivée des gazettes et même quelquefois du médecin habitué à nous voir ouvrir les portes à cette heure. Le capitaine, si M... y consent, et, s'il ne le veut pas, un lieutenant votre ami me conduirait hors des portes et me remettrait dans le premier cas près du lieu où vous serez et dans le second, en vos propres mains. Vous me mènerez par une porte dont le lieutenant soit favorable, jusqu'au rendez-vous où les chevaux et le juif attendront, et vous reviendrez tranquillement vous coucher. »

Dans l'intervalle, La Tour Maubourg aura organisé

une mise en scène destinée à faire croire au commandant que La Fayette ne s'est pas évadé, jusqu'au moment où ce sera le domestique de La Fayette lui-même
qui découvrira et annoncera sa disparition dont la
responsabilité ne pourra être imputée ni aux officiers ou soldats de la forteresse, ni à La Tour Maubourg lui-même :

« Pendant ce temps, Maubourg profitant du secret
de mon cadenas, achèvera la démolition des briques,
mettra dans la cheminée ma redingote bien noircie
comme si je l'avais jetée d'en haut, et placera dans
mon lit un mannequin, coiffé de mon bonnet, enfoncé
dans mes couvertures, et propre à tromper le
commandant lors même qu'il entrerait (et remarquez
que même alors un manteau lui cacherait le trou du
fond), mais il n'entrera pas, car mon domestique lui
dira que je suis malade, et endormi ; je vais en faire
ce soir l'expérience, et ne fermerai ma lettre qu'après
vous en avoir mandé le succès dont je ne doute pas.

« Le lendemain, il sera facile à mon domestique
d'entrer avant celui de louage, et même de l'arrêter,
ainsi que l'arrêtant à la porte il aura le temps de
défaire le mannequin, et nous aurons le choix, ou de
prolonger cette comédie jusqu'à onze ou douze heures, ou de faire dénoncer mon étonnante disparition
par mon domestique à M. de Maubourg, aux officiers,
et à quiconque aura la curiosité de voir le trou et la
cheminée qui m'auront donné le moyen de gagner le
fossé, la rivière et la plaine pendant que le commandant dormait sur son trousseau de clefs.

« En effet mon domestique dira : « Je l'ai vu se
coucher » ; Maubourg, à qui mon départ donnera de
l'humeur, dira : « J'avais entendu sa voix à huit
heures et demie » ; les officiers diront : « Nous l'aper-
cevions encore auprès de sa lumière à huit heures » ;
le major lui-même croira m'avoir entrevu dans mon
lit et personne ne s'en prendra aux officiers de garde

ni aux sentinelles de ce que je me suis échappé au milieu de la nuit, pendant que le commandant tenait les clefs, et par un endroit qui n'avait été consigné ni par le commandant ni par la prévoyance des ingénieurs et comme si la cheminée est trop étroite ou trop raide, c'est de très peu de chose, comme M. de Maubourg certifiera que je grimpe comme un chat et nage comme un poisson, il sera d'autant plus impossible de reconnaître la vérité que la connivence de Maubourg à mon départ, sans partir lui-même, caractérise une amitié trop délicate et trop sensible pour que vos gouvernements en soupçonnent l'existence.

« Il est même heureux peut-être que votre piqueur soit juif. Cette nation me doit son état civil en France et on croira que la conscience hébraïque a conspiré pour ma délivrance. »

Une ombre au tableau : le capitaine M... dont on a vu qu'il est revenu sur sa promesse de suivre La Fayette, en prétextant que son beau-père ne lui avait pas consenti l'avance nécessaire ; Gilbert a commencé par croire qu'il s'agissait simplement d'un discret appel de fonds ; mais après enquête, il lui est apparu qu'il a affaire à un homme retors et qui peut être dangereux :

« Quant au capitaine M.., sa dernière garde m'a valu de nouveaux détails sur le remboursement de son capital demandé à son beau-père dont il attendait la réponse lundi, sur la lettre qu'il a écrite au roi par M.R. pour obtenir une compagnie en pied, sur sa détermination de quitter son régiment, et quoiqu'il m'ait répété qu'il ne consentirait jamais à partir, il m'a fait entendre qu'il souhaitait renouer un arrangement avec moi. Il m'est démontré, ou qu'il veut savoir nos projets pour nous vendre, ou qu'il veut les servir pour son projet. »

La Fayette, s'il n'écoutait que lui-même, s'emploierait à « l'endormir » mais sans l'utiliser :

« Dans cette incertitude, j'ai cherché à le dérouter sur tout ce qui a rapport à notre plan, et particulièrement à vous, je l'ai persuadé que ma confiance était en lui seul, que je craignais tout autre confident que lui, qu'il était inutile de s'ouvrir à ses lieutenants, puisque tous les lieutenants de la garnison ne pouvaient rien sans un capitaine, et j'ai observé qu'il y avait deux officiers de Baden et vous qui, parlant très bien le français et ayant été fort obligeants pour moi, s'étaient successivement éloignés, sans que je puisse attribuer le refroidissement à aucune cause que la crainte de se compromettre. Nous sommes donc convenus de garder notre secret pour nous seuls, et j'espère avoir diminué beaucoup les soupçons sur vous. »

Seulement Le Blanc, lui, tient à ce que le capitaine ne soit pas mis à l'écart, Gilbert a donc échafaudé une combinaison dans laquelle il compte, bien entendu, sur l'argent pour acheter le silence, sinon la complicité de l'officier prussien. En même temps qu'il soumet cette combinaison à l'approbation de Le Blanc, il insiste pour que cet homme, dont il connaît le généreux dévouement, ne prenne pas le moindre risque inutile :

« Puisque vous croyez que je dois me servir de lui, je l'attaquerai samedi ou dimanche (à moins que vous ne me mandiez de m'en abstenir) par une proposition formelle. Je lui dirai pour ménager sa vanité que je n'insiste plus sur son départ avec moi, mais que, ne doutant pas de son intention de me joindre en France, je dois lui avancer les moyens d'arranger ses affaires ici, que s'il me donne sa parole de me mettre hors de la citadelle, en prenant des moyens pour la garantir du soupçon, je m'engagerai de mon côté à lui envoyer sous un mois de temps, mille louis en plusieurs lettres de change, et je crois qu'il faudrait avoir de plus cent ou deux cents louis à lui donner en sortant. La vanité de M... est le seul obstacle que ma proposition puisse trouver, et si vous l'approuvez ne me répondez pas, dans le cas contraire, j'attends un mot de vous.

« Si cependant l'instabilité de sa tête et les rêves de son ambition font refuser mon offre ou nous font craindre qu'il ne s'en serve pour nous trahir, il faut chercher un autre moyen et je crois que votre ami, surtout s'il évite certains capitaines tels que K..., ne court aucun risque à me mettre dehors. Il n'en serait pas ainsi de vous parce que vous êtes trop connu et si vous sortez de la citadelle avant moi, il faut que nous quittions Magdebourg ensemble ou du moins que vous partiez avant que mon absence soit découverte ; mais tout autre officier ne risque rien, surtout ceux qui comme votre ami ne parlent pas français et ne pourraient même être accusés d'avoir fait avec M. de Maubourg un complot pour que je m'évade sans lui.

« Vous voyez, mon cher ami, que je me prête le mieux que je puis au désir que vous aviez de rester ici, quelque peine que j'en éprouve. Mais, du moins, tenez-vous toujours en état de passer à la moindre alarme et, aussitôt que votre mariage sera fait, persuadez à votre femme de quitter ce maudit pays et de se réunir à une famille qui attendra avec impatience mon libérateur. Dans le cas contraire où, par l'obligation de m'ouvrir vous-même la porte, il vous serait impossible d'échapper aux soupçons du gouvernement, j'accepte avec une vive sensibilité la totalité de votre généreux sacrifice et pour lors nous partirons ensemble. »

Cependant, éternel optimiste, Gilbert qui appuie ses dires sur les informations qu'il tient d'un ramoneur, estime qu'aucun danger n'est à redouter pour l'officier prussien qui l'accompagnera :

« A l'exception de vous qui êtes déjà soupçonné, il n'y a pas un seul lieutenant qui, en évitant la garde de certains capitaines difficiles tels que X ou Y, ne puisse facilement me sortir d'ici, sans s'exposer lui-même au moindre risque. Nous pensons même que la cheminée, d'après les préparatifs nécessaires, a quelques dangers de plus que la simple sortie soit à sept heures un quart, soit même à six, pourvu que je fusse revenu de la promenade avant qu'on relève pour cinq heures, de manière à ce que les sentinelles ne cachent pas si le lieutenant est rentré seul avec moi et, comme il n'est pas douteux qu'une cheminée de quatorze pouces n'offre la possibilité de passer, et qu'un ramoneur de ma taille nous a dit l'autre jour qu'il entrait par les cheminées de la citadelle qui ne sont pas partagées ou grillagées, nous regardons cette ressource comme infiniment précieuse pour donner le change sur ma véritable marche, et garantir de tout inconvénient celui de vos amis qui me rendra ce service. »

Un mot pour terminer — car il pense à tout — sur les passeports, sur le piqueur juif, et sur... la météo qui, elle aussi, invite à faire vite :

« Il faut faire d'autant plus d'attention aux passeports que, si je n'ai pas d'officiers prussiens avec moi, on les examinera avec encore plus d'inquisition. Je n'ai pas besoin d'ajouter que vous devez assurer de ma part au piqueur juif, une fortune, je ne dis pas supérieure à celle dont il jouit, ce qui n'est pas difficile, je crois, mais fort au-delà même de ses espérances. Cet homme sera pour les préparatifs et sur la route entièrement maître de mon sort. Il convient que la récompense réponde à un tel service.

« Vous me faites grand plaisir de me dire que votre voyage sera rapide et votre retour très prompt ; l'absence de la lune est une circonstance précieuse ; les dangers du délai sont grands ; hâtons-nous d'exécuter.

« Votre cachet était entier, votre lettre est brûlée ; je joins ici un mot pour M. A... et un autre pour Mme d'Hénin, je ne pense cependant pas que celui-ci doive être envoyé, car il ne faut songer à rien de ce que vous ne trouveriez pas tout prêt en arrivant à H... Mais si quelqu'envoyé de Mme d'Hénin y était, vous lui montreriez cette nouvelle preuve que mes deux libérateurs, et nos moyens sont les seuls qui puissent réussir, et que tout doit leur être subordonné. Mais si nous n'avons que ce que nous possédons déjà, il ne faut pas moins exécuter, car bientôt il ne serait plus temps.

« Adieu, mon cher ami, je n'ai pas besoin de vous dire avec quelle impatience j'attends votre retour, et il me serait bien plus difficile encore de vous exprimer avec quelle sensibilité mon cœur répond à tout ce qu'il vous doit. »

*
* *

Fin octobre : le jour « J » est-il arrivé ? Il semble que oui, car pendant quinze jours c'est le silence. Mais voici que le 16 novembre La Fayette écrit à Mme d'Hénin une lettre désenchantée :

« On a mis un cinquième cadenas à mon logement ; les deux portes de la citadelle autrefois ouvertes ont été aussi cadenassées ; l'inspection des commandants et officiers de garde, les rondes diurnes et nocturnes, les grandes et petites privations augmentent tous les jours. »

C'est ce redoublement de précautions qui a rendu impossible l'évasion.

Les autorités militaires de Magdebourg auraient-elles découvert le complot ? Mais dans ce cas, des mesures non pas de surveillance, mais de répression, auraient suivi. Or, il n'en est rien ; le logement et le régime de Gilbert n'ont pas changé ; il lui est permis de lire la *Gazette de Leyde,* d'entrevoir des lettres de famille et d'y répondre, de se promener une heure dans un petit coin du bastion entouré de palissades ; enfin il peut continuer à communiquer avec son voisin de captivité La Tour Maubourg. Mais alors, pourquoi ce redoublement de précautions ? La Fayette ne voit qu'une explication possible : les puissances monarchiques qui ont décrété que son existence était incompatible avec la sûreté des gouvernements de l'Europe, « haïssent trop ses principes, son caractère, et toute sa personne » pour ne pas exercer sur lui une surveillance rigoureuse ; renseignement pris, il confirmera cette explication dans une lettre du 16 décembre 1793 à Archenholtz *.

« Vous avez su les changements de cadenas, le commandant s'arme de pistolets, ne se sépare pas de ses clefs, et les nouvelles précautions aussi gênantes que ridicules vous ont très justement inquiété. Mais ce qui est bien changé c'est qu'elles ne tiennent à aucune découverte, c'est que nos secrets et nos confidents sont également en sûreté, et que le redoublement inquisitorial n'est occasionné que par des bêtises. Il n'en est pas moins vrai qu'ils ont atteint par hasard nos stratagèmes et, qu'en voulant empêcher qu'on ne nous rende de légers services, ils empêchent que nous n'en recevions de très grands. »

Il sera plus explicite encore dans la lettre qu'il adresse le même jour à Mme d'Hénin :

« La coalition ne songe qu'à river nos fers. Ne croyez pas que ces nouvelles rigueurs soient motivées par quelque découverte. Nos amis ont été prudents :

---

* L'original de cette lettre est la propriété de la Bostonian Society (Collection Colburn).

nos projets sont ignorés et si même on était instruit
de notre correspondance, on aurait fouillé nos cachots. Je ne pense pas qu'aucune lettre du dehors ait
inquiété. Je ne dirai pas non plus, comme on le pré-
tend ici, que c'est une vengeance de ce que je ne
veux plus demander d'argent américain et si l'on
avait deviné quelque chose de plus que de légères
complaisances, on aurait pris des mesures individuel-
les bien autrement fâcheuses. La vérité est qu'on est
enragé de l'intérêt général que nous inspirons et
qu'une partie des citoyens et des militaires témoigne
hautement ; et après avoir répandu des inquiétudes,
dont aucune, n'approche heureusement ni des hommes ni des faits, on cherche de plus en plus à détruire
toute communication entre les vivants et nous. »

Mais il est obligé dans ces conditions de repenser
complètement le problème de sa libération. Un point
est acquis : il n'a rien à attendre d'une négociation
avec la coalition monarchique. Il avait manifesté nous
l'avons vu, à plusieurs reprises sa répugnance à
l'égard de cette négociation, dans la correspondance
qu'il échangeait depuis le 27 mars avec Archenholtz
d'une part, et de l'autre avec Mme d'Hénin qu'il savait favorable à cette procédure. Et cette répugnance
s'explique aisément. Le fait de devoir sa libération
à la complaisance des monarchies absolutistes terni-
rait son image de marque ; il ne pourrait plus se dire
ennemi de toutes les tyrannies, de toutes les oppressions.

Après un délai de réflexion de près d'un mois il
va passer en revue et examiner les moyens qu'il a
d'en finir avec la prison, dans trois lettres secrètes
qui seront expédiées par le même courrier. Les deux
premières datées du 10 décembre sont adressées à La
Colombe. La troisième, datée du 11, est destinée à
Pinckney, ministre des Etats-Unis à Londres.

« Mes amis, écrit-il à La Colombe, ont quatre

moyens de m'arracher à la prison : 1°) l'évasion, 2°) les représentations particulières, 3°) la clameur politique, 4°) les démarches des Etats-Unis. »

L'évasion est difficile mais possible : « Pour peu qu'on connaisse notre régime, on sentira qu'il est difficile de s'évader. Mais comme rien de ce qu'on veut n'est impossible, on pourrait, avec de l'adresse et de l'argent, échapper aux combinaisons de nos geôliers. »

« Les représentations » (nous dirions aujourd'hui les interventions diplomatiques ou autres) lui paraissent insuffisantes ; elles ont besoin d'être renforcées par la « clameur publique » (nous dirions aujourd'hui qu'elles doivent être appuyées par l'opinion publique).

Mais après cette « préparation d'artillerie », seule une démarche publique des Etats-Unis peut à son avis emporter la décision. Cette « démarche publique » serait en fait un véritable ultimatum :

« Le général américain La Fayette, citoyen des Etats-Unis, après avoir quitté tout emploi français, se rendant en pays neutre, a été arrêté et étrangement traité ; les soussignés depuis quinze mois le réclament au nom et par ordre des Etats-Unis dont les sentiments pour lui sont connus depuis longtemps... En conséquence on requiert à la Cour de... de le faire mettre en pleine liberté. »

Evasion ? Ultimatum américain ? La Fayette hésite ; mais dans sa lettre du 11 décembre à Pinckney, il semble pencher pour l'ultimatum :

« Il y a deux méthodes à employer : soit une évasion bien concertée, soit une revendication américaine soutenue par l'opinion publique. Quant au premier point, nous sommes si parfaitement enfermés, si ingénieusement surveillés, que si ce n'était pas pour... Quant à la grande mesure dont il est question, pourvu qu'elle ne soit pas contraire à l'intérêt américain, je ne suis pas assez capable de simulation pour en dissuader. »

La Fayette se réclamant de la nationalité américaine, La Fayette renonçant à la nationalité française, voilà qui est surprenant pour ne pas dire plus. Est-ce la soif de liberté qui l'engage sur cette voie dangereuse ? Sans doute ; mais il ne faut pas oublier combien son séjour aux Etats-Unis l'avait « américanisé ». Il n'est, à ce propos, que de se rappeler les deux lettres assez étranges qu'il écrivait à Washington :

La première datée du 7 mars 1791 :

« C'est à vous cher général, le patriarche et le généralissime des promoteurs de la liberté individuelle à qui je devrai toujours rendre un compte fidèle de la conduite de votre aide de camp au service de cette grande cause. »

La seconde écrite le 22 janvier 1792 — plus étonnante encore — du quartier général de Metz alors qu'il commandait une des trois armées, l'armée du Centre :

« Je vous enverrai un état exact de mes forces, lorsque mon armée sera organisée, car je me considère toujours, mon cher général, comme votre lieutenant, employé dans un commandement détaché. »

Le 21 décembre 1793 *, il écrit à Archenholtz une lettre dans laquelle il confirme que le redoublement de précautions et de surveillance des prisonniers a suspendu l'exécution de son projet d'évasion et cherche à s'informer sur le sort qui l'attend. Il fait état notamment de rumeurs selon lesquelles il serait question de l'envoyer dans une forteresse autrichienne ; mais il prend soin de préciser que ce sont de simples bruits, non des renseignements sûrs.

---

* L'original de cette lettre est la propriété de la Bostonian Society (Collection Colburn).

Bureaux de Pusy, dans une lettre secrète à La Colombe écrite le 25 décembre, confirme à son tour l'échec de la tentative et, de nouveau, il pense à alerter l'opposition libérale en Angleterre, sur le traitement injuste et cruel que subissent La Fayette et ses amis. Il craint à ce propos que Mme d'Hénin et Lally-Tollendal, partisans du Premier ministre William Pitt favorable à la coalition monarchique, ne soient guère disposés à avoir des contacts avec l'opposition. Aussi demande-t-il à La Colombe d'intervenir personnellement :

« Mon cher La Colombe, je vous recommande particulièrement les ouvertures à M. Fox et si vous voulez bien lui faire juger la fraîcheur révolutionnaire du captif prussien vous pourrez, outre la note qu'il vous envoie, lui montrer la lettre ci-jointe qu'il écrivait il y a quelque temps à M. Archenholtz. »

Enfin, le 3 janvier 1794, c'est la terrible nouvelle : Gilbert va partir seul pour un nouveau cachot sur les frontières de Silésie, tandis que La Tour Maubourg est transféré à Glatz. Dans une lettre secrète à ses aides de camp il leur demande d'informer d'urgence Mme d'Hénin, Lally-Tollendal et Pinckney, puis il écrit le même jour à La Colombe pour lui indiquer quelles sont, à son avis, les raisons de ce transfert : la coalition, qui lui a voué une haine mortelle, mais qui veut le faire disparaître sans histoire et sans bruit, croit avoir trouvé le bon moyen. Elle a découvert, dit-il, « que l'état de santé singulièrement propre aux vicissitudes physiques, se compose principalement d'affections morales. Aussi, en le séparant de ses compagnons de captivité, en lui interdisant de correspondre avec sa famille, de voir de temps à autre La Tour Maubourg, elle espère qu'il ne tardera pas à dépérir ».

Cette lettre à peine partie, il obtient de nouvelles précisions qu'il communique à Mme d'Hénin : il va être transporté seul, à quelque cent soixante lieues de là, tandis qu'Alexandre de Lameth et Bureaux de Pusy resteront à Magdebourg et que La Tour Maubourg sera conduit dans les quarante-huit heures à Glatz en Silésie. Il ne connaît pas encore le nom de sa nouvelle prison, mais il croit savoir qu'il s'agit de Neisse. Et de conclure sur ce mot lugubre :

« Je vais voir le complément de ma solitude et l'entière fermeture de mon tombeau. »

Pour la première fois La Fayette a peur : peur de se sentir brusquement seul, peur d'aller vers l'inconnu, peur surtout de voir que d'autres décident sans lui et contre lui, de son destin ; l'écriture de ses lettres en témoigne : naguère ferme et régulière, elle est tremblée, incertaine.

Mais ce diable d'homme a vite fait de reprendre le dessus, de se ressaisir. Il n'a pas encore quitté Magdebourg qu'il songe déjà à s'évader de sa nouvelle prison, avec le concours d'amis polonais :

« On correspondrait d'abord avec ma forteresse dont on cache le nom, mais qui, je le crois, est Neisse, et, j'en suis sûr, en Silésie. Il y a dans ce pays beaucoup de relations entre les juifs, et, sans parler de la popularité hébraïque que me devrait donner leur état civil, ils sont adroits, intrigants et discrets. Aussitôt qu'on saurait comment parvenir à mon cachot, il faudrait établir les communications avec moi, on pourrait aussi, de là, travailler sans danger quelques gardiens, et, si j'avais le bonheur d'y acquérir aussi de vrais amis, je tâcherais de réunir leur zèle aux tentatives extérieures, car il suffirait de toucher le territoire polonais pour être en sûreté et il serait facile, ensuite, en gagnant le Levant, d'échapper à toutes les réquisitions. »

Le voilà donc qui part de Magdebourg le 4 janvier 1794 pour gagner Neisse... sur une charrette. Le voyage durera douze jours.

Quelque temps après son arrivée, le 16 février, il a la joie de recevoir une lettre de Mme de Maisonneuve, sœur de La Tour Maubourg, qui avait obtenu de partager la captivité de son frère à Glatz. Il devait en recevoir bientôt une deuxième. Enfin La Tour Maubourg était autorisé à lui écrire et à lui donner des nouvelles détaillées des siens. On voit, par la réponse de La Fayette datée du 6 mars 1794, que « ces nouvelles » retardaient singulièrement sur l'événement. Gilbert se dit en effet « rassuré sur le sort de sa famille », alors qu'Adrienne a été arrêtée le 13 novembre 1793 à Chavaniac et incarcérée à Brioude. Informé entre-temps de cette incarcération, il écrit le 1er avril 1794 à Mme d'Hénin « qu'il est tourmenté du séjour de Mme de La Fayette à Brioude ». Mme d'Hénin lui répond le 29 avril, d'abord pour lui dire le soulagement qu'elle éprouve à le savoir encore à Neisse, alors qu'elle le croyait déjà en Moravie, et lui redire avec insistance que la religion de Frédéric-Guillaume Ier finira par être éclairée et qu'il ne s'opposera plus à ce qu'on lui rende la liberté.

La Fayette et la princesse ne sont toujours pas d'accord. Elle tient pour une libération négociée ; il ne veut pas la devoir aux « tyrans » ; elle donne d'autre part à Gilbert les dernières nouvelles d'Adrienne et des enfants : le 15 mars, les enfants étaient à Chavaniac et Adrienne était toujours emprisonnée à Brioude.

Mais cette lettre ne parviendra pas à Gilbert, car le 17 mai, il sera transféré de Neisse à Olmütz. Par ailleurs la plupart des lettres qu'il écrit de Neisse sont des lettres ouvertes et ne présentent donc pas un grand intérêt.

La Fayette, tout au long de son séjour dans la forteresse de Silésie, ne pense qu'à sa libération ; il en parle longuement dans une lettre secrète datée du 16 mai 1794 — veille de son départ — et adressée à ses aides de camp. Après un retour sur les interventions diplomatiques ou autres, sur l'appel à l'opinion publique et sur une « démarche-ultimatum » des Etats-Unis, il en revient à l'évasion pour laquelle il bénéficierait, dans cette région si proche de la Pologne, de nombreux concours aussi actifs que dévoués. Il a même, au passage, un mouvement d'humeur plutôt surprenant :

« Je voudrais qu'on se fût plus occupé de notre évasion. »

C'est sans doute cette réflexion qui hâtera la mise en place de « l'opération d'Olmütz ».

Pour l'instant, hélas ! La Fayette suppute, imagine, combine dans le vide. Tandis qu'il a la tête pleine de projets, les maîtres de l'heure ont décidé de son sort. Ils l'ont mis devant un fait accompli qu'il n'aurait jamais pu prévoir : la Prusse, après avoir revendiqué le droit de fixer le destin des prisonniers de Rochefort, commençait à être lasse de son rôle de geôlier. Le prince Henri, frère du grand Frédéric et oncle du roi Frédéric-Guillaume, était très ouvert aux idées libérales ; il avait même essayé, sans succès, de plaider la cause de La Fayette ; bref, un climat de malaise régnait à la cour de Prusse. Aussi Frédéric-Guillaume jugea-t-il que le moment était venu de se défausser de ce prisonnier encombrant, en le faisant prendre en charge par l'Autriche.

Mais surtout, la Prusse, après la victoire de Hoche à Wissembourg, était disposée à se retirer de la coalition et à s'occuper de partager la Pologne. Les négociations engagées avec l'Autriche le 27 février 1794 aboutirent en mai ; La Fayette apprit ainsi qu'il allait être dirigé sur Olmütz.

Au vrai, il n'en fut pas autrement ému. Pour lui il ne s'agissait que d'un incident de parcours, ainsi qu'en témoigne la lettre secrète du 16 mai. Alors qu'il demande qu'on s'occupe plus activement de son éva-

sion, il sait déjà « qu'il va être transporté dans les
prisons autrichiennes ».

Mais il est loin de se douter de ce que vont lui
réserver l'Autriche et Olmütz.

CHAPITRE VI

OLMUTZ : SIX HEURES DE LIBERTE

Une lettre de Mme de Maisonneuve adressée le 15 juin à Pinckney, ministre des Etats-Unis à Londres, indique que, dès leur arrivée à Olmütz, les prisonniers ont réalisé qu'il y avait un changement dans leur régime de détention :

« Ces messieurs sont arrivés à Olmütz le 17 mai dans des voitures différentes, au milieu de la nuit, et tout de suite enfermés et séparés les uns des autres ; ils sont détenus dans un ancien couvent de jésuites, dont on a fait des casernes et qui est situé à la porte de la ville qui, seule, ne se referme qu'à onze heures du soir et s'ouvre à quatre heures du matin. »

Ce qui les indigne le plus c'est d'être traités plus durement que des prisonniers de droit commun. Ils ne sont plus que des numéros matricules :

« L'ordre de les séparer est strictement observé par le commandant et les officiers de garde, et il leur est d'autant plus difficile de communiquer entre eux que leurs domestiques leur sont ôtés, et qu'ils sont aussi gardés et séparés que leurs maîtres. Les noms de ces messieurs sont remplacés par des numéros, celui de M. de La Fayette est numéro 2, M. de La Tour Maubourg numéro 5, et M. de Pusy numéro 6. »

En outre on les a dépouillés de tout ou presque ;
un « récit abrégé des circonstances qui ont accompagné la détention de M. de La Fayette et de sa
famille » inspiré, croit-on, sinon rédigé par Adrienne,
fait revivre la scène :

« On dépouilla les prisonniers de ce que les Prussiens leur avaient laissé, et qui se réduisait à leurs
montres, leurs boucles de jarretières et de col, on leur
confisqua quelques livres dans lesquels se trouvait
le mot *liberté,* et nommément *l'esprit et le sens
commun ;* sur quoi M. de La Fayette demanda *si le
gouverneur les regardait comme objets de contre-
bande ;* on déclara à chacun d'eux, en les renfermant
séparément dans leurs cellules, « qu'ils ne verraient
plus à l'avenir que leurs quatre murailles, qu'ils
n'auraient de nouvelles, ni des choses, ni des personnes, qu'il était défendu de prononcer leur nom, même
entre les geôliers, et dans les dépêches à la Cour, où
ils ne seraient désignés que par leurs numéros, qu'ils
ne seraient jamais rassurés sur l'existence de leur
famille, ni sur leur existence réciproque, et que cette
situation portant naturellement à se tuer, on leur
interdisait couteaux, fourchettes et tous moyens quelconques de suicide. »

Ce traitement indigne fait qu'ils restent indifférents
au logement et à la nourriture qui sont, dit Mme de
Maisonneuve, bien meilleurs que ceux des geôles
prussiennes :

« Leurs chambres au rez-de-chaussée de la cour et
au premier sur la campagne sont très vastes, très
élevées et voûtées dessus et dessous et éclairées par
une grande fenêtre doublement grillée, d'où ils ont
la vue du grand chemin et d'un bras de rivière.

« On entre dans ces chambres trois fois par jour
pour leur apporter leurs repas qui sont bons et sains
par l'espèce et l'apport des aliments ; la soupe, les
légumes se mangent avec des cuillères d'étain, les

viandes avec les doigts, tout instrument piquant et
pointu leur ayant été enlevé. »

Mme de Maisonneuve est révoltée de voir que les
conventionnels Beurnonville, Camus et Bancal sont
mieux traités que La Fayette et ses compagnons :

« M. de Beurnonville se promène et se sert de son
propre domestique. Il est très remarquable que des
gens qui se soient sacrifiés pour le Roy, soient traités plus rigoureusement que ceux qui ont provoqué
sa déchéance et son supplice. »

La Fayette et ses compagnons souffrent surtout de
ne pouvoir lire aucun journal, de ne pouvoir recevoir
ou écrire aucune lettre.

Mais Mme de Maisonneuve ne se contente pas de
montrer « l'inconcevable différence de la détention
en Prusse et en Moravie » ; elle souligne le fait que
l'opinion publique en Prusse est indignée par le traitement infligé aux prisonniers d'Olmütz. Et elle
ajoute :

« Si M. de La Fayette avait eu le secours d'un coo-
pérateur étranger muni d'argent il y a longtemps
qu'il serait rendu au monde et à ses amis. »

Le tout, bien entendu, pour inciter Mr. Pinckney
à intervenir en faveur des captifs :

« Plusieurs personnes instruites et bien au fait du
manège de la cour de Vienne, m'ont assuré qu'une
somme d'argent considérable apportée à Vienne par
un négociateur adroit et un ami zélé de M. de La
Fayette, serait un moyen efficace pour obtenir sa
liberté et celle de ses compagnons. »

Mais il faut agir vite :

« Les Etats-Unis et les amis de M. de La Fayette
ne pourraient trop se presser d'agir pour sa délivrance ; sa sensibilité étant aussi extrême que son
courage et sa fermeté, on peut justement craindre
que celle de ces messieurs est à une trop forte épreuve

en ce moment-ci, pour que leur santé y puisse résister longtemps. »

Faute de pouvoir acheter leur liberté dans les jours qui viennent, il faut, tout au moins, que le régime de détention devienne plus humain :

« Il serait bien essentiel, si la négociation d'argent ne peut pas se traiter très promptement, qu'on obtînt, en attendant, que ces messieurs lisent les gazettes, qu'ils puissent écrire et surtout recevoir des nouvelles de leurs familles. De toutes les peines qu'ils éprouvent depuis vingt-deux mois, celle de savoir leurs parents et leurs amis sous le couteau des jacobins, est ce qui rend leur position si affreuse. »

Cependant les semaines passent, les prisonniers d'Olmütz sont toujours au secret le plus rigoureux. Il semble vraiment que le gouvernement autrichien les ait rayés du monde des vivants.

Le petit groupe de Londres s'émeut. Mme d'Hénin qui se félicitait, dans une lettre du 29 avril, de voir que Gilbert n'avait pas quitté Magdebourg pour la Moravie, parce qu'elle espérait toujours arriver à fléchir Frédéric-Guillaume, roi de Prusse, réalise qu'il n'y a rien à attendre de l'empereur d'Autriche, François II. Et puis, elle a sans doute l'ombre d'un remords, quand elle se souvient de certaine petite phrase de la lettre de La Fayette à La Colombe, avant son transfert de Magdebourg à Neisse : « Je voudrais qu'on se fût plus occupé de notre évasion. » Aussi est-il décidé que l'on fera tout pour arracher Gilbert à la geôle d'Olmütz.

Cheville ouvrière du complot : Justus Erick Bollmann, le médecin hanovrien qui avait déjà essayé de négocier sans succès, par l'intermédiaire du prince Henri — oncle de Frédéric-Guillaume — connu pour ses idées libérales, la mise en liberté du prisonnier de Magdebourg.

Gilbert s'était d'ailleurs ému des activités du

« jeune docteur hanovrien envoyé de Mme d'Hénin »
parce qu'elles pouvaient compromettre la réalisation
du plan qu'il avait mis au point avec Archenholtz et
Le Blanc, gardien-chef de la forteresse de Magdebourg.

Et de son côté, en faisant le bilan de l'échec de
Magdebourg, un anonyme — peut-être un jeune Américain ami de La Fayette, ou un Français qui était
en liaison avec le petit groupe de Londres — avait
jugé durement le comportement de Bollmann :

« Le médecin allemand que nous avions muni tout
à la fois et d'un mémoire direct au roi de Prusse pour
obtenir la délivrance par justice ou par politique, et
d'instructions pour tenter une évasion en cas de
refus, n'avait obtenu sous le premier rapport, que des
conférences négatives et bonnes tout au plus à éclairer sur les dispositions du personnage ; sous le
second, il n'avait pas même trouvé jour à entreprendre, il n'avait pas même été à Magdebourg, ce qui
était fausser toutes ses instructions. Il avait même
remis au hasard quelques lettres qu'il ne devait envoyer au prisonnier que par des moyens secrets et
étant sûr de son fait. Elles étaient arrivées au prisonnier ouvertes et décachetées. Heureusement, l'amie
généreuse qui est aussi l'amie prudente, avait eu
soin qu'elles ne fussent intelligibles que pour le prisonnier qui, lui-même, nous avait rassurés sur le peu
de pénétration de ses inspecteurs.

« Il résultait toujours de tout cela un sentiment de
mécontentement de notre part pour le médecin qui,
après de longues et dispendieuses courses, nous arriva vers la fin de décembre. Au milieu de beaucoup
de bonnes qualités, il a un des amours-propres les
plus désordonnés que j'aie rencontrés de ma vie. Il
fut tout étonné et tout blessé de quelques observations que nous lui fîmes sur ce qu'il s'était écarté de
nos instructions et surtout du compte que nous lui

demandâmes en gros de la dépense. L'amie généreuse avait fait quelque chose de prodigieux en tirant
de sa pauvre poche cent livres sterling mais nous en
avions emprunté 400 de plus, de côté et d'autre. Tout
cela s'était remis, mais la blessure de l'amour-propre
n'était pas cicatrisée entièrement. »

Aigreur des lendemains de batailles perdues... L'auteur de ces lignes qui ne pense qu'à charger Bollmann, ignore ou feint d'ignorer que Mme d'Hénin,
« l'amie généreuse », avait été surtout agacée, peut-
être même peinée de voir que Gilbert l'avait tenue
dans l'ignorance du plan Archenholtz-Le Blanc, et
qu'au moment où elle faisait, de nouveau, appel à
Bollmann, il l'avait adjurée de renoncer à tout autre
projet, et d'aider au financement de celui qu'il avait
mis au point avec le directeur de la revue *Minerva* et
le gardien-chef de la prison de Magdebourg. Et il
est significatif de voir que les noms d'Archenholtz et

« Bollmann ne dilapidait pas les fonds qu'il avait reçus... »

de Le Blanc ne sont même pas mentionnés dans ce réquisitoire.

Mais en mars 1794, Magdebourg et Archenholtz n'étaient plus que des souvenirs. La voie était libre pour Bollmann qui avait déjà à son actif un exploit : il avait réussi à faire passer en Angleterre, Narbonne, amant de Mme de Staël et ex-ministre de la Guerre, dont la tête avait été mise à prix.

Curieux personnage que ce Bollmann. Né en 1769, d'une famille aisée établie à Hoya dans le Hanovre, Justus Erick qui est l'aîné de six enfants — cinq garçons et une fille — fait ses premières études à Karlsruhe avant de suivre des cours de médecine à l'université de Göttingen. Le métier de docteur ne le tente guère ; en revanche il aime voyager. Les libéralités de ses parents vont lui permettre de s'offrir ce luxe et c'est ainsi qu'il débarque à Paris en février 1792, muni, selon l'usage, de quelques lettres d'introduction. Il rencontre un jeune banquier alsacien, du nom de Hersch, avec qui il partage un appartement et qui le présente à Mme de Staël, dont il devient, après la réussite de « l'opération Narbonne », l'homme de confiance. Admis dans la petite colonie française de Londres qui s'occupe activement de l'évasion du général, il prépare « l'opération Magdebourg » qu'il n'a pas le temps de mettre à exécution : La Fayette est transféré, par mesure de sécurité, le 4 janvier 1794 à Neisse en Silésie, puis remis de nouveau le 17 mai, aux autorités autrichiennes.

Il faut donc repartir à zéro. Bollmann, qui ignore le lieu de détention du général, commence une tournée d'exploration, tout au long de laquelle il se présente comme un médecin anglais fortuné voyageant pour son plaisir ; c'est ainsi qu'en circulant dans les environs de Neisse, il apprend qu'un important convoi de prisonniers a quitté la région en direction de la frontière autrichienne et que la route qu'il suit, conduit à

Olmütz ; mais il se garde bien, pour ne pas donner de soupçons, de se précipiter sur les traces du convoi ; il se rend à Brünn, puis rentre en Allemagne et c'est seulement le 27 juin 1795 qu'il arrive à Olmütz et qu'il prend pension au « Cygne d'Or ».

Son premier soin, comme il va l'expliquer dans le récit qu'il adressera de Dresde, dès sa sortie de prison le 1er août 1795, à Mme d'Hénin, c'est, bien entendu, de savoir si La Fayette est à Olmütz, et, dans l'affirmative, de faire connaître au captif qu'il se trouve dans les parages. Il se présente donc au comte Spleeny, un officier hongrois commandant de la forteresse, qui le reçoit avec une parfaite courtoisie, et qui lui apprend que La Fayette fait partie du groupe des prisonniers français. Bollmann en profite pour lui raconter pas mal de petites histoires sur La Fayette qu'il ne connaît pas personnellement, mais qui lui ont été narrées par les amis du général. Il se dit — et il voit juste — que Spleeny ouvert aux idées libérales n'a aucune raison de ne pas rapporter la conversation à son prisonnier. Il prend ensuite contact avec le chirurgien de l'hôpital militaire, le docteur Haberlein : un faible, mais une bonne nature, et un honnête homme ; de surcroît admirateur passionné de Washington, ce qui n'est pas pour gâter les choses... Bollmann, le plus négligemment du monde, lui demande des nouvelles de La Fayette. Haberlein pâlit. « Comment avez-vous su ? » balbutie-t-il. Le voilà désormais engagé. Il apprend à son interlocuteur qu'il donne des soins au prisonnier et qu'il faut attribuer aux soucis et à la tristesse, les malaises dont se plaint son patient. Il est à présumer, du reste, que La Fayette n'a pas manqué de lui dire ce qu'il ne cesse de répéter depuis le début de sa captivité : le physique, chez lui, est sous l'étroite dépendance du moral. Bollmann saisit la balle au bond :

« Je crois qu'il est de votre devoir de ne pas laisser

passer l'occasion inespérée qui s'offre à vous de lui
procurer un grand réconfort. Voulez-vous, je vous
prie, avoir l'obligeance de lui remettre cette carte
sur laquelle j'ai inscrit mon nom et mon adresse à
Vienne, ainsi que les noms de ses amis, dont je lui
fais savoir qu'ils se portent tous bien et qu'ils compa-
tissent à ses malheurs. »

Haberlein promet. Cependant le comte Spleeny,
heureux de frayer avec un Anglais, l'engage à rester
quelque temps à Olmütz pour visiter les sites pitto-
resques des environs. Mais Bollmann craint, qu'en le
voyant prolonger son séjour, Haberlein ait la puce à
l'oreille et décide de ne pas remettre la carte au prisonnier. D'autre part, il se dit que l'invitation du
comte Spleeny sera un excellent prétexte pour revenir
un peu plus tard à Olmütz ; aussi explique-t-il au
commandant qu'il ne peut, à son grand regret, accepter son offre : il lui tarde de prendre connaissance de
l'important courrier qui l'attend à Vienne ; mais il
compte être de retour dans quelques semaines, lorsqu'il aura mis ses affaires à jour.

Bollmann est, par ailleurs, convaincu qu'une évasion
n'est présentement possible que si La Fayette dispose
au moins d'un ami sûr à qui il puisse entièrement se
fier. A lui de trouver cet homme de confiance ! Peut-
être en a-t-il déjà un, car les amis ne lui ont manqué
pas plus à Neisse qu'à Magdebourg... La Fayette une
fois en possession de son adresse à Vienne, ce sera un
jeu pour cet homme de confiance de faire parvenir
le courrier jusqu'à la capitale. Et puis mieux vaut —
ce sera la conclusion de Bollmann — mettre ce projet
au point par un échange de lettres secrètes entre Vienne et Olmütz. En s'éternisant à Olmütz où sa présence
n'est d'aucune utilité tant qu'il n'a pas les moyens
d'agir, il risque d'éveiller des soupçons. Sans compter
qu'il lui manque le nerf de la guerre : il n'a pas reçu
la lettre de crédit qu'on lui a promise quand il a quitté

l'Angleterre ; de Ratisbonne il a déjà envoyé un mot
de rappel à ses amis de Londres.

De retour à Vienne, il attend en vain des nouvelles
de La Fayette. Il écrit à plusieurs reprises à Haberlein
pour lui demander comment va son malade et s'il lui
a bien remis la carte. Pas de réponse. S'il ne tenait
qu'à lui, il partirait sur-le-champ pour Olmütz, mais
la lettre de crédit n'arrive toujours pas. Au surplus,
il serait de la dernière imprudence, surtout par les
temps qui courent, de multiplier les visites à une forteresse qui ne présente aucun intérêt touristique. Le
réseau d'une surveillance policière très serrée couvre
tout le territoire de l'Empire autrichien depuis la déclaration de guerre et, plus encore, depuis l'arrestation
de ceux que l'on a surnommés « les Jacobins de
Vienne ».

Un voyageur arrive-t-il dans une ville ? On procède
aussitôt à une première enquête : Qui est-il ? D'où
vient-il ? Quelle profession exerce-t-il ? Combien de
temps séjournera-t-il ? Les policiers le « fichent »,
se déguisent pour le prendre en filature, les domestiques sont des espions, les logeurs en garnis tiennent un journal dans lequel ils relatent les faits et
gestes des étrangers qu'ils hébergent.

Autant de raisons pour Bollmann de différer son
départ jusqu'au jour où il lui sera possible d'agir. Mais
il ne perd pas son temps à Vienne ; il commence par
faire l'acquisition d'une voiture dans laquelle on peut,
sans difficulté, dissimuler une personne, de manière
à franchir, sans encombre, les portes des villes que
l'on traverse. Il achète ensuite des outils dont on
pourra avoir besoin : scies à métaux, limes d'acier,
cordes, etc., en complétant ce matériel par un appa-
reillage de son invention ; pour plus de précaution,
cet homme qui est décidément un modèle de prudence et de circonspection, prend soin de faire ses emplettes dans des quartiers éloignés les uns des autres, et

de laisser passer une ou deux semaines entre ses différents achats pour ne pas éveiller la curiosité des espions de l'hôtel ; enfin il laisse entendre à ses amis et connaissances qu'il compte faire bientôt un voyage en Hongrie. Les autorités militaires d'Olmütz n'en seront pas moins indignées, le jour du règlement des comptes, « de voir la police autrichienne laisser des gens si dangereux vaquer en toute liberté à de criminels préparatifs ».

Le 25 septembre, arrive enfin la lettre de crédit. Bollmann écrit aussitôt au comte Spleeny que ses affaires sont à jour, qu'il commence à en avoir assez de Vienne, et qu'il n'a pas oublié son aimable invitation. Il ajoute que dans ses nombreux voyages, il s'est intéressé avant tout à l'homme, et qu'il désire vivement étudier les mœurs des différentes communautés slaves établies en Moravie ; comme Olmütz lui paraît à cet égard un centre d'observations et de recherches privilégié, il sera heureux d'accepter l'hospitalité que le comte lui a, naguère, si amicalement offerte.

Spleeny lui répond par une lettre on ne peut plus polie : il attend d'un moment à l'autre l'arrivée de son successeur le comte d'Arco ; il quittera aussitôt après, Olmütz, mais il passera par Vienne où il espère le rencontrer avant de se retirer définitivement dans son domaine de Hongrie.

Réaction immédiate de Bollmann : il ne peut être question pour lui de partir avant d'être sûr que Spleeny a bien quitté Olmütz, ce qui le retarde de quelques jours. Mais dès qu'il apprend l'arrivée du comte dans la capitale, il se met en route dans la voiture dont il a fait l'acquisition et où il a dissimulé tout son attirail. Le 7 octobre il est à Olmütz et descend à l'hôtel du « Cygne d'Or ».

Le lendemain il rend visite à Haberlein et lui confie qu'il a un problème :

« Vous avez sans doute appris par les journaux de Hambourg que le gouvernement des Etats-Unis d'Amérique a mis 20 000 dollars à la disposition de M. de La Fayette. Les amis de votre prisonnier sont très embarrassés : A qui doivent-ils adresser cette somme ? Ils seraient très heureux que j'informe M. de La Fayette et que je lui demande ce qu'il faut faire de cet argent. »

Il finit par obtenir d'Haberlein qu'il remette à La Fayette une lettre ouverte en français (le chirurgien connaissait un peu cette langue), dans laquelle, après avoir évoqué l'affaire des 20 000 dollars et parlé de choses et d'autres, il termine par la phrase que voici :

« Ces quelques lignes vous en diront bien plus qu'ils n'y paraît au premier coup d'œil, si toutefois vos malheurs n'ont pas émoussé votre sensibilité, et si vous êtes capable de les lire avec la même chaleur que les lettres de la princesse d'Hénin. »

Or, sur le verso, il avait écrit au jus de citron en anglais :

« Je suis envoyé par vos amis pour être à votre service ; j'ai essayé, il y a plusieurs mois déjà, de vous faire savoir que j'étais ici, et j'ai attendu en vain de vos nouvelles. »

Bollmann qui projette une évasion de nuit pour laquelle il a réuni précisément le matériel nécessaire, scies à métaux, limes, cordes, etc., précise :

« Vous seul pouvez mettre sur pied un plan, car vous seul disposez d'éléments d'appréciation qui nous manquent ; par ailleurs, les pourparlers se poursuivent entre les puissances engagées dans le conflit, en vue d'arriver à la paix qui sera peut-être signée l'hiver prochain. Mais je tiens à vous dire que c'est avec joie et sans me préoccuper des risques personnels que je puis courir, que je participerai à la réalisation de n'importe quel projet d'évasion. »

110

Je Soussigné certifie que le Congrès des États
Unis de l'Amérique, par son acte du 27. mars 1794
(déposé en mon secrétariat,) a voté la somme de
vingt quatre mille quatre cent vingt quatre dollars
pour l'usage du citoyen La Fayette et ses héritiers
à titre d'émoluments, et d'indemnités de ses services
en Amérique; la quelle somme est maintenant
payable à ses représentants ou héritiers. Je cer-
-tifie également que le dit citoyen La Fayette a
droit à la possession et participation d'un terrain
situé sur ou près la Rivière Ohio et destiné pour
les Officiers de l'Armée Américaine; sa portion
n'étant pas moindre de qieuze cents acres.
Paris le 25. Juillet 1795. (7. Thermidor) l'an
20e de la République Américaine.

Le Ministre Plénipotentiaire des
États unis de l'Amérique près la République fran.
Jas Monroe

« Permettez-moi de demander à M. de La Fayette ce qu'il
faut faire de cet argent... »

Deux jours après, le 10 octobre, Haberlein lui remet la réponse de La Fayette écrite sur la marge d'un livre, partie à l'encre en français, partie au jus de citron en anglais : le général a parfaitement compris que la lettre de la princesse d'Hénin, à laquelle Bollmann faisait allusion, était celle qui contenait un exposé détaillé, écrit au jus de citron, du plan d'évasion de la forteresse de Magdebourg. Aussi, use-t-il du même stratagème pour faire savoir que l'évasion de nuit est impraticable, qu'il faut la tenter en plein jour à la promenade et qu'il est assez robuste pour sauter à cheval et au besoin désarmer ses gardes... Au reçu du billet, Bollmann estime qu'il faut à tout prix permettre au général de s'expliquer d'une façon plus précise et il va réaliser un tour de force : il obtient d'Haberlein que celui-ci porte à La Fayette une feuille de papier et un porte-plume d'argent pour qu'il puisse donner de ses nouvelles à Washington et à ses amis américains, mais sous la réserve que la lettre serait ouverte et ne contiendrait rien d'autre. Comme il tient, d'autre part, à montrer au général que l'évasion de nuit est praticable, il a dissimulé dans le manche du porte-plume, une petite lime destinée à scier les barreaux de la prison. Mais La Fayette, dans sa réponse, après s'être confondu en remerciements émus, avoir parlé de ses amis, de Washington à qui il compte écrire — ce qui ne manquera pas d'impressionner Haberlein, fervent admirateur du général — confirme, en multipliant par précaution les circonlocutions et les sous-entendus, qu'il préfère une évasion de jour : « Mes forces sont encore intactes et si on obtenait mon passeport, je rejoindrais lestement mes amis. Mais ma poitrine souffre beaucoup et cependant je regarde ma promenade tous les deux jours comme le plus efficace remède que je puisse faire... Je sors, les jours impairs, en redingote unie avec un chapeau rond et je ne suis point avec un

Adrienne de La Fayette. (Château de Lagrange.) *(J. da Cunha)*

Ci-dessus : Les enfants : Anastasie, George Washington, Virginie. (Château de Lagrange.)
(J. da Cunha)

A gauche : La tante et le château de Chavaniac : toute l'enfance de Gilbert. *(J. da Cunha)*

La Petite-Force : « quinze jours d'horreur »... *(B.N./Plon)*

Gouverneur Morris, ministre des Etats-Unis : il a sauvé Adrienne. *(USIS)*

Brissot : il avait compris Adrienne et souhaitait qu'elle réussît dans son entreprise... *(B.N.)*

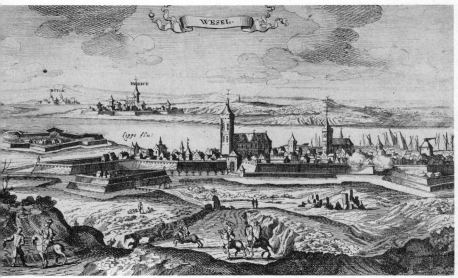

Wesel : trois mois dans la nuit. (La forteresse est à gauche.) *(B.N.)*

La Fayette mis aux fers. (Carnavalet.) *(J.-L. Charmet)*

Mme d'Hénin : de Londres elle ne cessa pas un seul jour de veiller sur Gilbert. *(B.N.)*

1773   1855

TO COMMEMORATE
THE DARING ATTEMPT TO RESCVE THE
* MARQVIS DE LAFAYETTE *
FROM THE FORTRESS OF OLMVTZ
BY
FRANCIS KINLOCH HVGER
OF THE CLASS OF
1797

Bollmann (à gauche) : l'homme d'Olmütz, et son compagnon, le jeune américain Huger (à droite). (Château de Lagrange.) *(J. da Cunha)*

Thugut, Premier ministre d'Autriche, voulait la mort des La Fayette. *(Bibliothèque nationale d'Autriche)*

Le 15 octobre 1795, à midi, elles aperçoivent enfin Olmütz. *(Bibliothèque nationale d'Autriche)*

François I er, empereur du Saint Empire romain germanique : il avait assuré à Adrienne que son mari "était fort bien traité dans sa prison"... *(Plon)*

Gilbert à Olmütz. *(B.N.)*

Anastasie traversa l'Europe sous le nom de Motier. (Château de Lagrange.) *(J. da Cunha)*

Pauline de Montagu : "la petite sœur" d'Adrienne. *(B.N.)*

Les retrouvailles d'Olmütz (crayon original d'Anastasie). Château de Lagrange. *(J. da Cunha)*

C'est avec cette gravure que Charles Fox, chef de l'opposition libérale, a tenté d'apitoyer le gouvernement anglais. (Château de Lagrange.) *(J. da Cunha)*

Fer forgé de la prison d'Olmütz. (Château de Lagrange.) *(J. da Cunha)*

Virginie. (Château de Lagrange.) *(J. da Cunha)*

Le port de Hambourg en 1798. *(B.N.)*

Ci-dessus : Lagrange : la porte de la chambre de La Fayette qui donne accès à la bibliothèque. *(J. da Cunha)*

En haut, à droite : Lagrange après le retour des La Fayette. *(J. da Cunha)*

En bas, à droite : La bibliothèque de La Fayette, son bureau, son fauteuil. *(J. da Cunha)*

Le 4 juillet 1976, sur la tombe de La Fayette à Picpus : c'est le général G.S. Brown, commandant en chef des forces américaines, qui procède à la relève du drapeau. *(Christian Boyer - "Jours de France")*

officier, mais avec le prévôt geôlier qui a l'uniforme
de caporal. C'est après-demain dimanche que je me
promène. Les moyens dont vous me parlez pour changer les dispositions des puissances à mon égard, sont
les meilleurs qu'on puisse adopter et je prie mes amis
de les suivre avec vigueur. »

Cette dernière phrase qu'Haberlein ne pouvait pas
comprendre voulait dire : « Munissez-vous de tout
l'argent possible. »

Bollmann qui réalise toutes les difficultés, tous les
aléas de l'entreprise, aurait préféré faire sortir La
Fayette de nuit en sautant les murs de la forteresse,
mais le général, au cours d'une de ses promenades,
lui jette de sa voiture une dernière lettre dans laquelle il expose de façon on ne peut plus détaillée —
tous les points sur tous les i — le plan auquel Bollmann doit se conformer ponctuellement :

« Nous sommes dans un phaéton. Personne n'est
avec moi que le caporal qui, soit dit en passant, est
affecté d'une hernie, et une grosse bête de cocher qui,
quelquefois, comme aujourd'hui, est laissé à la maison ; et alors c'est le caporal qui conduit le phaéton.
Nous allons sur différentes routes, quelquefois dans
des chemins de traverse et nous ne revenons pas toujours par le même chemin où nous sommes venus,
mais nous allons toujours jusqu'à un demi-mille allemand (une lieue) et quelquefois jusqu'à un mille
(deux lieues) de la ville. Mais supposons un demi-
mille ; vous nous rattraperez à cheval, car généralement la voiture va lentement. Ayez avec vous un
homme de confiance ; arrêtez le cocher. Je prends
sur moi de faire en sorte d'épouvanter notre timide
caporal avec son propre sabre pour que rien ne m'empêche de sauter sur le cheval de votre compagnon
qui pourra venir à quelque distance derrière moi. Si
le cocher n'est pas là, tant mieux ; s'il y est, il ne
pensera qu'à se sauver.

« Tenez compte de ceci, mon cher Monsieur, lorsque vous choisirez le moment et l'endroit où vous pourrez avoir un ou deux relais de chevaux sur la route, que personne n'aura l'idée ou l'audace ou le désir de vous faire obstacle, et, avant que le lent général allemand sache ce que nous faisons ou ce qu'il doit faire, nous serons en sûreté... Plus le projet est audacieux, plus il est inattendu, et plus il doit réussir. Et nous pouvons dire avec le poète que « la présence d'esprit et le courage dans le danger font plus que les armées pour obtenir le succès »... Je voudrais que vous puissiez me procurer des pistolets de poche pour le moment où je serai à cheval. Jusque-là je n'en ai pas besoin et le sabre du caporal sera plus que suffisant. J'espère ardemment un signal de départ, mon cher ami et je serai prêt n'importe quel jour pour l'exécution.

« Je vais vous devoir mille fois plus que la vie ; mais ne laissez pas échapper cette excellente occasion ! Tout autre moyen a des dangers ; celui-ci est certainement immanquable ! »

Cette lettre plonge Bollmann dans un abîme de perplexités et de préoccupations. L'évasion de jour à laquelle tient La Fayette exige des moyens beaucoup plus importants que l'évasion de nuit, c'est-à-dire plus d'argent et plus de temps : or, comme il le fait observer à Mme d'Hénin, il n'a pas 300 livres à dépenser ; les banquiers de Vienne savent qu'il a reçu 200 livres seulement de Londres et ils refuseront de lui faire crédit ; la question de temps est aussi épineuse que la question d'argent : pour se procurer plusieurs chevaux, engager des domestiques que l'on mettra dans la confidence, aller en Haute-Silésie à la recherche d'amis qui accepteront d'avancer la somme nécessaire à ces achats, il faut compter de six à huit semaines au moins, autant dire qu'on sera entré dans l'hiver et dans le mauvais temps qui rend les routes,

surtout celles de Pologne, impraticables, et qu'on
sera, en conséquence, obligé d'attendre jusqu'au printemps. Ainsi, différer la tentative de six à huit semaines, c'est, en fait, l'ajourner à quatre ou cinq mois.
Or La Fayette écrit : « Qui sait ce que la coalition
peut faire dans l'intervalle, contre moi ? »

Phrase sybilline que Bollmann tourne et retourne
dans sa tête ; mais, après tout, il n'a pas à savoir ce
qu'elle signifie au juste. Ce qui compte, c'est que La
Fayette n'est pas d'avis qu'il faille attendre ; du reste,
il se montre plus pressant encore lorsqu'il dit : « Ne
laissez pas passer cette excellente occasion. »

Bollmann n'en continue pas moins à peser le pour
et le contre. Faire vite avec des moyens limités, c'est
risquer de faire vite et mal. D'un autre côté, attendre,
c'est risquer de se heurter à une impossibilité absolue.
Tant de choses peuvent changer entre-temps à Olmütz : un autre horaire de promenade, d'autres gardiens, un autre commandant. Qui sait même si La
Fayette ne sera pas transféré ailleurs ?

A force de réfléchir il ramène le problème à l'alternative que voici :

Ou bien une tentative périlleuse faute de moyens
et de préparation, mais d'une simplicité telle qu'elle
peut avoir lieu dans les trois semaines ; ou bien un
ajournement à cinq mois, si ce n'est plus, en comptant
sur un succès problématique.

Il choisit sans hésiter le premier parti et il en
donne les raisons :

« Si j'avais attendu jusqu'au printemps, j'aurais
encouru un reproche auquel je n'aurais rien eu à répondre : celui de l'occasion perdue. On aurait peut-
être même douté de mon dévouement, voire de mon
honnêteté. »

Aussi écrit-il à La Fayette qu'il sera fait selon son
désir, mais il lui faut le temps de procéder aux indis-
pensables préparatifs ; sur quoi il se met en devoir

de trouver des chevaux et un valet de place. Or il n'y a pas de chevaux de louage à Olmütz : les deux qu'il pourrait acheter ne paient vraiment pas de mine et ne feraient pas l'affaire ; quant au valet de place, il ne peut mettre la main que sur un grand couard. Il fait donc savoir à La Fayette qu'il n'a ni chevaux de selle, ni ami, ni domestique qu'il puisse mettre dans la confidence ; qu'il ne les trouvera pas ailleurs qu'à Vienne et qu'en conséquence, il part pour la capitale en espérant être de retour dans une quinzaine de jours. Cette lettre, comme toutes les autres, est écrite partie à l'encre, partie au jus de citron.

Bollmann prend soin d'y glisser des nouvelles, d'insister sur certains points apparemment d'importance, pour que le chirurgien se sente moralement tenu de les remettre au prisonnier. Il a, une fois pour toutes, jaugé Haberlein :

« C'est un homme prudent et craintif. Impossible d'obtenir qu'il prenne ouvertement le parti de La Fayette. On ne peut compter que sur ses sentiments d'humanité et sur sa nature foncièrement bonne. »

Il part donc pour Vienne où il arrive le surlendemain. Est-ce le 16 ? le 18 ? le 20 ? Impossible de le déterminer exactement. D'ailleurs cette question de date ne tire pas à conséquence. Ce qui compte, c'est que Bollmann va s'ouvrir de ses projets à un jeune Américain Huger et que celui-ci acceptera de devenir son complice. Ici encore, un point n'a pas été éclairci : s'agit-il d'une rencontre « miracle » ? On le pensait généralement, mais Bollmann, dans sa lettre du 1er août 1795 à Mme d'Hénin — lettre découverte dans les archives de Lagrange — est formel :

Il avait fait, au cours de ses précédents séjours à Vienne, la connaissance de Huger qui fréquentait, comme lui, les restaurants à clientèle étrangère et les maisons de jeu de la capitale. Huger lui avait dit qu'il était Américain, qu'il connaissait Pinckney, ministre des Etats-Unis à Londres, ainsi que la princesse d'Hénin elle-même. Aussi estima-t-il qu'il tenait en lui l'homme sûr à qui il pouvait, en toute confiance, s'ouvrir de ses projets.

Les tenants de la rencontre « miracle » ont une objection toute prête : si Bollmann connaissait déjà Huger, pourquoi ne lui a-t-il pas, dès leur première rencontre — sachant qu'il était en relation avec Pinckney et la princesse d'Hénin — fait part de son projet ? Mais à y regarder de près, ce qu'avance Bollmann est tout à fait plausible. Tant qu'il pensait à une évasion de nuit n'exigeant que des moyens limités, il n'avait pas besoin de complice. Mais l'évasion de jour a tout changé. Au surplus, La Fayette dans sa dernière lettre a été formel : « *Ayez avec vous un homme de confiance.* » Cet homme de confiance, ce sera, précisément, Huger.

Ici encore, du reste, il ne s'agit que de divergences insignifiantes. Bollmann et Huger sont entièrement d'accord non seulement sur le climat général de l'entretien qu'ils ont eu, mais sur ce qui s'y est dit de part et d'autre. Bollmann écrit à Mme d'Hénin :

« J'eus la joie de le voir s'engager dans cette entreprise, sans aucune hésitation, que dis-je ! avec allégresse. Pour lui c'était un témoignage de reconnaissance qu'il allait donner au nom de sa patrie et dont il espérait être personnellement le bénéficiaire. »

Et Huger, dans *Figures of the past,* confirme :

« Le docteur Bollmann me mit dans la confidence de son projet et sollicita mon concours. Je compris qu'il était de mon devoir de faire l'impossible pour l'aider à réussir. »

Il ne leur reste plus qu'à pousser activement les préparatifs. Bollmann commence par faire l'acquisition de deux chevaux et engage un groom qui prendra soin d'eux. L'affaire a été négociée par un expert : le valet de chambre du comte L... qui occupe à la cour de Vienne un poste d'importance et chez qui le docteur a été reçu dans l'intimité. Aux questions indiscrètes qu'on lui pose, Bollmann répond que les deux montures sont destinées à son compagnon de voyage M. H., qui estime que c'est à cheval que l'on peut le mieux jouir de la beauté du paysage. Il ajoute que M. H. ne connaît pas la langue du pays dans lequel il n'a du reste aucune relation. Même consigne de silence à l'égard du groom, qui ne mettra jamais les pieds dans la maison et s'occupera exclusivement des chevaux qui ne sortiront pas de l'écurie jusqu'au jour du départ.

Ce jour arrive enfin. Bollmann et Huger quittent Vienne, munis de passeports qui indiquent qu'ils vont dans la direction de Prague. Le groom les a précédés de vingt-quatre heures ; il doit les attendre à Znaim sur la route de Prague. Enfin, pour donner le change sur la destination finale de leur voyage, ils ont fait savoir qu'ils avaient l'intention de visiter la Bohême puis de se rendre de Prague à Dresde.

Le 2 novembre ils sont à Znaim. Le 3, ils traversent la Bohême et arrivent dans la soirée à Brünn. Un jour de repos pour les chevaux ; ils repartent le 5 au matin et atteignent Olmütz dans le courant de l'après-midi.

Ici Bollmann ouvre une parenthèse dans son récit : Mme d'Hénin, dit-il, a dû certainement être surprise de voir qu'il n'y avait que deux chevaux disponibles pour trois cavaliers : La Fayette, Bollmann et Huger. Il était impossible, pourtant, d'avoir un troisième cheval, car on aurait été dans l'obligation d'engager un domestique de plus, ce qui représentait une dépense considérable ; par ailleurs, il aurait fallu, d'une manière ou d'une autre, mettre cet homme dans la confidence, et c'était risquer gros. Mais Bollmann, qui est un scrupuleux, prête à Mme d'Hénin une nouvelle objection :

« Pourquoi Huger n'aurait-il pas monté le troisième cheval en se faisant passer pour le domestique de Bollmann ? — Impossible, répond le médecin, Huger l'ami riche pour qui on achetait des chevaux, ne pouvait pas tomber à l'emploi de domestique. »

Il n'en demeurait pas moins que deux chevaux pour trois cavaliers cela faisait un cheval de moins que le compte. Mais, ajoute Bollmann, la générosité et le désintéressement de Huger leur permirent de sortir de l'impasse : l'Américain lui dit qu'il essaierait de s'enfuir à pied. Pour lui faciliter la tâche, le Hanovrien lui donna un certificat attestant qu'il était son domestique, qu'il était tombé malade à Brünn et qu'il avait ordre de rejoindre son maître à Berlin. Il y joignit un vieux passeport et un bout de carte qui permettrait à Huger de se diriger à coup sûr.

6 et 7 novembre : repos pour les chevaux.

8 novembre : voici enfin le grand jour. Bollmann commande quatre chevaux de poste et dit au groom — qui n'est au courant de rien — de gagner Hof, deuxième relais de poste situé à vingt-cinq milles d'Olmütz, et d'y tenir prêts quatre autres chevaux sur le coup de quatre heures et demie ; il a, en effet, avec Huger, l'intention de le suivre à cheval, de laisser leurs montures à Hof et de continuer jusqu'à Troppau où ils comptent s'arrêter chez des amis.

Maintenant tout est prêt, l'aventure va commencer. Bollmann et Huger déjeunent comme d'habitude et quittent Olmütz à une heure et demie ; La Fayette doit se préparer à partir pour sa promenade quotidienne, s'il n'est pas déjà parti. Bollmann lui a demandé de prendre, si possible, la route de Silésie sur laquelle ils iront à sa rencontre et de leur faire signe, en agitant son mouchoir, qu'ils peuvent déclencher l'opération.

Les voilà donc qui s'éloignent rapidement de la ville. Ils ont bientôt parcouru près d'une lieue, mais

ils ont beau scruter la route qui s'allonge devant eux :
pas de voiture en vue. Qu'est-ce qui a pu se passer ?
Bollmann réfléchit un instant et conclut : « Nous
sommes sans doute en avance. » Ils font demi-tour
et, après avoir trotté quelques centaines de mètres,
ils aperçoivent l'attelage qui vient à leur rencontre
et qui bientôt arrive à leur hauteur.

La Fayette est assis sur le siège avec, à ses côtés,
le caporal. Derrière eux, debout, un simple soldat : le
conducteur est perché sur le box. Aussitôt qu'il reconnaît les deux complices, La Fayette les salue et leur
fait signe en agitant son mouchoir comme convenu.
Ils commencent par dépasser la voiture puis ils ra-
lentissent de manière à se placer derrière elle. Ils se
trouvent près du village de Qualxowitz et la grand-
route est trop fréquentée pour qu'ils puissent passer
incontinent à l'attaque.

La voiture, abandonnant la grand-route, prend à
travers champs ; elle avait parcouru deux cents mètres environ, lorsque La Fayette en descend avec le
caporal qui tient son prisonnier par le bras gauche.
Ils se mettent à marcher tandis que la voiture avance
lentement. La Fayette avait dû habituer le caporal
à ce petit exercice en le persuadant que la marche
était nécessaire à sa santé. Bollmann et Huger les
rejoignent alors pour exécuter le plan qu'ils avaient
soigneusement mis au point. Huger devra rester à
cheval et tenir la bride de la monture de Bollmann,
tandis que celui-ci mettra pied à terre et s'occupera
de débarrasser La Fayette de son caporal. Donc, dès
qu'ils arrivent à la hauteur de La Fayette, Bollmann
saute à terre et tend la bride à Huger. La Fayette,
en les voyant approcher, saisit la poignée du sabre
du caporal dont la lame était à demi dégainée ; Bollmann bondit sur l'homme et le désarme. Mais tout
en appelant à l'aide en hurlant, le caporal saisit La
Fayette par le cou et ses ongles labourent les chairs

si profondément qu'ils arrachent — Bollmann l'apprendra plus tard — des lambeaux de peau. Tandis que le Hanovrien lutte pour dégager La Fayette, Huger saute à terre et, tenant toujours la bride de son cheval, braque son pistolet sur le caporal, tandis que La Fayette crie : « Il m'étrangle ! Tuez-le ! »

Le tuer ? Il ne pouvait en être question. Le meurtre d'un homme qui, après tout, ne faisait que son devoir, aurait eu les conséquences les plus graves : pour ne parler que de Huger, il lui eût été impossible de s'éloigner, en marchant à pied, du lieu du combat. Aussi les deux complices avaient-ils pris la précaution de charger à blanc les pistolets qui étaient destinés seulement à faire peur au caporal ; mais ils en avaient sur eux deux autres chargés à balles qu'ils utiliseraient en cas de légitime défense. Du reste, Bollmann vint rapidement à bout du Prussien qui tomba lourdement. La Fayette tomba avec lui, mais il se dégagea et se releva aussitôt. La scène s'était jouée à quelque cent mètres de la voiture et elle avait eu comme spectateurs quelques paysans qui travaillaient dans les champs. Le soldat qui se tenait debout à l'arrière de la voiture avait été saisi d'une telle frayeur qu'il s'était mis à courir à toutes jambes vers la ville. Impossible de chercher à le rattraper : la grand-route était très fréquentée ce jour-là.

Jusque-là tout s'est passé comme prévu. Mais Bollmann s'aperçoit, tout en maintenant le caporal à terre, qu'ils ne disposent plus que d'un cheval ; l'autre, effrayé par la bagarre, s'est mis à ruer et a pris le large. La Fayette enfourche le cheval de Huger ; Bollmann s'adresse alors à lui :

« Comme vous le voyez, nous n'avons malheureusement qu'un cheval ; plutôt que d'être faits tous trois prisonniers sur place, mieux vaut que vous — au moins — vous tentiez de vous sauver ; suivez tou-

jours la grand-route et gagnez le deuxième relais. Si
je le puis, je vous suivrai. »

La Fayette, donc, s'éloigne au galop ; Bollmann,
qui a maintenu le caporal à terre, desserre son
étreinte ; l'homme aussitôt court comme un perdu à
la poursuite de La Fayette, sans plus se soucier de
Bollmann et de Huger qui ont réussi à récupérer leur
cheval : un paysan l'avait arrêté à trois cents mètres
environ de là. On lui glisse quelques pièces dans la
main et il le leur rend ; il a été convenu que Bollmann
seul montera et que Huger partira à pied ; mais l'Allemand estime qu'il est de son devoir de soustraire
le plus vite possible Huger à la vue des paysans qui
ont assisté à la bagarre ; aussi lui demande-t-il de
monter à deux ; mais la bête rue, bronche et les voilà
à terre : le poignet droit éraflé et l'œil gauche au
beurre noir pour Bollmann, la poitrine meurtrie pour
Huger. Celui-ci insiste pour que Bollmann se lance
seul à la poursuite de La Fayette. Le Hanovrien finit
par accepter.

La grand-route est en émoi. Bollmann voit un
paysan piquer des deux sur les traces du fugitif. Il
le rattrape et lui crie : « Moi-même je le poursuis ;
mon cheval est plus rapide que le vôtre ; bientôt je
l'aurai rejoint ; ne vous donnez pas tout ce mal. » Le
paysan fait demi-tour et Bollmann continue en direction de Sternberg, le premier relais de poste à douze
milles environ d'Olmütz. Tout le long de la route et
aux abords même de la ville, les gens lui répètent :
« Vous le rattraperez bientôt, il n'est pas loin. »

Il traverse Sternberg et continue sur la grand-route
qui conduit à Hof, le deuxième relais où il a donné
rendez-vous à La Fayette. Il est à environ huit milles
de la ville lorsqu'il s'inquiète de savoir si le fugitif a
bien suivi cette route : personne n'a aperçu le cavalier. Que faire ? Sans aucun doute La Fayette a dû
prendre pour la grand-route un chemin qui s'en va

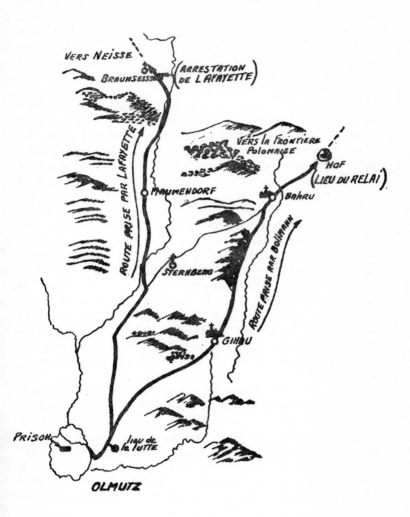

vers la gauche. Mais quel chemin ? Tous, il est vrai, conduisent à la frontière et la frontière n'est pas loin. Bollmann en arrive à cette conclusion que le mieux pour lui est de gagner Hof. Ce faisant, il peut faciliter la fuite de La Fayette en donnant le change à d'éventuels poursuivants sur la route qu'il a empruntée.

A Hof où il trouve la voiture et les quatre chevaux de poste qu'il avait commandés, il dit au groom que M. H. a rencontré un vieil ami chez lequel il s'est arrêté et qu'ils ont rendez-vous à Breslau ; il lui ordonne, en même temps, de le suivre à vingt-quatre heures d'intervalle ; il franchit la frontière du côté de Troppau entre dix et douze heures et arrive à Ratibor à deux heures du matin. De là, il pourrait gagner Tarnowitz sur la frontière polonaise, où il n'aurait plus rien à craindre de la police autrichienne. Mais ce serait abandonner La Fayette à son sort, donc le trahir ou presque. Peut-être erre-t-il en ce moment même sur les routes, ne sachant au juste quelle direction prendre. Bollmann se doit de l'aider jusqu'au bout. Aussi décide-t-il de se rendre, en suivant la frontière, jusqu'à Waldenburg où il a un ami très sûr, à qui il compte demander de lui prêter un de ses domestiques et deux de ses chevaux pour revenir vers la frontière autrichienne et aller à la découverte du fugitif.

Il est à peine descendu de voiture qu'un détachement commandé par un sous-officier porteur d'un mandat d'amener, se précipite sur lui et le met en état d'arrestation. Il est néanmoins autorisé à prendre contact avec son ami à qui il remet un passeport et une somme d'argent en le priant de les confier à un homme sûr qui ira à la recherche de La Fayette et lui prêtera aide et assistance s'il réussit à le retrouver.

Mais Bollmann raisonne et combine en pure perte. Il apprend bientôt que La Fayette, sans avoir eu personne à ses trousses, a été arrêté à Braunseissen à vingt-cinq milles environ d'Olmütz. Voici comment, selon lui, les choses se sont passées :

« Comme je le lui avais recommandé, M. de La Fayette suivit la grand-route. Malheureusement, il y a à Sternberg deux portes en dehors de celle par laquelle on entre en venant d'Olmütz ; l'une fait face très exactement à la porte d'Olmütz ; c'est elle que vous apercevez dès que vous entrez dans la ville ; elle conduit à une route qui va à Braunseissen ; l'autre porte, qui conduit à la grand-route et à Hof, n'est pas visible de prime abord. Il faut, pour y arriver, prendre une rue à droite ; M. de La Fayette, dans sa hâte, est passé par la première de ces portes ; mais il venait tout juste de la franchir quand il se rendit compte qu'il n'était plus sur la grand-route. En effet toutes les grand-routes de l'Empire sont aisément reconnaissables : elles sont larges et bordées, de chaque côté, par une rangée d'arbres et un fossé profond. Il a donc dû demander son chemin ; de cela je suis sûr ; mais soit qu'il se soit exprimé maladroitement, soit qu'on l'ait mal renseigné, il a continué à suivre la route qui conduit vers Braunseissen, alors qu'il lui suffisait d'obliquer légèrement à droite pour retrouver la grand-route. J'ai su, depuis, qu'il avait traversé Sternberg dix minutes à peine avant moi. »

Comme La Fayette approchait de Braunseissen et qu'il ne savait pas au juste où il était, il rencontra un habitant de cette petite bourgade commerçante. En bavardant avec lui, il apprit qu'il était tanneur de son métier et qu'il possédait un cheval. Il lui demanda alors de faire un bout de chemin avec lui pour lui indiquer la route de Neisse. L'homme regardait d'un œil soupçonneux ce cavalier qui montait un cheval de prix et qui lui offrait une forte somme pour faire quelques pas en sa compagnie. Pourtant, il lui promit de lui servir de guide, et laissant là La

Fayette, il alla chercher son cheval ; mais au lieu
de se rendre directement à sa demeure, il courut informer un magistrat de la ville, une manière de juge
de paix. Ce faux bonhomme lui dit qu'il ne voyait
dans tout cela rien qui pût prêter à soupçon, et qu'il
pouvait tenir sa promesse ; le tanneur retourna donc
à l'endroit où il avait laissé La Fayette, mais, dans
l'intervalle, l'autre avait placé plusieurs hommes en
embuscade près d'un passage étroit que devaient
emprunter les deux hommes. Dès que La Fayette et
son guide s'engagèrent dans le passage, La Fayette
fut arrêté et amené au juge de paix qui lui demanda
quel était son nom et s'il avait un passeport. La
Fayette lui répondit de façon fort adroite : il était
officier des douanes à Neustadt, petite ville près de
Neisse, et il n'avait pas de passeport parce qu'il avait
quitté Neustadt sans autorisation de ses supérieurs ;
il désirait, en effet, monter le plus vite possible une
affaire à Olmütz ; entre-temps, il avait perdu son
chemin et, comme il lui en coûterait cher de ne pas
être de retour chez lui avant la nuit, il espérait qu'on
ne le retiendrait pas davantage et qu'on lui permettrait de reprendre la route avec son guide. Le juge
de paix, marchand de son état, ne se serait certainement pas opposé au départ de La Fayette, mais
son secrétaire, un Italien qui était entré dans la salle
au moment où La Fayette en sortait, n'eut qu'à le
regarder pour s'écrier : « Je connais ce monsieur ;
c'est le général de La Fayette. Il faisait partie du
convoi de prisonniers qui a traversé la ville, en direction d'Olmütz. » La Fayette, voyant qu'il était
découvert, dit au juge de paix qu'il le couvrirait d'or
si on lui rendait la liberté. Réplique du magistrat :
« Je n'ai que faire de votre argent, car je suis riche
et je suis, de surcroît, tout dévoué à la personne de
l'Empereur que je sers avec désintéressement. D'ailleurs il serait impossible de cacher à la population

que vous êtes M. de La Fayette puisque mon **secré-taire**, ainsi que toutes les personnes présentes, le savent déjà. » La Fayette, se rendant compte qu'il n'arriverait pas à circonvenir cet homme, s'assit tranquillement et demanda qu'on lui servît un bon souper. Pendant qu'on s'affairait à la cuisine, il eut une longue conversation avec une jeune femme d'agréables manières qui donnait le sein à un enfant. « J'ai aussi une femme et des enfants, lui dit-il, mais je suis sans nouvelles d'eux » ; la jeune femme émue s'efforça de le réconforter. Il manifesta alors le désir d'avoir des journaux et demanda, avec insistance, si l'on pouvait espérer voir la paix signée bientôt. Il soupa de bon appétit et peu après il sombrait dans un profond sommeil. Le lendemain on le fit monter dans une voiture escortée par un garde à cheval qui prit la direction d'Olmütz.

Pendant tout le voyage et au moment même d'entrer dans Olmütz, il ne cessait de s'inquiéter du sort de ses deux amis ; en apprenant qu'ils avaient été arrêtés (en fait Bollmann était encore libre), il parut plus affecté par leurs malheurs que par les siens.

Esprit d'entreprise, courage physique à toute épreuve, fidélité à ses amis, une énergie indomptable qui le met toujours, quoi qu'il arrive, au-dessus de l'événement : on s'explique que Gilbert, malgré ses légèretés, malgré ses erreurs, ait pu rassembler autant d'inconditionnels prêts à le suivre jusqu'à la mort.

Dans le récit beaucoup plus bref que fait Huger de l'événement, ce qui frappe dès le départ, c'est le saisissement du jeune Américain au moment où la voiture de La Fayette arrive à sa hauteur. Saisissement dont la raison — bien qu'il ne la précise pas — s'explique aisément : la nuit du 13 au 14 juin 1777 — il avait quatre ans à peine —, ce fils d'un riche plan-

teur de la Caroline du Sud dormait d'un profond
sommeil lorsque des coups, frappés à la porte, mirent
la maisonnée en émoi : La Fayette et ses compagnons,
qui venaient de débarquer dans la baie de Charleston,
demandaient asile à cette demeure dont ils avaient
vu briller au loin les lumières. Tout au long de son
enfance il allait vivre en imagination l'extraordinaire
apparition du héros de l'indépendance américaine,
date inoubliable dans la vie de la famille Huger...

Or voici qu'à cette minute précise, il voyait le héros, le héros le voyait aussi et lui faisait signe de
la main...

Il en était bouleversé au point que, pendant quelques instants, il ne put que murmurer : « C'est lui !...
C'est lui !... »

Pour le reste on ne relève entre les deux récits que
des différences de détail : le caporal s'est emparé du
foulard de La Fayette... C'est le miroitement de la
lame du sabre au soleil qui a effrayé un des chevaux..., etc., différences inévitables si l'on considère
la rapidité avec laquelle s'est déroulée l'action, l'état
de tension nerveuse de Bollmann et de Huger qui,
obligés de faire face à des difficultés imprévues,
n'avaient pas le loisir de tout observer, de tout noter
avec précision.

Il y a une divergence plus accusée quant au départ
de La Fayette. Bollmann dit que c'est lui qui s'est
adressé à La Fayette pour l'adjurer de partir seul et
de gagner le deuxième relais de l'itinéraire Hof, qu'il
ne nomme pas d'ailleurs. Huger affirme que c'est lui
qui a supplié La Fayette de se sauver et il ajoute :

« Je lui criai : « Get to Hof ! » Malheureusement
pour lui et pour nous. il comprit : « Get off » ; c'est
cette malheureuse erreur qui l'a perdu. Si j'avais parlé français, si je lui avais dit : « Allez à Hof ! », il n'y
aurait pas eu de méprise possible, le plan aurait

réussi ; comme il a cru entendre « get off », c'est à dire « filez », il est parti à l'aventure. »

Le vrai c'est qu'ils ont pu, sans s'en rendre compte, adresser l'un et l'autre la même prière au général.

La suite de la chevauchée de Gilbert nous met en présence de deux versions assez éloignées l'une de l'autre. Mais ici ce n'est pas l'Américain dont le récit : « How the colonel told the story » est très discret, très réservé, qui contredit Bollmann, c'est une historiographe américaine, Constance Wright. Voici en substance ce qu'elle écrit : « La Fayette a galopé au hasard jusqu'à ce qu'il arrive à un panneau qui portait l'indication suivante : Hof à droite, Jagersdorf à gauche. Il a pris à l'aveuglette le chemin de gauche et il a été arrêté peu de temps après. » Il est à noter que Constance Wright, qui n'a sans doute pas eu connaissance de la lettre de Bollmann à Mme d'Hénin, parle de Jagersdorf et ne mentionne pas Sternfeld. Le point est d'importance car il s'agit de déterminer exactement l'endroit où La Fayette a pris la mauvaise route et non loin duquel il a été arrêté.

La lettre secrète de remerciements qu'Adrienne adressera d'Olmütz le 23 mai à Bollmann, donne une vue objective de l'événement. Elle confirme *indirectement* que La Fayette n'a pas compris qu'on lui criait d'aller à Hof ; d'autre part, en ce qui concerne l'erreur d'itinéraire qui a perdu Gilbert, elle montre que Bollmann dans ses conjectures n'était pas très éloigné de la vérité :

« M. de La Fayette voudrait pouvoir vous expliquer lui-même comment, après s'être arrêté sur la route, malgré ce que vous lui aviez dit, pour vous voir à cheval, obligé de marcher ensuite parce que le sang et la boue attiraient l'attention sur lui, s'étant arrêté de nouveau, et même dans son inquiétude pour vous deux, étant revenu un moment sur ses pas, il avait été forcé de retourner vers Sternberg et, ayant des raisons de croire que vous aviez coupé à travers champs, il avait cherché à vous rattraper avant cette ville, quoiqu'il souffrît beaucoup de sa première chute ; comment, enfin, ne connaissant pas le nom de Hof et connaissant la route directe de Silésie par laquelle il était venu en voiture et ne pouvant faire beaucoup de questions sans être remarqué, surtout avec l'étrange figure qu'il avait, il finit par être arrêté. »

Mais ce qui ressort surtout de la lettre d'Adrienne, c'est que les divergences entre les différentes versions de l'événement, si elles peuvent piquer la curiosité de l'historien, sont insignifiantes au regard de l'ensemble de l'événement. Adrienne et Gilbert, en effet, confondent Bollmann et Huger dans le même sentiment de reconnaissance et d'admiration :

« Vous jugez bien que, dès les premiers instants de notre réunion, nous eûmes à satisfaire l'avide impatience qu'avait M. de La Fayette d'entendre parler de vous. C'est de lui que nous apprîmes avec attendrissement et admiration, toutes les circonstances dont nous n'avions encore connu qu'une partie. Nous savions tout ce que vous aviez fait en Prusse. Nous sûmes alors combien de temps, d'efforts et d'adresse il vous fallut à Olmütz pour correspondre avec lui. Nous connaissions votre courageuse tentative, mais nous ignorions avec quelle générosité vous adoptâtes cette idée de M. de La Fayette, avec quel zèle, après avoir épuisé tous les autres moyens de le servir à Vienne, vous aviez préparé cet enlèvement. Je ne puis vous peindre à quel point nous avons été émues par tous les détails de cette journée dans laquelle vous et M. Huger avez été si intrépides, si délicats, si indifférents à votre propre sûreté et si dévoués à l'unique idée de sauver celui qui nous en parlait avec un bien juste enthousiasme. »

Les jeunes « fayettistes » — américains ou fran-

çais ? — qui avaient critiqué Bollmann lors de l'échec de la tentative Archenholtz à Magdebourg en novembre 1793, sont plus durs encore à son égard dans le rapport qu'ils font, en mai 1795, sur l'échec d'Olmütz :
« Nous voyons dans tout son jour l'imprudence d'une entreprise cachée à ceux sans lesquels on ne pouvait ni ne devait se la permettre ; à ceux qui avaient seuls la correspondance du pauvre prisonnier, à ceux entre les mains de qui on avait laissé les moyens, les plans, les lettres envoyées par le prisonnier. Enfin, ce qui met le comble à notre indignation et à notre désespoir, c'est qu'en instruisant des faits et en comparant les dates, nous découvrons que le médecin est parti pour cette nouvelle entreprise au mois de mars et a couru toute l'Allemagne en grand seigneur, jusqu'au mois d'octobre. Or au mois de mai notre pauvre ami était encore à Neisse, maître adoré de tout ce qui l'environnait à trois lieues de la frontière ; or si on ne nous eût pas caché l'entreprise et le départ du mois de mars, nous aurions adressé le partant à Neisse où on l'a attendu jusqu'au 17 mai, et nous lui aurions donné tous les moyens que nous tenions du prisonnier et que nous avions nous-mêmes. »

Mme de Maisonneuve fait entendre le même son de cloche dans une lettre de juin 1794 à la princesse d'Hénin :

« Votre ami a attendu trois mois Bollmann à Neisse. Il l'attend sûrement encore à Olmütz puisqu'il n'a pas vu votre dernière lettre. Si ce monsieur était arrivé, il aurait trouvé tout préparé, car il ne manquait que lui pour l'exécution. »

Il suffit, pour montrer combien ces jugements passionnés sont téméraires, de rappeler que le 29 avril, Mme d'Hénin écrivait à Gilbert que sa lettre du 8 avril l'avait rassurée car elle ignorait où il se trouvait. Elle le croyait déjà en Moravie sous le contrôle du gouvernement autrichien ; mais puisqu'il était encore à Neisse, en terre prussienne, elle l'engageait à attendre patiemment un geste de clémence du roi Frédéric-Guillaume. Certes, elle pensait toujours à une possibilité d'évasion, mais dans l'ignorance où elle était restée du lieu de détention de Gilbert, elle se voyait obligée d'aller, si l'on peut dire, à tâtons : d'où le départ de Bollmann pour le voyage d'exploration qui, on l'a vu, devait le conduire de Magdebourg à Neisse et enfin à Olmütz. Mais même à supposer que Bollmann, dûment informé, eût quitté Londres fin avril à destination de Neisse, c'était pure folie de s'imaginer qu'il aurait pu réussir le tour de force de faire le voyage de Londres jusqu'à Neisse, d'étudier les lieux, de prendre contact avec le personnel de la forteresse, d'entrer en communication avec La Fayette, de mettre au point avec lui un plan d'évasion et de l'exécuter, alors qu'il ne disposait que de quinze jours avant le départ de Gilbert pour Olmütz (30 avril — 15 mai). Et pour mettre encore plus en évidence la légèreté des jeunes « fayettistes », il faut également rappeler que la lettre de Mme d'Hénin, datée du 29 avril, n'était pas parvenue à Gilbert au moment où il quitta Neisse. Croit-on que Bollmann aurait pu, dans l'organisation et l'exécution du projet d'évasion, aller plus vite qu'une lettre ?

Enfin le Hanovrien, à en croire ces accusateurs, a vécu tout au long de son voyage en grand seigneur et il a dilapidé les fonds qui lui avaient été remis. Or une note de sa main, à son retour d'Allemagne, après la tentative avortée d'Archenholtz-Le Blanc, montre qu'il rendait scrupuleusement compte de l'argent qu'il recevait et de celui qu'il dépensait :

« J'ai reçu de Mme la princesse d'Hénin, en partant, 100 livres sterling. Après, principalement par M. de Lally-Tollendal, 500 livres sterling.

« De cet argent j'ai dépensé au total 200 livres

sterling. Reste 380 livres sterling, que j'ai rendues à Mme la princesse d'Hénin.

« 8 février 1794 — J.E. Bollmann »

Voilà qui suffirait à le disculper. Mais il était bon qu'Adrienne — qui, pendant les huit mois qu'elle a passés en France à sa sortie de la prison Delmas, a eu connaissance par Mme d'Hénin du dossier de l'évasion vue de Londres — confirmât l'inanité des accusations portées contre Bollmann, en rendant à celui-ci, dans la lettre dont on a lu quelques extraits, l'hommage de gratitude et d'admiration qu'il méritait bien.

.*.
* *

Tandis que Bollmann allait à la recherche de Gilbert, puis, l'ayant trouvé, mettait au point avec lui tout au long de l'été et pendant une partie de l'automne le plan d'évasion, le petit groupe de Londres continuait d'agir par la voie diplomatique pour obtenir un adoucissement du régime de détention. Le 7 octobre 1794 Lally-Tollendal écrivait au comte de Starhemberg, ambassadeur d'Autriche en Angleterre :

D'abord pour lui dire son étonnement de n'avoir pas reçu de réponse à la lettre qu'il avait emportée au commandant de la forteresse d'Olmütz :

« C'était une lettre ouverte pour M. de La Fayette à qui je disais uniquement : « Votre femme, vos enfants, vos parents et amis intimes sont encore en vie. » Je demandais que de son côté, sous la même inspection et par le même intermédiaire, M. de La Fayette pût écrire à sa femme : « Je vis encore. » Je n'ai reçu aucune nouvelle du commandant autrichien. Très exactement, ma lettre a été perdue. Je me croirais presque coupable d'en douter. »

Ensuite, pour prier Starhemberg de faire parvenir au prisonnier coupé du monde, une lettre ouverte dans laquelle il disait notamment :

« Respirez, mon cher La Fayette, votre femme est libre, elle est en Auvergne avec vos enfants. Elle avait été condamnée à mort le dernier jour du règne de Robespierre ; elle a été rendue à la vie et à la liberté aussitôt après le supplice de ce monstre. Elle n'a qu'un cri pour avoir de vos nouvelles. Ecrivez-lui une ligne pour l'assurer de votre existence, et lui parler de l'état de votre santé qui nous inquiète tous. Elle a eu le malheur de perdre sa mère, et une de ses sœurs que vous pleurerez, la vicomtesse de Noailles. Les consolations que je vous donne sont bien mêlées d'amertume. Le pauvre maréchal de Mouchy et sa femme, la maréchale de Noailles ont aussi cessé de vivre, c'est-à-dire de souffrir. Je vous dis tout ce que vous avez perdu afin que vous soyez bien rassuré sur tout ce qui vous est conservé. »

Il faut noter, au passage, que Lally-Tollendal croit qu'Adrienne a été libérée aussitôt après la réaction thermidorienne, alors qu'elle ne sortira de prison que le 21 janvier 1795.

Starhemberg, tout en relevant l'allusion que Lally-Tollendal a faite dans sa lettre au libéralisme et à l'humanité de Frédéric-Guillaume, lui adresse une réponse prometteuse :

« M. de Starhemberg a l'honneur de présenter son hommage à M. le comte de Lally-Tollendal ; il a reçu la lettre qu'il lui a fait l'honneur de lui écrire ainsi que l'incluse pour M. de La Fayette. Il croit pouvoir l'assurer qu'elle lui sera certainement remise ainsi que l'ont été toutes celles qu'on lui a adressées depuis qu'il est le prisonnier de S.M. L'Empereur dont l'humanité ne le cède certainement pas à celle de S.M. Prussienne. Reçu le samedi 11 octobre 1794. »

Or Starhemberg ment ; *il sait parfaitement qu'aucune lettre n'a été remise à Gilbert,* et que celle de Lally-Tollendal ne le sera pas davantage.

Ce mensonge serait déjà inquiétant, même s'il ne

devait pas y avoir de tentative d'évasion ; après la tentative du 8 novembre, il laisse présager que La Fayette, Bollmann et Huger paieront cher leur exploit.

De fait, Huger, qui a été ramassé à bout de forces moins d'une heure après sa fuite, au bord d'une route, alors qu'il avait essayé en vain de se procurer à prix d'or une monture, est, dès son arrivée à Olmütz, noyé dans la foule des prisonniers de droit commun : voleurs, bandits, truands de toute espèce ; peu de temps après il sera jeté dans une étroite cellule et littéralement rivé au sol par des chaînes qui lui permettront tout juste de se déplacer d'un pas.

Bollmann le rejoindra quinze jours après ; déshabillé, fouillé, enchaîné à l'instant même où il franchit la frontière autrichienne, il connaît lui aussi la rigueur d'une oubliette obscure située au-dessus de la cellule de Huger.

La Fayette privé d'air, de soleil, est comme coupé du monde des vivants. Le colonel d'Arco qui commande la forteresse s'offre le luxe d'un raffinement de cruauté : « Les deux mécréants, dit-il à Gilbert, sont entre nos mains. Nous allons les pendre devant votre fenêtre. »

En fait, c'est leur procès qui va commencer : leur procès, mais non celui de Gilbert. Prisonnier de l'Europe, il ne peut être accusé d'un crime contre la sûreté de l'Etat autrichien : simple artifice de procédure, mais qui permet de considérer que sa tentative d'évasion n'est pas punissable en soi.

La cour de Vienne est en émoi. L'audace du projet mis au point pendant de longs mois par Bollmann et Huger, la facilité avec laquelle ils ont pu l'exécuter, plongent dans la stupeur la police et l'armée autrichiennes qui se reprochent mutuellement leur incurie et leur sottise. L'autorité militaire d'Olmütz, directement responsable de l'évasion, s'en prend à la police viennoise « qui a laissé des gens si dangereux vaquer en toute liberté à de criminels préparatifs » : allusion aux achats de scies, limes d'acier anglais, cordes, etc., que Bollmann a effectués pendant son séjour dans la capitale et qui sont scrupuleusement relevés dans le dossier remis à l'empereur François II. Celui-ci, au fil de sa lecture, ne peut s'empêcher de noter en marge, de sa main : « Enchanté ! Belle histoire ! »

Le premier moment de désarroi passé, les dirigeants autrichiens en viennent à penser — et c'est ce qui les inquiète le plus — que la tentative d'évasion de La Fayette fait partie intégrante d'un vaste complot révolutionnaire fomenté par un certain nombre de personnalités étrangères dont Mme de Staël, et qui se sont assuré des intelligences parmi certains aristocrates autrichiens libéraux et francs-maçons tels que le comte de Salm et le comte de Mitrowsky chez qui Bollmann avait été très cordialement reçu.

Mais l'interrogatoire des deux prévenus va éclairer la religion des juges. Bollmann et Huger répondent avec la fermeté, l'assurance d'hommes qui n'ont pris les ordres ou les conseils de personne, qui ont agi seuls au nom d'un idéal qu'ils ne renient pas. L'Américain Huger, le plus jeune des deux, interrogé le premier avant l'arrestation de Bollmann, a choisi un parti très simple : celui de dire la vérité. Aux questions insidieuses qu'on lui pose pour tenter de lui faire dire qu'il n'a été — comme Bollmann d'ailleurs — qu'un exécutant, et qu'il doit y avoir quelque part en Europe un « cerveau » qui donnait des ordres, il fait invariablement la même réponse :

« — Qui vous a dit que M. de La Fayette allait à la promenade ?

« — Le docteur Bollmann.

« — Qui vous a proposé de libérer M. de La Fayette ?

— Le docteur Bollmann.

Un des juges s'emporte :

— Comment avez-vous pu oser entreprendre une chose pareille dans un pays dont le souverain assurait la garde de M. de La Fayette ? »

Lentement, posément, Huger fait une véritable profession de foi :

— J'avais l'intention de retourner paisiblement dans ma lointaine patrie, quand une occasion inopinée s'offrit à moi de rendre service à l'homme qui, à mon âge, avait tant risqué pour l'indépendance de mon pays, à l'homme qui avait aidé les miens à conquérir la liberté dont je jouis. Ma conscience est pure ; je ne saurais me repentir de mon intention. »

Cette sincérité, cette fermeté tranquille, vont être payantes. L'esprit libéral n'a pas encore été complètement étouffé dans les milieux intellectuels viennois ; c'est ainsi que Huger a l'agréable surprise de voir qu'un certain professeur Passi, qui assiste comme interprète à l'interrogatoire, fait son possible pour lui éviter les faux-pas. Mieux : le baron d'Arco lui-même, tout en le prenant violemment à partie et en lui promettant un châtiment exemplaire, ne peut s'empêcher, devant le courage tranquille de Huger, de lui faire cet aveu :

— Si je me trouvais un jour dans une situation difficile et que j'eusse besoin d'un ami, j'aimerais que cet ami fût américain.

Bollmann, quand il comparaît à son tour devant le Tribunal, adopte le même système de défense que Huger avec lequel, pourtant, il ne s'est pas donné le mot. Il déclare avoir agi seul et revendique l'entière responsabilité de la tentative d'évasion ; mais comme il a eu déjà, au cours de sa vie aventureuse, l'expérience des révolutions, il le prend presque de haut avec ses juges :

— Si La Fayette est un criminel, je suis un criminel

comme lui ; si c'est un homme dangereux, je le suis aussi, car je fais miens tous ses principes.

Il va jusqu'à glorifier l'action politique de La Fayette en faisant valoir qu'il a été aux côtés de son roi les 5 et 6 octobre, qu'il est venu à la barre de l'Assemblée législative pour défendre la monarchie contre la faction jacobine et qu'ainsi c'est son incarcération qui est illégale et non la tentative d'évasion.

La Fayette, interrogé comme témoin, fait tout pour atténuer la responsabilité de ses deux amis et aggraver la sienne :

— J'ai obligé, dit-il, Bollmann à abandonner le plan qu'il avait conçu et à adopter le mien qui lui plaisait moins et qui était beaucoup plus dangereux... Je n'ai pas réfléchi ; sachant que j'avais à faire à un homme très courageux et prêt à se sacrifier pour moi, j'ai été léger au point de le mettre dans une situation impossible. Il n'avait d'autre choix que de m'opposer un refus, qui m'eût blessé, ou de se sacrifier. J'étais sûr qu'il se sacrifierait. Je me sens très coupable à son égard et je regrette que l'état auquel je suis réduit ne me permette pas de lui témoigner toute ma gratitude.

A noter que ces paroles confirment l'objectivité du récit que Bollmann, dans sa lettre du 1er août à la princesse d'Hénin, fait des discussions qu'il a eues avec La Fayette pendant les préparatifs de l'évasion.

Le Tribunal, dans son verdict, se montre indulgent : un mois de fers supplémentaire pour Bollmann et Huger ; et — comme il n'y a pas de petits bénéfices — le Trésor garde leurs ducats et fait vendre à son profit, aux enchères publiques, la voiture et les deux chevaux.

Cette indulgence, qui peut paraître surprenante, s'explique parfaitement : en droit, La Fayette n'étant pas coupable d'un crime contre l'Etat autrichien, l'accusation pouvait difficilement être retenue contre

Bollmann et Huger ; mais surtout, le voisinage d'une
Prusse libérale — Bollmann pendant sa fuite avait
été fêté de l'autre côté de la frontière — gênait beaucoup l'Autriche ; elle ne pouvait pas se permettre de
sévir contre les martyrs de la liberté.

A peine libérés, Bollmann et Huger sont accueillis
comme des héros en Allemagne, puis en Angleterre
d'où ils s'embarquent ensemble pour l'Amérique.

Gilbert, lui, va toucher au fond de la détresse. Son
état de santé est inquiétant : contrecoup de l'évasion
manquée et conséquence de l'aggravation des conditions de la détention, comme le montre un rapport
fondé sur des témoignages précis :

« La maladie de poitrine dont M. de La Fayette
était menacé devint de jour en jour plus dangereuse ;
on le laissa sans secours avec une fièvre continue
et des redoublements pendant le plus rude des hi-
vers, d'abord entièrement privé de lumière, puis n'en
ayant que jusqu'à huit heures du soir, sans possibilité
de secours pendant des nuits de quatorze heures,
puisque les clefs étaient portées à l'extrémité de la
ville ; réduit à deux chemises, et n'en pouvant obtenir une troisième pour changer pendant les sueurs
de la fièvre. Le chirurgien qu'on laissait entrer pour
panser le doigt haché dans sa lutte, avait défense de
lui parler et de se permettre, sur son état, une réflexion ni un conseil. »

Les souffrances morales étaient plus cruelles encore que les souffrances physiques. Pendant les six
mois que dura l'instruction du procès de Bollmann
et Huger, on ne cessa de lui répéter qu'ils étaient
promis à la mort :

« A ses questions sur le sort de ses généreux libérateurs, il obtenait pour toute réponse : « Comment
les savez-vous ici ? » Torturé par la crainte de les
avoir conduits au supplice, car le général d'Arco lui
avait dit le premier jour qu'ils seraient pendus devant

sa fenêtre et qu'il serait avec plaisir le bourreau ;
confirmé dans ses alarmes par l'interrogatoire qu'on
lui fit subir comme partie d'une procédure criminelle, enfin par tout ce qu'on put inventer de plus
propre à lui persuader ou qu'ils étaient exécutés ou
qu'ils le seraient bientôt, on peut regarder comme
une sorte de miracle que, dans l'état de marasme où
il était alors, il ait résisté aux affreux supplices de
son âme, pendant six mois qu'a duré la détention de
ses héroïques amis. »

Et pour couronner le tout, on le laissait sans
nouvelles des siens :

« La recherche avec laquelle on s'appliquait à en
éloigner tout ce qui pouvait servir à rassurer M. de
La Fayette sur le sort de sa famille, est remarquable
dans l'anecdote suivante : M. de La Tour Maubourg
ayant enfin obtenu qu'on lui laissât passer des lettres
de ses parents, sut que M. de La Fayette existait ; il
demanda au commandant de permettre qu'on dise à
son ami que sa femme vivait encore ; le commandant, après avoir répondu que la défense à cet égard
était trop expresse, supprima dès lors à M. de La
Tour Maubourg toutes les lettres où Mme de La
Fayette était nommée et elles ne lui furent remises
que depuis son entrée dans les prisons d'Olmütz,
ayant pris plus d'un an de date. »

La prédiction que Gilbert avait faite le 3 janvier 1794, au moment d'être transféré de Magdebourg,
venait de se réaliser :

« Je vais voir le complément de ma solitude et la
fermeture du couvercle de mon tombeau. »

ADRIENNE DANS LES GEOLES
DE LA REVOLUTION
BRIOUDE : PRISONNIERE DE DROIT COMMUN

Adrienne entre dans la prison de Brioude le 14 novembre 1793, le jour même où Gilbert vient de réaliser qu'il ne pourra pas s'évader de la prison de Magdebourg...

La maison d'arrêt provinciale est déjà pleine. On y entasse, du mieux que l'on peut, les nouveaux détenus dont certains ont de la peine à trouver une place.

Ce premier contact avec le monde des prisons n'est guère encourageant pour Adrienne. Elle ne cessait de répéter « que la politique ne doit pas dans certaines situations régler les rapports entre les personnes », et la voilà qui doit subir les impertinences de certaines « aristocrates » auxquelles le « républicanisme » de La Fayette est odieux. Elle se contente de les éviter et fait chambre commune avec trois bourgeoises et une « pieuse boulangère » de Brioude, qui lui réservent un accueil touchant. Bientôt les aristocrates elles-mêmes sont conquises et partagent l'admiration qu'elle inspire à tous. Elle a obtenu que la politique ne règle pas les rapports qu'elle a avec ses codétenues ; mais elle est une exception. La maison d'arrêt reste divisée en coteries qui se haïssent.

Adrienne va se faire le porte-parole de toutes cel-

les qui ont une requête à formuler auprès de l'administration. C'est ainsi qu'elle se risque, un jour, à
plaider la cause d'une malade qui étouffe dans une
chambre minuscule où elle est encaquée avec onze
autres prisonnières. Mal lui en prend : on l'abreuve
d'injures. La politique reprend ses droits.

Elle apprend, en décembre, l'arrestation de sa
mère, la duchesse d'Ayen, et de sa sœur, la vicomtesse Louise de Noailles ; ses angoisses, dont seul
Gilbert était naguère l'objet, vont se fixer désormais
sur sa famille :

« Toutes les pensées de ma mère, dit Virginie, ab-
sorbées par l'effroi que la situation de ma grand-mère
et de ma tante lui faisait éprouver, étaient cruellement tristes. »

En janvier 1794, Mme de Chavaniac est arrêtée à
son tour, comme « mère d'émigré ». La vieille dame
qui n'a plus toute sa tête, reste indifférente à la
mesure qui la frappe ; mais, ayant saisi au vol le
mot « mère », elle répond au commissaire : « Citoyen,
je n'ai plus le bonheur d'être mère. » Et elle se met
à sangloter en pensant à une fille qu'elle a perdue
il y a seize ans. En raison de son grand âge, on la
laisse à Chavaniac.

La maison d'arrêt ne connaît pas les rigueurs de
la prison criminelle et Adrienne peut, de temps à
autre, communiquer avec ses filles. Les envois heb-
domadaires de linge permettent des échanges de lettres à demi secrètes : sur le recto de la feuille cousue
au paquet, est inscrit le compte ; le verso abrite, dissimule la correspondance. L'administration, qui n'est
pas dupe, n'ordonne jamais de découdre la feuille.
Mais personne, bien entendu, ne pense à donner autre
chose que des nouvelles insignifiantes.

Le dévouement de tous ceux qui étaient à son service, ou simplement même qui l'approchent, va permettre à Adrienne de briser ce mur de silence. La

fille de l'aubergiste Mme Pelatan, qui porte le dîner
à la maison d'arrêt, réussit, malgré son jeune âge —
elle a seize ans à peine — à forcer la consigne et à
parvenir jusqu'à Adrienne. Peu lui importent les injures et les coups, pourvu qu'elle entrevoie la prisonnière et qu'elle fasse savoir aux enfants qu'elle
se porte bien.

Frestel, précepteur de George Washington, fait
mieux : en janvier 1794, il arrive à soudoyer le gardien et obtient que tous les quinze jours un des enfants aille à Brioude. C'est l'aînée, Anastasie, qui s'y
rend la première :

« Elle partit à cheval, resta la journée du lendemain chez Mme Pelatan et passa la nuit avec ma
mère. Il fallut, au jour, s'arracher d'auprès d'elle. Ma
sœur rapporta la joie au milieu de nous, en racontant
les détails de cette bienheureuse visite. »

Peu après, la vente des biens de La Fayette, momentanément interrompue, reprend au Puy. De
nouveau Adrienne est toute à Gilbert ; elle demande
à assister à la vente, encadrée — si on le juge nécessaire — par des gardes en armes. Solon Reynaud
accueille Frestel, porteur de la requête, par un tor-
rent d'injures :

« La Fayette ? Je voudrais lui arracher les entrail-
les ! Sa femme ? L'orgueil des Noailles personnifié !
Ses enfants ? Des serpents que la République nourrit
dans son sein. »

Une fois de plus, la politique, seule, décide du bien
et du mal.

C'est dans la vie de la prison qu'Adrienne trouve
un réconfort. Elle cherche toujours à venir en aide
à ses compagnes, à soulager la misère des plus déshé-
ritées. C'est ainsi qu'elle propose à quelques infirmes
— dont une religieuse presque aveugle — de se mettre en ménage avec elles. C'est elle qui — sans qu'elles

s'en doutent — paie presque tout, et c'est elle qui, de surcroît, fait la cuisine.

Quelle existence ! Les détenues couchent à six dans une chambre qui n'est séparée du couloir que par un paravent. Et le pire c'est que la haine politique qui les oppose est plus forte que la communauté dans le malheur qui devrait les rapprocher.

Les nouvelles de Paris sont de plus en plus mauvaises et bientôt Adrienne apprend le transfert de sa mère et de sa sœur à la prison du Luxembourg. Tout le reste s'efface, de nouveau elle est « absorbée dans une seule pensée et plongée dans la plus profonde affliction ».

La menace de plus en plus précise qui pèse sur sa famille, va, du reste, peser bientôt sur elle : à la fin du mois de mai — vraisemblablement le 8 prairial — ordre est donné de la transférer à la prison de la Force à Paris.

Un capitaine de gendarmerie Guissaguer est chargé d'exécuter la décision du Comité de salut public. Or ce Guissaguer est le frère de M. de Montfleury qui, en octobre 1792, s'est opposé au transfert d'Adrienne à Paris et qui se trouve lui-même détenu dans la maison d'arrêt.

Guissaguer va trouver la prisonnière dans sa chambre et, sans un mot, lui montre l'ordre de transfert. Gros émoi chez les détenues qu'Adrienne rassure aussitôt :

« Ce n'est pas au Tribunal révolutionnaire que je suis appelée, mesdames, je suis transférée à Paris. »

Puis elle se rend chez M. de Montfleury qui loge au-dessus d'elle, pour lui demander conseil.

Au vrai, elle est habitée de pensées et de désirs contradictoires. Fuir ? Elle y songe : elle n'a qu'à profiter du fait que Guissaguer s'offre à l'accompagner par la poste au lieu de la conduire de brigade en brigade. Mais elle s'en voudrait d'exposer ce brave homme et son frère, M. de Montfleury, à qui elle doit la vie. Aussi n'accepte-t-elle l'offre de Guissaguer que lorsque celui-ci l'assure qu'elle ne pourra pas s'évader. Pourtant... En attendant d'être prise en charge par lui, ne peut-elle pas ?... De nouveau elle pense à fuir ; mais ses co-détenues ne vont-elles pas payer pour elle ? Finalement, elle décide de partir sous la conduite de Guissaguer.

Elle obtient, toutefois, que le départ soit retardé de vingt-quatre heures, et, après avoir prévenu Anastasie et Virginie, elle se rend chez le curé de Chavaniac, détenu comme elle à Brioude, pour se confesser à lui.

« Il était, dit Virginie, moins en état de l'entendre, qu'elle de lui parler. »

Ce n'est pas la seule fois que des laïcs donneront à des religieux une leçon de courage et de résignation.

Elle est alors transférée de la maison d'arrêt à la prison criminelle où Frestel est autorisé à lui rendre visite. Le précepteur de George Washington emporte avec lui des petits bijoux offerts par les domestiques de Chavaniac, pour que le produit de la vente épargne à Adrienne le transport en charrette, de brigade en brigade jusqu'à Paris.

Dans la prison criminelle, Adrienne dispose d'une chambre pour elle seule, mais elle aperçoit des fers près du grabat sur lequel elle s'est jetée pour prendre quelque repos. Frestel arrive sur ces entrefaites ; il est décidé qu'il suivra la prisonnière jusqu'à Melun et qu'il ira, de là, rendre visite à Gouverneur Morris dans l'espoir que sa qualité de ministre américain lui permettra de tenter quelques démarches.

L'heure du départ approche. Adrienne fait à Virginie et à George ses dernières recommandations. Elle pense à sa mort et Gilbert lui est aussitôt présent :

« Elle nous fit promettre, si elle mourait, dit Virgi-

7

nie, de chercher et de saisir tous les moyens qui pourraient se présenter de retrouver mon père. »

Pendant ce temps, Anastasie est au Puy, où elle cherche à joindre Guyardin, le nouveau président du Tribunal. Lorsque Solon Reynaud avait été rappelé à Paris, Adrienne avait eu un moment d'espoir : son successeur passait pour moins violent ; il aimait se donner comme un modèle de simplicité républicaine et portait à la boutonnière, une fourchette et une cuiller de bois. La politique cesserait-elle, comme le souhaite Adrienne, de régler les relations entre les personnes ?

« Malgré mille obstacles, dit Virginie, ma sœur parvint jusqu'au citoyen Guyardin. Elle le conjura de prendre des informations sur sa mère et de les envoyer à Paris. Il ne se dérangea pas, resta assis à son bureau, continua d'écrire, pendant qu'elle lui adressait les plus vives instances. Il refusa de lire une lettre de ma mère qu'Anastasie lui présentait, disant qu'il ne pouvait s'occuper d'une prisonnière mandée à Paris ; il mêla des plaisanteries très grossières à son refus... »

La déception d'Anastasie tourne au désespoir lorsqu'elle se voit refuser l'autorisation d'accompagner sa mère jusqu'à Melun. Seul Frestel est du voyage. En faisant viser son passeport au district, il entend un des administrateurs s'écrier :

« Il s'en va pour être le défenseur officieux de gens qui ne devraient jamais en avoir. »

Il réplique du tac au tac :

« Je voudrais en avoir le talent ; je suis sûr que même dans cette salle, j'aurais des envieux. »

Le voyage commence sans incident ; mais, plus on approche de Paris, plus on se sent plongé dans un climat de haine et de violence. A Fontainebleau où un attroupement se forme autour de la voiture, on entend quelques insultes et quelques injures.

Citoyen

[lettre manuscrite]

n Lafayette

« — Regardez-moi comme habitant encore le département dont vous êtes chargé, je vous en conjure... »

« — Je ne puis m'occuper d'une prisonnière mandée à Paris »...

Pour la troisième fois Adrienne songe à fuir ; et elle se dit que Guissaguer, lui aussi... Pourtant elle se retient de parler ; il y va de la vie de M. de Montfleury ; mais si c'est Guissaguer qui le lui propose ? Elle sent qu'elle n'aura pas la force de refuser... Raison de plus pour qu'elle se taise.

Aux portes de Paris, alors que la fuite est désormais impossible, ils peuvent enfin s'avouer qu'ils ont eu la même pensée...

Adrienne, qui a encore quelques heures à passer à Melun, écrit à chacun de ses enfants. La lettre la plus longue est pour Anastasie à qui elle recommande « de pardonner du fond du cœur à ceux qui lui ont refusé la consolation d'accompagner sa mère jusqu'à Paris ».

PARIS : L'OMBRE DE L'ECHAFAUD

Adrienne entre à la Force le 20 prairial, c'est-à-dire le 8 juin 1794, la veille même de la Fête de l'Etre suprême qui va marquer l'apogée de la dictature de Robespierre. Elle n'y restera que quinze jours, en attente de son transfert au Plessis. « Séjour affreux », comme elle le dira plus tard à ses enfants. Elle craint pour sa grand-mère, la maréchale de Noailles, sa mère la duchesse d'Ayen et sa sœur aînée, la vicomtesse Louise de Noailles dont elle a appris le transfert au Luxembourg, et dont elle est, depuis, sans nouvelles. Mais lorsqu'elle écrit à Anastasie le 1er messidor (20 juin), elle refoule son angoisse ; sa lettre n'est que tendresse et optimisme :

« Je me porte toujours bien, mes chers enfants, et je vous aime avec une vive tendresse. Vous occupez sans cesse mon esprit et mon cœur, vous n'en doutez pas ; mais je trouve de la douceur à vous le répéter le plus souvent qu'il m'est possible et à songer à la consolation que vous trouvez à l'entendre par mes lettres. J'espère en recevoir des vôtres les premiers jours de la décade que nous commençons et il vous est aisé de juger avec quel attendrissement elles seront reçues. Je vous embrasse tous et ceux qui vous environnent, aussi tendrement que je vous aime et

vous savez combien je vous aime tendrement. Je dors
bien, mon estomac va bien, ma santé se soutient à
merveille ainsi que mes forces... »

Seul réconfort pour elle dans cette affreuse Force :
« La présence de quatre ou cinq honnêtes personnes
qu'elle ne connaissait pas, mais qui lui ont fait mille
politesses. »

Le 5 messidor (23 juin), départ pour la prison du
Plessis. Les prisonniers montaient, selon l'usage, dans
des chariots. Mais ceux-ci s'étant fait attendre, le
convoi dans lequel se trouvait Adrienne eut la chance
d'être transporté en fiacre.

Le Plessis n'était autre que le collège où Gilbert
avait fait ses études. Un de ses bâtiments abritait la
prison du tribunal révolutionnaire, qui passait à juste
titre pour l'antichambre de la mort ; on était en
effet en pleine Terreur et Robespierre, en proie à
une folie sanguinaire, réclamait chaque jour de
nouvelles charrettes.

Adrienne avait eu la surprise et la consolation de
retrouver au Plessis sa cousine la duchesse de Duras,
fille du maréchal duc de Mouchy ; elle était naguère
monarchiste et hostile à Gilbert, mais le malheur
réconcilia les deux femmes et ensemble elles firent
face :

« Nous nous préparions journellement à la mort et
il n'y a pas de jour où nous ne vissions partir un
grand nombre de victimes. L'idée que l'on sera bientôt de ce nombre rend plus ferme pour cet affreux
spectacle et tantôt avec ma cousine, tantôt dans la
petite chambre seule que j'avais obtenue, nous repre-
nions des forces et Dieu nous soutenait. »

En attendant cette mort qui rôde autour d'elle,
Adrienne décide de refaire son testament. Le préam-
bule est une ardente profession de foi dans laquelle
les paroles du « Notre Père » viennent spontanément
sous sa plume :

« Seigneur, vous avez été mon secours et ma force dans les maux extrêmes qui sont venus fondre sur moi ; vous êtes mon Dieu ; tous les événements de ma vie sont entre vos mains, venez à mon secours ; soyez toujours avec moi, et alors je ne craindrai rien au milieu des ombres de la mort même. Je pardonne de tout mon cœur à mes ennemis, si j'en ai, à mes persécuteurs, quels qu'ils soient, et même aux persécuteurs de ce que j'aime. Je prie Dieu de les combler de biens et de leur pardonner comme je leur pardonne. Seigneur, en vous priant pour nos persécuteurs aussi sincèrement que votre grâce me l'inspire, vous ne rejetterez pas mes prières pour ce qui m'est cher, et vous nous traiterez selon la grandeur de vos miséricordes. Ayez pitié de moi, ô mon Dieu ! »

Après la profession de foi, la profession de foi politique : elle n'a jamais été une « femme de parti », elle est restée et restera toujours fidèle à l'idéal pour lequel elle a vécu :

« Je déclare que je n'ai jamais cessé d'être fidèle à ma patrie, que je n'ai jamais pris part à aucune intrigue qui pût la troubler, que mes vœux les plus sincères sont pour son bonheur, que les principes de mon attachement pour elle sont inébranlables, et qu'aucune persécution, de quelque part qu'elle vienne, ne peut les altérer. Un modèle bien cher à mon cœur me donne l'exemple de ces sentiments. »

Suit toute une série d'articles dans lesquels elle énumère et détaille avec précision les legs dont vont bénéficier plusieurs personnes qui ont été à son service et à qui elle est attachée comme à des amis.

Mais qui désigner comme exécuteur testamentaire alors que la Terreur a peut-être supprimé tous ceux sur qui elle pouvait compter ? Elle laisse donc un blanc : « Je supplie le citoyen... de vouloir bien. »

C'est seulement après avoir terminé qu'elle ajoute le nom de celui qu'elle a choisi, en lettres dont la grosseur contraste avec la finesse d'écriture de tout le document :

« Je supplie le citoyen CHAMPION de vouloir bien se charger de l'exécution du ci-testament. »

Le citoyen Champion était un des gardiens du Plessis.

Tandis que les deux femmes se préparaient à la mort, elles ne se doutaient pas que la mort les avait déjà frappées dans leurs affections les plus chères : le 22 juin, la veille même du jour où Adrienne entrait au Plessis, le maréchal duc de Mouchy et la maréchale avaient été guillotinés. Ce fut Adrienne qui l'annonça à sa cousine.

Elle pensa aussitôt à sa grand-mère, à sa mère, à sa sœur. Cependant les jours passaient ; on approchait de la fin de la Terreur et elle était toujours dans une ignorance qui lui laissait quelque espoir. Elle ne savait pas que seule une véritable conspiration du silence inspirée par la sympathie que tous, gardiens et détenus, éprouvaient pour elle, lui cachait la vérité. Mais dès que fut connue la mort de Robespierre, elle n'y tint plus : elle demanda à la duchesse de Duras de s'informer auprès du geôlier du Luxembourg du sort de celles qu'elle espérait, qu'elle croyait encore prisonnières. Elle apprit que les trois malheureuses avaient été décapitées le 4 thermidor (22 juillet).

Son exécuteur testamentaire : le gardien de la prison.

« Ce n'est pas moi, écrit Virginie, qui saurai peindre l'état de ma mère. Elle cherchait dans ses lettres à nous laisser espérer que nous serions pour elle une consolation ; mais dans les premiers moments, elle ne croyait pas possible d'en recevoir jamais. »

Adrienne écrira un peu plus tard à Anastasie de la maison de santé du citoyen Rocher, rue des Amandiers, où elle a été transférée :

« Remerciez Dieu d'avoir conservé ma vie, ma tête et mes forces et ne regrettez pas d'avoir été loin de moi. Dieu m'a préservée, je l'espère, de la révolte contre lui et je me suis soumise à un décret qui a couronné les saintes qui nous sont arrachées si cruellement, mais je n'eusse pas pendant assez longtemps, supporté l'apparence d'une consolation humaine. »

Gilbert aurait-il trouvé grâce ? Une autre lettre à ses enfants autorise à pencher vers l'affirmative :

« Je crois, mes enfants, que ce cruel sacrifice a été le prix de ma vie et je ne puis comprendre cette disposition de la providence qu'en me livrant à l'espoir que cette vie, qui ne valait pas une telle rançon, était destinée à être utile non seulement à votre père, pour qui je suis sûre que ces vies si chères se sont offertes. »

Une phrase de *la Vie de la duchesse d'Ayen* écrite par Adrienne dans la prison d'Olmütz va, d'ailleurs, lever tous les doutes. Après avoir dit le sentiment de tendresse presque maternelle que sa mère éprouvait pour Gilbert, elle ajoute :

« Seul de tous les appuis humains, il pouvait soutenir les forces de mon cœur après l'avoir perdue. »

Par ailleurs, l'affreuse nouvelle l'a, au premier moment, plongée dans un tel désarroi qu'il lui sera à jamais impossible de revivre cette scène :

« Les forces me manquent, mes chers enfants, écrit-elle de la rue des Amandiers, pour détailler ce que j'ai appris et comment les soins de ma pauvre cousine m'ont ménagée à cette époque. »

Pendant quelques jours, tout entière à son malheur, tout entière à sa douleur, elle pense si peu à sa propre vie qu'elle voudrait partager le sacrifice de celles qu'elle adorait :

« L'idée de suivre des traces si chères, dit-elle à son fils George, eût changé en douceur les détails du dernier supplice. »

Elle ignore qu'elle a été sauvée par Gouverneur Morris, ministre des Etats-Unis à Paris, dont les démarches pressantes auprès du gouvernement français ont, d'extrême justesse, suspendu pour elle la chute du fatal couperet jusqu'à la mort de Robespierre ; elle ignore que les mêmes fidélités lui sont toujours demeurées et que M. Beauchet n'a jamais cessé de venir, un jour sur deux, au guichet du Plessis, s'assurer qu'elle vivait encore pour le faire savoir aussitôt aux enfants perdus dans les montagnes d'Auvergne.

Cependant, au fur et à mesure que le temps passe, Adrienne voit de plus en plus clair dans son esprit et dans son cœur. Quelque chose a été et restera à jamais brisé en elle : elle le dira de diverses manières, soit qu'elle parle « de sa vie presque morte », soit qu'elle écrive le 12 vendémiaire (3 octobre), du Plessis : « Je vous tromperais, mes chers enfants, si je vous disais que je suis encore capable de bonheur. » Mais la croyante qui admirait, sans vouloir la suivre, « cette sainte qui désirait toujours souffrir » et qui avait fait sienne la maxime de saint Paul : « A mesure que les souffrances s'augmentent en nous, nos consolations s'augmentent aussi en Jésus-Christ », ne pouvait pas demeurer dans cette attitude de résignation et de renoncement passifs. Très vite, elle sut la voie que lui montrait saint Paul : si elle ne pouvait plus être heureuse, elle pouvait encore être utile à son époux, à ses enfants, à tous les siens. C'était la compensation que Dieu lui accordait et cette compensation pouvait être la source de bien des joies. Si Adrienne brisée n'allait plus vivre pour elle-même, elle allait vivre pour les autres ; elle se retrouvait, puisqu'elle allait agir.

Les lettres écrites après la fin de la Terreur la montrent de plus en plus engagée dans cette voie nouvelle ; elles manifestent même un progrès continu. Il faut dire aussi que depuis le 10 thermidor Adrienne respirait un autre air :

« Le physique de la prison du Plessis est devenu beaucoup plus supportable, la facilité de parler au greffe n'a pas tardé à être rendue et la vue d'une multitude de personnes qui s'en allaient en liberté a succédé à l'horrible spectacle qu'on avait eu... »

Mais alors même qu'elle ne savait pas encore avec certitude si elle allait échapper à la mort, elle commençait, dans une lettre à ses filles, à penser à leur avenir et à leur prodiguer conseils et mises en garde. Elle descendait jusqu'à des préoccupations qui n'étaient pas sans surprendre de la part de quelqu'un qui n'était pas encore tout à fait de ce monde :

« J'ai fait un testament dans lequel je vous confie tous trois aux soins du ministre américain. C'est une ressource pour vous que la providence m'offre et c'est la seule. Je devrais en profiter, mais je vous vois établis au milieu de gens qui n'ont pas le bonheur d'être catholiques et ce n'est pas sans une vive peine que je l'envisage... J'ai assez confiance dans votre foi pour croire que l'idée d'épouser un homme d'une autre religion que la catholique, n'approchera jamais de votre esprit et j'espère que Dieu vous fera la grâce d'avoir une vigilance assez prévoyante sur tous les sentiments de votre cœur pour vous préserver de tout attrait qui pourrait approcher de vous une pareille pensée. »

Dans sa lettre du 24 thermidor (11 août) à Grellet, précepteur des enfants de la vicomtesse Louise de Noailles guillotinée le 4 thermidor, elle revient sur l'idée qu'elle ne vit plus que pour servir :

« Vous avez sûrement peine à comprendre que j'existe et que je supporte l'excès de mes maux. Je ne le comprends pas moi-même et je ne m'explique mes forces que par la vue de la volonté de Dieu qui ne me trouve pas encore digne de me réunir à ma sœur. Ma plus tendre consolation serait d'espérer qu'elle me réserve pour être utile à ses enfants. »

La lettre du 1er fructidor à Anastasie nous montre une Adrienne qui a repris pied dans l'existence, qui se remet à vivre, à agir, et qui attend avec impatience le moment de retrouver ses enfants :

« Je vois, mes chers enfants, que les lettres parviennent à présent avec une très grande exactitude et l'arrivée du paquet que je vous ai demandé me prouve que vous avez reçu ma première lettre. Vous avez dû en recevoir deux depuis, et c'est une douceur pour moi de le penser et de vous répéter que ma santé se soutient toujours et que ma tendresse pour vous m'attache encore à cette douloureuse vie que la volonté de Dieu me conserve... J'attends sous deux jours, mes chers enfants, les papiers que je vous ai demandés. J'espère qu'ils seront bien en règle. Vous croyez bien, j'espère, que je vous aime assez pour retrouver des forces pour ne rien négliger d'aucune des démarches qui pourront me conduire à prouver, ce qui est très vrai, qu'il est bien juste de me réunir à vous. »

Le 5 fructidor nous la voyons tournée de plus en plus vers l'avenir et les joies qu'il lui réserve :

« J'espérais de vos nouvelles par le dernier courrier, mes chers enfants, en même temps que les papiers que je vous avais demandés et vous croyez bien que je compte les jours en attendant cette consolation de revoir votre écriture dont je suis privée depuis si longtemps, mais je connais toutes les lenteurs du district de Brioude ; j'espère qu'elle n'est différée que d'un courrier, que ma lettre n'a pas été perdue, et je ne doute pas de l'activité avec laquelle ont été suivies mes affaires. »

Jusqu'ici elle se soumettait à la volonté de Dieu qui voulait qu'elle vécût ; désormais, c'est « la Providence » qui la soutient et la conserve pour les siens.

Le 29 fructidor, elle reçoit la première lettre de ses enfants depuis la tragédie de Thermidor. L'émotion qu'elle éprouve l'arrache définitivement à cette solitude dans la douleur où elle s'était enfermée ; elle accepte d'aller vers le monde des vivants. Mieux : c'est pour elle un réconfort de les voir partager ses souffrances :

« Je reçois aujourd'hui votre première lettre depuis mes malheurs et c'est avec une émotion inexprimable que je vois seulement de votre écriture. Vous me plaignez d'une manière bien touchante de ce que vous sentez avec moi et pour moi. Croyez, mes chers enfants, que je connais votre tendresse, que je remercie Dieu, au milieu de tout ce que souffre mon cœur, de m'avoir conservée et de me soutenir pour vous et que vous m'occupez sans cesse. Je serai bien fidèle à la promesse que je vous ai faite de ne négliger aucun moyen de prouver qu'il est bien juste de me rendre à la liberté et à vous, et qu'il n'y a aucun prétexte de prolonger ma détention. Je vois aussi que personne ne me veut de mal et que tout le monde m'accorde de la pitié. Un grand nombre de citoyens et de citoyennes de cette maison sont déjà en liberté ; d'autres l'attendent tous les jours. J'ignore quand mon tour viendra. Je vous le répète, mes chers enfants, je ne négligerai rien pour hâter le moment de vous être réunie.

« Adieu ; la consolation que m'a donnée votre

lettre a été bien vive. J'ai senti, avec un renouvellement de douleur, avec quel charme celles que je pleure partageaient tout ce que j'en recevais par vous. *Quand pourrons-nous mêler nos larmes ensemble ? Je le désire peut-être plus que dans les premiers moments de ma douleur.* »

Tandis qu'elle est de plus en plus impatiente de retrouver la liberté, les obstacles s'accumulent comme à plaisir devant elle :

A la fin de fructidor (première quinzaine de septembre), le nouveau Comité de sûreté générale composé de thermidoriens chargea les représentants Bourdon de l'Oise et Legendre de visiter la prison du Plessis et de décider du sort des détenus : la libération n'était plus qu'une formalité. Celle de la duchesse de Duras, amie de Marie-Antoinette et duchesse à tabouret, souleva quelques objections. Mais Legendre trancha :

« Elle a éprouvé trop de malheurs pour qu'on puisse lui faire un crime d'être aristocrate. »

Adrienne parut la dernière. On n'osa pas l'annoncer comme les autres. Ce fut elle-même qui prononça le nom de La Fayette dont elle était fière.

Les commissaires observèrent « que son mari avait trop évidemment trahi la patrie pour qu'ils prissent sur eux de décider en ce qui la concernait, et qu'elle n'avait qu'à envoyer ses papiers au comité ». Elle les pria de les présenter, « ne connaissant personne qui pût se charger de cette commission ».

« — Tu ne parlais pas ainsi, dit Legendre, quand tu étais si insolente avec les aides de camp ! »

Ce maître boucher, le type même du révolutionnaire de rue, qui avait été de toutes les émeutes, s'était heurté à plusieurs reprises à La Fayette, général commandant la Garde nationale. La prisonnière en subissait le contrecoup à retardement.

Adrienne, si elle fut déçue, peinée de ne pas voir

la fin de sa détention, dissimula du mieux qu'elle put, dans ses lettres, le résultat de la visite des commissaires ; elle mit sur le compte des lenteurs administratives la prolongation d'une injuste captivité.

En ces jours d'interminable attente, elle ne cesse de penser à l'avenir de son fils George Washington ; elle espère qu'il pourra bientôt partir pour l'Amérique et qu'il y trouvera un abri et une situation ; c'est dans cette perspective qu'elle lui écrit le 7 vendémiaire (28 septembre) une longue lettre de recommandations.

L'objet de ses vœux depuis que son fils est au monde : le former à la vertu chrétienne. Elle demande que la « lumière du Seigneur qui est la lumière du juste » l'éclaire et le dirige toujours dans l'existence ; elle ne craint plus pour lui, dans la vie difficile qu'il va mener, « l'illusion des plaisirs, des succès et des applaudissements » ; elle redoute, par contre, « le danger de l'abattement ou la révolte de l'indignation ». Un seul recours : la pratique assidue de la religion qui le conduira jusqu'à Dieu.

Il y avait un risque : c'était que la lettre ne tournât au « manuel du parfait chrétien » que George aurait parcouru d'un regard distrait. Mais ce risque, Adrienne le connaissait et elle a su l'éviter en faisant appel à l'expérience qu'elle vient de vivre :

« En m'occupant de vous dans ce lieu de douleur où Dieu a exigé de moi de si douloureux sacrifices, où vous avez sûrement craint plus d'une fois de me voir aussi immolée, j'ai cru, mon cher fils, que ma position rendrait éloquente les leçons que je n'ai réellement pas la faculté de vous bien donner et que la nouvelle preuve que vous y trouveriez de la tendresse de votre mère dans l'abîme de la douleur leur donnerait la force de produire sur votre cœur une impression profonde et durable. »

Et c'est tout naturellement qu'elle trouve les mots

qui bouleverseront George et l'inciteront à suivre son
exemple :

« Que Dieu vous fasse goûter, mon cher enfant,
l'onction de son esprit répandue dans ces admirables
prières dictées pour notre consolation. J'ai la confiance que vous irez l'y chercher avec avidité et que vous
y serez fortement attiré en songeant que votre mère
y a trouvé la sienne dans le fond de sa prison, envi-
ronnée de tous côtés de l'image et des apprêts de la
mort, loin de vous, mes chers enfants, et de ce qui
me reste de cher, accablée de douleur ; c'est là que
mon cœur flétri par tous les genres de tortures
retrouve des expressions pour exposer à Dieu vos
besoins et les miens, et m'en pénétrant, ma confiance
se ranime ; tantôt j'y retrouve les sentiments de celles
que je pleure, tantôt ceux que je vous désire, ceux
que je demande à Dieu de mettre dans mon propre
cœur et quelquefois je les ai obtenus. J'espère, mon
enfant, que vous obtiendrez la même grâce si vous
êtes fidèle à employer les mêmes moyens et surtout
à les demander avec persévérance. »

Adrienne va, si l'on peut dire, redescendre du ciel
sur la terre ; elle se préoccupe, déjà, du mariage de
son fils ; elle s'en inquiète même, en pensant qu'elle
ne sera pas près de lui à l'heure décisive où il choi-
sira « la compagne de sa vie », mais elle espère que
George bénéficiera des conseils éclairés de son précepteur Frestel qui est pour elle « un second père
que Dieu a donné à son fils ». Elle se permet néanmoins quelques anticipations timides sur l'avenir et
quelques mises en garde discrètes et mesurées :

« Evitez de le laisser surprendre, prenez garde de
donner trop de puissance à aucun attrait avant de
connaître les qualités de l'objet qui vous l'inspire. Il
y a peut-être un peu de folie dans mes espérances
et dans l'idée de prévoir quels seront les goûts d'un
jeune homme dont le caractère est encore aussi peu

développé que le vôtre ; mais je suis portée à espérer
que vous serez plus attiré par l'image de la vertu,
par la simplicité des manières et par ce qui vous
paraîtra bon, que par l'art qu'on peut mettre à plaire
et que, par conséquent, vous seriez plus aisément
dissuadé, si jamais vous étiez séduit par une image
trompeuse et à laquelle le fond de la conduite ne
répondrait pas.

« Je n'ai pas besoin de vous demander de vous
marier dans l'église catholique et d'en recevoir les
bénédictions pour consacrer l'union que vous contrac-
terez ; mais je vous conjure de chercher des vertus
et des vertus chrétiennes dans celle à qui vous unirez
votre vie. Je lui désire plus d'agrément que n'en a
eu votre mère, mais mon vœu est qu'elle vous aime
aussi tendrement. »

Pour finir, Adrienne qui ne repense pas sans une
certaine amertume à l'échec du grand dessein formé
par Gilbert, souhaite pour son fils une vie d'intérieur
presque obscure :

« Tout ce que l'expérience à la fois révoltante et
douloureuse que vous aurez acquise si jeune, vous
aura appris de l'impossibilité de faire du bien en
grand, vous engagera à ne chercher à en faire qu'autour de vous et à vous associer pour cela une famille
qui partage vos sentiments. »

La lettre du 12 vendémiaire (3 octobre) à Anastasie
se ressent de la déception qu'elle a éprouvée en
voyant se prolonger une injuste détention. Elle
s'imaginait déjà au milieu de ses filles. Elle reprenait
goût à la vie ; seule avec elle-même, seule avec sa
douleur « qui est trop profonde pour qu'elle s'affai-
blisse », elle répète qu'elle est « incapable de bonheur » mais qu'elle est « loin d'être insensible à l'espoir de s'occuper de celui de ses enfants ». Quant
à sa libération, c'est une question de temps et de
patience ; pour finir, voici ce que lui dit son miroir :

« Ma santé se soutient fort bien ; je ne suis que vieillie et même pas extrêmement changée. »

La lettre du 27 vendémiaire la montre toujours incertaine quant à la date de sa libération et toujours partagée entre la douleur et l'espoir de revoir bientôt les siens :

« Votre lettre, écrite depuis le 5 vendémiaire, ne m'a pas fait le même bien que la première ; elle peignait le malheur que je vous cause et la profondeur du mien ne m'empêche pas de le partager avec la plus vive tendresse et, comme je vous l'ai déjà tant de fois répété, de sentir de la consolation et l'espoir de l'adoucir. »

Celle qu'elle écrit à sa sœur, Rosalie de Grammont, et qui n'est pas datée, présente un intérêt tout particulier. Elle nous fait toucher du doigt combien ces deux sœurs qui s'adorent sont différentes : Rosalie, comme le disait spirituellement Mme de Tessé, « vit dans les demeures célestes » ; Adrienne avoue qu'elle est incapable de s'élever jusqu'à ces hauteurs :

« Je ne crois pas, ma chère amie, que vous ayez reçu la première lettre que je vous écrivis à l'adresse de la citoyenne Théodore, peu de jours après nos malheurs, et je n'ai pas osé vous écrire depuis, imaginant que vous le vouliez ainsi puisque je ne recevais pas de vos lettres. Dans cet affreux silence, j'ai jugé votre cœur comme sûrement vous avez jugé le mien. Je vous ai souvent enviée d'être plus digne que moi des anges qui nous ont été arrachés, mais mon cœur entièrement incapable de consolation, a moins regretté qu'il ne serait naturel de le croire, celle qu'il sentirait le mieux qui serait de les pleurer avec vous et d'apprendre de vous, quoique de bien loin, à marcher sur leurs traces. »

Adrienne est plus à l'aise pour parler à Rosalie de la santé de son mari qui a été souffrant, d'Euphémie, fille de leur sœur Louise, la petite orpheline que les

Grammont ont accueillie, des quelques jours qu'elle espère passer avec sa sœur « en retournant dans ses montagnes d'Auvergne ».

La fin de la lettre marque, plus fortement encore, que la religion d'Adrienne n'est pas une fuite vers l'au-delà, qu'elle garde toujours les pieds sur terre :

« Ma chère amie, marchons vers le lieu du bonheur où Dieu couronne les anges que nous pleurons et par telle voie qu'il aura choisie. Je sens dans ce moment un mouvement d'actions de grâces de ce que nous pouvons encore y marcher ensemble dans cette vallée de larmes. Je désire que vous le partagiez ; il m'est bien rare d'en éprouver de tels. »

La lettre à George Washington du 4 brumaire (25 octobre) confirme combien l'amour qu'elle porte à tous les siens l'attache encore à cette vie. Elle n'y parle pas seulement d'éducation, mais de métier :

« Grâce aux soins que vous avez reçus, il me semble que vous devez être assez avancé dans le calcul pour travailler avec fruit dans une maison de commerce ; j'espère en trouver une à Orléans où vous seriez très bien. Un ami m'offre de faire les avances nécessaires pour commencer d'y payer votre pension. Il fera, j'espère, le voyage pour vous recevoir à votre arrivée, vous présenter et vous établir dans cette maison. »

Une allusion discrète, en fin de lettre à la tante de Chavaniac, montre qu'Adrienne aime ses enfants pour eux et non pas égoïstement pour elle-même :

« Je sais quelle peine aura ma pauvre tante de l'idée seule de se séparer de vous. Elle doit croire que je la juge et que je la partage, mais elle croira aussi, j'espère, que j'y vois votre avantage et elle me pardonnera. »

Cependant les jours passent et Adrienne est toujours incarcérée ; elle essaie de se persuader qu'elle ne tardera pas à être libre, mais au fond d'elle-même, elle doute ; de fait, quand elle quitte le Plessis, c'est pour être transférée dans la maison de santé du citoyen Roche, rue des Amandiers ; elle avait fini par s'habituer au Plessis au point qu'elle n'est qu'à demi satisfaite d'un transfert qui la tient éloignée des siens :

« Nous étions fort aimées au Plessis, ma cousine et moi, tant des détenus que de ceux qui les gardaient, et nous n'avons jamais eu la moindre querelle, ni la moindre injure. La maison étant presque vide de suspects, on les a remplacés (même le bâtiment des suspects appelé la police) par ceux qui sont accusés au Tribunal. On a voulu m'éviter d'être confondue avec, ou d'être transférée au Luxembourg, ce dont je ne me sentais plus le courage, car je pense qu'il ne faut pas tenter Dieu et tâcher de garder mes forces, et l'on a obtenu que je sois amenée ici dans une maison de santé où l'on obtient à présent très facilement d'être transféré par raison ou sous prétexte de maladie ; on y voit qui l'on veut, mais cela est si loin de tout, que j'y vois moins bien ce qui m'intéresse et ce qui m'est utile, qu'au Plessis. Je suis physiquement mieux que je ne désire, mais mon premier désir pour le monde est de retrouver mes chers enfants et la seule occupation qui m'a causé une vraie distraction est d'y travailler. Le citoyen qui vous porte ma lettre vous dira où en sont mes affaires. »

Le 15 brumaire, nouveau transfert de la rue des Amandiers à la maison Delmas, rue Notre-Dame-des-Champs. Tous ces déplacements ne font ni chaud ni froid à Adrienne qui, par ailleurs, n'a pas à se plaindre du nouveau régime, comme elle le dit dans une lettre du 17 brumaire :

« Tout lieu m'est assez égal, mes chers enfants, tant que je ne serai pas avec vous ; c'est uniquement ce qui m'occupe. D'ailleurs, je ne suis pas mal physi-

quement et les vingt hommes avec lesquels je me
suis trouvée, seule de femme, sont fort polis et ne
me gênent point. »

Le 19 brumaire (9 novembre) Adrienne a une surprise : M. Monroe, ministre des Etats-Unis à Paris,
vient lui rendre visite ; elle est d'autant plus émue
qu'elle a appris la nouvelle de la mise en liberté d'un
Américain, Thomas Paine, qui, au sortir du Plessis,
s'est beaucoup intéressé à son sort. La lettre qu'elle
écrit à Paine manifeste, sur la toile de fond de sa
douleur, une joie qui trouve pour s'exprimer des
accents républicains :

« La nouvelle de votre liberté m'a réellement donné
un moment de consolation au milieu de l'abîme de
douleur dans lequel ma vie sera plongée. Recevez,
ainsi que M. Monroe, mes félicitations de ce que vous
êtes rendus l'un à l'autre, et l'assurance des sentiments de celle qui aime à se dire et à être, à bien
des titres, citoyenne de cette seconde patrie, quoiqu'assurément, je n'aie jamais manqué, ni ne man-
querai jamais à la première.

« Salut et fraternité de toute la sincérité de mon cœur.

« Noailles-La Fayette »

Quelques jours après, un menuisier demande à
être reçu par Adrienne ; visite insolite, mais combien
émouvante, lorsque le visiteur lui révèle qu'il est le
père Carrichon, prêtre de la Congrégation de l'Ora-
toire et confesseur de la famille Noailles. Depuis le
début de la Terreur, il s'était rendu une fois par
semaine auprès de la maréchale de Noailles, de la
duchesse d'Ayen et de la vicomtesse Louise de Noailles, détenues dans leur hôtel du faubourg Saint-Honoré ; le hasard — peut-être le destin — allait, comme
il dit à Adrienne, lui ordonner de les accompagner
jusqu'au pied de l'échafaud :

« Un jour qu'on parlait des victimes de la Terreur
et qu'on s'exhortait de se préparer à l'être, je leur

dis par une espèce de pressentiment : « Si vous allez
à la guillotine et que Dieu m'en donne la force, je
vous y accompagnerai. » Elles me prennent au mot,
ajoutant avec vivacité : « Nous le promettez-vous ? »
J'hésite un moment. « Oui, repris-je, et pour que vous
me reconnaissiez bien, j'aurai un habit bleu foncé et
une veste rouge. » Depuis elles me rappelèrent souvent ma promesse.

« Le 22 juillet, un mardi, jour de Sainte-Madeleine,
j'étais chez moi et, vers onze heures, j'allais sortir.
On frappe. J'ouvre et je vois l'instituteur des enfants
Noailles, pâle, défiguré. Il se jette dans un fauteuil :
« C'en est fait, mon ami ; ces dames sont au Tribunal
révolutionnaire. Je viens vous sommer de tenir votre
parole. »

« Partez, lui dis-je, je vais changer d'habits. Quelle
commission ! Priez Dieu qu'il me donne la force de
l'exécuter. »

« Resté seul, je me sens épouvanté, fatigué. Mon
Dieu, ayez pitié d'elles, d'eux, de moi ! »

Adrienne est bouleversée. Elle va revivre les dernières heures des anges qu'elle adorait et elle entre-
voit, en marge de la tragédie, le drame personnel
d'un homme qui a, peut-être, trop présumé de ses
forces. Elle entend le père Carrichon lui raconter ses
allées et venues, son attente derrière les grilles de la
Conciergerie, la sortie de la première charrette sur
laquelle prend place la maréchale de Noailles, de la
deuxième dans laquelle montent la duchesse d'Ayen
et la vicomtesse de Noailles. Comme elles sont sur-
prises de ne pas le voir, il va se placer à l'entrée du
Pont-au-Change, mais les charrettes passent et les
trois victimes qui le cherchent des yeux et ne l'aperçoivent toujours pas, commencent à manifester de
l'inquiétude.

Le prêtre, noyé dans cette foule vociférante, meurtri, à bout de forces, est sur le point de renoncer...

Pourtant il ne renonce pas : il gagne, par des chemins détournés, la rue Saint-Antoine. Le ciel se couvre, le tonnerre gronde, l'orage éclate, une pluie dilu-
vienne vide la rue ; Il se réfugie sur le seuil d'une
boutique, voit arriver les charrettes. Aura-t-il le courage ?... La première passe devant lui... Et c'est le
miracle :

« Un mouvement précipité et comme involontaire
me fait quitter la boutique, et me voilà seul, tout près
de ces Dames. Mme de Noailles m'aperçoit, et sou-
riant, semble dire : « Vous voilà donc enfin ! Ah !
Que nous en sommes aises ! Nous vous avons bien
cherché... Maman, le voilà ! » A cet instant Mme
d'Ayen renaît, et toutes mes irrésolutions cessent, je
me sens un courage extraordinaire. Trempé de sueur
et de pluie, je n'y pense plus, je continue à marcher
près d'elles. Le ciel est plus noir, la pluie plus forte.
Nous voilà à la place qui précède le faubourg Saint-
Antoine. Je devance, j'examine et je me dis : « Voilà
le meilleur endroit pour leur accorder ce qu'elles
désirent tant. » La charrette allait moins vite ; je
m'arrête, je me tourne vers elles ; je fais à Mme de
Noailles un signe qu'elle comprend parfaitement...
« Maman, M. X. va nous donner l'absolution. » Aussitôt elles baissent la tête avec un air de piété, de
repentance, de joie, d'attendrissement qui m'embau-
me ; je lève la main, reste la tête couverte, et pro-
nonce très distinctement, et avec une attention surna-
turelle, la formule entière d'absolution et les paroles
qui la suivent ; elles s'unissent mieux que jamais.

« Dès ce moment l'orage s'apaise, il semble n'avoir
existé que pour le succès si désiré de part et d'autre ;
j'en bénis Dieu, elles en font autant, leur extérieur
n'annonce que contentement, sérénité, allégresse.
Tantôt je devance, tantôt j'accompagne. Enfin nous
arrivons au lieu fatal. Les charrettes s'arrêtent,
l'échafaud se présente. Pendant que les valets du bour-

reau aident à descendre les dames de la première
charrette, Mme de Noailles me cherche des yeux ; elle
m'aperçoit. Que ne me dit-elle pas par ses regards,
tantôt élevés au ciel, tantôt abaissés vers la terre, si
doux, si animés, si expressifs, si célestes, tantôt fixés
sur moi. Je l'entendais : « Mon sacrifice est fait. Que
je laisse de personnes chères ! Mais Dieu m'appelle ;
nous en avons la douce et ferme espérance. Nous ne
les oublierons point. Recevez nos tendres adieux pour
elles, nos remerciements pour vous. Adieu ! Puis-
sions-nous nous revoir dans le ciel. Adieu ! » Le dernier adieu prononcé, elles descendent. Je ne peux
apercevoir que votre mère, mais dans cette attitude de
dévotion simple, noble, résignée, les yeux fermés,
plus l'air inquiet, en un mot telle qu'elle était lorsqu'elle approchait de la table sacrée. Quelle impression j'en reçus ! Elle est ineffaçable. Plût à Dieu que
j'en profitasse !

« Le sacrifice commence. La maréchale monte la
troisième sur l'échafaud. Impatient de m'en aller, je
voulais avaler le calice jusqu'à la lie et tenir ma
parole, puisque Dieu me donnait la force de me pos-
séder au milieu de tant de frissonnements. Mme
d'Ayen monte la dixième. Qu'elle me parut contente
de mourir avant sa fille, et sa fille de ne pas passer
avant elle ! »

Le père Carrichon resta un instant silencieux puis
il reprit :

« Je ne vous ai pas tout dit, Madame. Le vendredi
suivant 25 juillet, je venais de dîner chez des amis,
lorsqu'à cinq heures du soir on frappe : c'était Grellet. Dès qu'il m'aperçoit son visage s'éclaire : « Je
vous cherche depuis deux heures ; désespérant de
vous trouver, je suis venu ici à tout hasard — Qu'attendez-vous de moi ? — Je vous demande de rendre à
Mmes de Duras et de La Fayette le même service que

vous avez rendu à leurs mères. Elles vont partir pour l'échafaud. »

« De nouveau je me sens comme paralysé : « Je connais peu ces dames, lui dis-je, et il n'est pas sûr qu'elles me reconnaissent et que je les reconnaisse. » Il insiste, mes amis joignent leurs prières aux siennes ; j'accepte enfin, et je reprends le triste chemin du Palais. J'y arrive à l'instant même où les charrettes vont s'ébranler. Je regarde, je tourne, je retourne... Non, je ne puis m'être trompé à ce point. Grâce à Dieu, vous n'y êtes, Madame, ni l'une ni l'autre... Cependant, pour être tout à fait rassuré, je refais le tour des charrettes, je questionne deux ou trois personnes dont les propos montrent qu'elles connaissent la liste des victimes. « Non, me disent-elles, il n'y a ni Mme de Duras, ni Mme de La Fayette »... O joie ! Dieu, Madame, a voulu vous conserver pour votre famille qui vous respecte et vous aime tant et avec tant de raisons. Il a voulu aussi me procurer l'avantage de vous connaître d'une manière aussi particulière que celles dont la vie et surtout la mort m'ont tant édifié et me faire trouver dans votre connaissance ce que j'avais perdu dans les autres, et dans ma situation, mes chagrins, mes malheurs, dont un irréparable, ces marques d'intérêt, d'attachement, ces consolations que partage si bien un beau-frère ami, et que je chercherais en vain dans plusieurs liés cependant avec moi. »

Lorsque le père Carrichon eut achevé ce récit d'une sincérité exemplaire, Adrienne sut qu'elle aurait, en lui, un ami sur la fidélité et le dévouement duquel elle pourrait se reposer entièrement. « Aussi, dit Virginie, profita-t-elle de ses visites pour faire une revue entière de sa vie ; elle voulut en examiner les moindres fautes et elle fit une confession générale. »

A n'en pas douter, elle s'ouvrit à celui qui, plus encore qu'un confesseur, était son directeur de

conscience, du projet qui l'habitait depuis trois ans :
aller avec ses filles partager la prison de son mari.
Car si l'approbation du monde ne lui importait guère,
elle tenait à celle de la religion.

*
**

Cependant les jours s'égrènent sans que soit en
vue cette liberté tant désirée. Les formalités administratives traînent en longueur bien qu'Adrienne puisse
compter sur toutes les fidélités, sur tous les dévoue-
ments. Néanmoins, elle veut rester optimiste, comme
en témoignent ses lettres à Anastasie des 29 brumaire
(10 novembre), 2 frimaire (22 novembre) et 4 frimaire
(24 novembre) :

« Colombel persévère à attendre les originaux de
mes pièces pour faire son rapport ; j'espère qu'elles
arriveront au plus tard après-demain, et alors je ne
puis croire que je n'aie ma liberté dans la prochaine
décade de frimaire. Je demande à la providence des
forces pour supporter la vivacité de ce que je sentirai
en me mettant en marche pour aller retrouver petit
à petit mes pauvres enfants, m'occuper de leurs besoins à tous... » (29 brumaire).

« Le comité est parfaitement bien disposé pour
moi, et, dans ce moment, ce n'est que la multitude
des affaires qui a empêché que la mienne finisse.
Ceux qui s'intéressent vraiment à moi ne négligent
rien. La pauvre citoyenne Beauchet s'y fatigue à
l'excès, elle a eu la fièvre hier au soir à force d'avoir
couru ; elle est fort bien reçue et nous devons tous
espérer et très prochainement. » (2 frimaire).

« Mes papiers sont arrivés, mes chers enfants, et
ils sont bien bons. On les a remis au citoyen Colombel, il a promis de faire mon rapport. J'ai lieu d'espérer qu'il m'obtiendra la liberté et que l'espoir de

vous revoir bientôt n'est pas une chimère... » (4 frimaire).

C'en était une, hélas ! Adrienne supputait, espérait,
imaginait dans le vide. Alors qu'on l'assurait de toutes parts que son dossier était excellent, et que le
rapporteur Colombel allait conclure en demandant sa
liberté, elle prend brusquement conscience, dans sa
lettre du 26 frimaire, qu'on la mène en bateau :

« Colombel, mon rapporteur, a frustré mes espérances et, au lieu de finir mon affaire comme il nous
en avait flattés, il a gardé mes papiers sous sa clef et
n'a point fini de les remettre à un autre, malgré les
persécutions de tous ceux qui retournaient pour moi,
tous les jours, chez lui. J'ai mis une autre personne
de mes amis en campagne. J'ai écrit à d'autres députés et j'espère en venir à une fin puisqu'il ne cesse
d'être vrai qu'un quart d'heure suffit pour terminer
au comité pourvu qu'on veuille bien faire mon rapport. »

Mais voilà : ce rapport, précisément, on ne veut
pas le faire et Adrienne, dans sa lettre du 30 frimaire (20 décembre), est au bord du découragement.
Elle ne s'explique pas, dans sa lettre du 10 pluviôse
(29 janvier 1795) comment il se fait, alors que son
dossier est excellent, qu'une « petite anicroche »,
qu'un « petit obstacle » viennent retarder au dernier
moment l'heure de sa mise en liberté. C'est qu'elle
ignore le dessous des cartes : la rancune que Legendre garde à La Fayette est plus forte que les malheurs
de sa femme. Seul de tous les membres du comité, le
maître boucher refuse de signer. Philippine de Duras
n'hésite pas ; elle va le trouver chez lui à la première
heure. Surpris, décontenancé par le courage et l'à-
propos avec lesquels la jeune femme lui représente
qu'après l'avoir libérée elle-même sur le vu de ses
malheurs, il se doit d'en faire autant pour Adrienne,
il finit par signer.

.•.

Les dix-sept lettres écrites par Adrienne depuis sa libération — 13 pluviôse (1ᵉʳ février 1795) — jusqu'à son départ de Dunkerque avec Anastasie et Virginie à destination d'Olmütz 19 fructidor (5 septembre 1795), et les précisions qu'y ajoute Virginie, permettent de suivre Adrienne pas à pas, et de vivre avec elle, heure par heure, ce qu'elle a éprouvé, ce qu'elle a pensé, ce qu'elle a voulu, sans jamais dévier un instant de la ligne de conduite qu'elle s'était tracée.

Son premier billet, avant même qu'elle sorte de prison, n'est pas pour ses filles, car elle tient, d'abord, à acquitter une dette de reconnaissance :

« A Madame de Chatellux, Maison Delmas, 13 Pluviôse (1ᵉʳ février) 11 heures du matin.

« Me voilà libre, il y a une demi-heure, ma chère cousine. Je suis persuadée que je vous dois en partie cette consolation. Mon émotion est un peu forte et il me serait impossible de rien exprimer. »

Mme de Chatellux dont le crédit dans les milieux diplomatiques américains était considérable, avait, par ses interventions auprès de Monroe, obtenu que fussent abrégées les formalités de la levée d'écrou.

Dès le lendemain, 14 pluviôse (2 février), elle est toute à ses enfants :

« *Paris, 14 Pluviôse.*

« Je puis donc enfin vous dire, mes chers enfants, je suis libre et par conséquent je suis à vous. L'émotion de mon cœur est trop forte pour essayer de l'exprimer et vous me pardonnerez sans peine que le sentiment de la douleur de tout ce que je ne retrouve pas se joigne à celui de la joie de ce que je vais retrouver avec tant de consolation. Vous jugerez l'état de mon cœur, je vous le répète, mes chers enfants, et

votre cœur vous le dira : l'occupation de toute ma vie
que Dieu m'a conservée sera de m'occuper du bonheur de la vôtre ; je sens déjà et même loin de vous,
combien elle aura pour moi de consolation. »

Cependant, elle garde, dans sa joie, la tête froide.
Non seulement elle ne cesse pas un instant de penser
au projet qui l'habite depuis plus de deux ans, mais
elle a déjà arrêté son emploi du temps :

« Je retiendrai dès demain ma place à la diligence,
je ne passerai ici que le temps qui sera indispensable,
puis je vais à ma petite campagne à quelques lieues
de Paris et que le citoyen La Plane m'a procurée,
voir votre frère qui viendra à ma rencontre. J'y atten-
drai le jour de ma place à la diligence, puis je me
mets en marche pour vous retrouver. Quoique j'aie
tout prévu depuis longtemps, il est plusieurs affaires
que je ne pouvais terminer qu'en liberté et je suis
accablée de soins pendant ces deux jours que je passe
à Paris. »

Elle prévoit aussi les difficultés auxquelles elle se
heurtera, elle s'attend même à un drame :

« J'espère peu porter de grandes consolations à ma
tante : sa position me déchire. Vous croyez bien que
je ne néglige pas ses affaires. J'aurai pourvu à l'essentiel. Je crois pourtant que le moment de ma liberté
lui fera un peu de bien. »

UN SEUL BUT : REJOINDRE GILBERT A OLMUTZ

Quel est son projet ? Quelles sont ces affaires qu'elle ne peut terminer qu'en liberté ?

« Le premier soin de ma mère, en sortant de prison, écrit Virginie, fut d'aller chez M. Monroe le remercier de ce qu'il avait fait pour elle. Elle lui demanda de compléter son ouvrage en obtenant un passeport pour elle et sa famille. Elle se regardait comme inséparable de ses filles et n'avait jamais qu'un but, celui de rejoindre mon père avec nous ; mais avant de partir, elle voulait régler le sort de son fils. Elle ne pouvait ni le laisser en France, ni le conduire en Allemagne au milieu des ennemis de son père. Elle se décida à l'envoyer en Amérique. »

« Je souhaite, avait dit Brissot, qu'il soit possible un jour d'abandonner la citoyenne La Fayette à l'industrie du sentiment qui l'anime. » Ce souhait était en train de se réaliser d'une manière presque prophétique : Adrienne allait surmonter ou tourner tous les obstacles pour retrouver l'homme qu'elle aimait.

La réussite exigeait d'abord qu'elle gardât le secret. Elle ne s'ouvrit à personne du projet d'Olmütz. Ce n'est que plus tard qu'elle mettra Mme Beauchet dans la confidence. Pour le départ de George en Amérique, la consigne du silence ne visait que Mme de Chavaniac, dont elle pressentait que la tendresse égoïste n'accepterait jamais l'idée d'une séparation.

Il fallait, d'autre part, qu'elle eût la possibilité de réfléchir et d'agir dans un climat de tranquillité. Aussi se rendit-elle chez sa tante, Mme de Ségur, qui habitait Chatenay, à quelques lieues de Paris :

« Une grâce douce qui ajoutait du charme à un charmant visage faisait respirer, près de Mme de Ségur, dit Virginie, une certaine paix. Ce séjour chez elle donna du calme à ma mère. »

Il s'agissait, en fait, de tout autre chose, comme en témoigne Adrienne elle-même :

« Elle a ranimé dans ma vie presque morte un grand et tendre intérêt. »

L'accueil affectueux, la grâce, le charme d'une tante qu'Adrienne aimait beaucoup ne suffisent pas à expliquer cette véritable résurrection. C'est Virginie qui va — à son insu — donner le mot de l'énigme :

« Ma mère trouva la jeune Laure, fille de Mme de Ségur, animée de la plus vive ferveur. Elle apaisa son imagination, lui procura les secours religieux après lesquels elle soupirait et lui donna d'utiles et affectueux conseils. »

A n'en pas douter, Adrienne retrouvait chez cette adolescente exaltée, sa propre adolescence : à n'en pas douter, elle retrouvait dans les « utiles et affectueux conseils », ceux-là mêmes que sa mère, la duchesse d'Ayen, lui avait prodigués jadis. Seule la résurrection d'un passé si cher à son cœur avait pu éveiller chez elle ce grand et tendre intérêt.

C'est le dimanche 20 pluviôse (8 février) qu'elle retrouve George. Elle en éprouve une joie immense sur un fond de douleur qui l'accompagnera, quoi qu'elle fasse, toute sa vie, comme elle l'écrit à Rosalie de Grammont :

« Me voilà, chère amie, près de mon enfant et en possession d'une consolation si profonde, si fort au-delà de toutes mes espérances que je la sens mieux peut-être que je ne sentirai aucune de celles que je puis encore atteindre. Le prix auquel Dieu a mis pour nous ses miséricordes mêle un sentiment bien déchirant à celui de l'action de grâces et j'ai beau me dire sans cesse que c'est nos mères qui les sollicitent, que c'est sur elles qu'ont été versées les bénédictions que je reçois, cette pensée même ne dilate pas mon cœur ; mais je sens le prix de ces dons qu'elles obtiennent pour mon enfant. »

George est transformé physiquement, elle croit revoir en lui Gilbert :

« Il est formé physiquement d'une manière incroyable, il est grand comme moi, très fortifié, presque méconnaissable au premier abord, puis on retrouve ses traits, sa physionomie et la plus touchante ressemblance. »

Le malheur lui a valu une maturité précoce, sans lui enlever la foi ; il reste que son instruction laisse beaucoup à désirer, mais Frestel le reprendra très vite en main et il lui tarde que tous deux partent pour l'Amérique :

« Notre nouvelle séparation est d'autant plus déchirante qu'elle est volontaire, mais je ne pouvais le laisser plus longtemps végéter dans le département où je suis obligée de retourner et qui est si dépourvu de ressources. Je pourrais bien n'y pas demeurer longtemps. »

Le problème que lui pose sa tante Mme de Chavaniac est pour quelque chose dans cette répugnance... Pour terminer, un mot affectueux sur les trois enfants de Louise, recueillis par Rosalie. Elle tient à ce que Alfred et Alexis soient pour George « des petits frères », non de simples cousins.

La lettre à Anastasie du mercredi 23 pluviôse (11 février) nous apprend que George va partir le lendemain pour Orléans, tandis qu'elle va enfin pouvoir « se réunir à ses filles pour ne s'en plus séparer, à ce qu'elle espère ».

Elle est décidée à les emmener avec elle à Olmütz... Pour l'instant elle a hâte de les revoir, avec toujours la même ombre au tableau :

« J'ignore si ma place est retenue à la diligence pour jeudi ou samedi ; si c'est jeudi, je serai crevée, mais aussi j'aurai plus tôt la consolation de marcher vers vous ; j'offre à ma tante les plus tendres hommages. Vous croyez bien qu'elle m'occupe beaucoup ; il me serait doux d'espérer de lui offrir quelque consolation. »

Une lettre au père Carrichon du mardi 29 pluviôse (17 février) nous la montre s'employant à rendre service à tous ceux qu'elle approche : elle demande à l'oratorien d'engager un de ses amis à être le professeur de Laure, et à donner des leçons de mathématiques à deux garçons dont la famille a été ruinée par la Révolution. En même temps, elle dit sa déception de n'être pas encore partie rejoindre Anastasie et Virginie :

« Quoique je sois assurément très bien ici sous tous les rapports, j'ai bien envie de pouvoir partir, pour aller retrouver mes pauvres petites que je vois d'ici se désoler de ce retard. »

Ce retard va se prolonger : elle en est malheureuse, mais ne veut pas encore révéler à Anastasie et Virginie le projet d'Olmütz.

« J'ai quitté Paris pour tout à fait, mes chers enfants, et j'ai commencé le chemin qui me mène à vous. Mais je suis encore absolument obligée d'attendre quelques moments une réponse dont j'ai besoin pour mes affaires. Je continuerai aussitôt ma route. Je suis vraiment honteuse de ce délai... Soyez plus raisonnables que moi. »

Le mercredi 30 pluviôse (18 février) elle est toujours à Chatenay : Frestel lui a écrit qu'il désirait la voir avant son départ pour l'Auvergne, pour régler avec elle toutes les questions que pose le voyage de George en Amérique.

Nouveau délai, nouveau retard qui lui sont d'autant plus pénibles qu'elle ne peut tout dire en clair à ses filles et que, de ce fait, elles doivent d'une semaine à l'autre se contenter de la même répétition sibylline ; c'est ainsi qu'elle écrit le 4 ventôse (22 février) :

« J'ai la réponse que j'attendais, mes chers enfants, mais j'ai encore besoin de quelques jours pour terminer l'affaire qui me retient et je vois que ce ne pourra être que dans le courant de la prochaine décade, peut-être vers la fin, que j'arriverai à Chavaniac à cause du temps qu'on met en route. »

Le 10 ventôse (28 février) toutes les affaires sont sur le point d'être réglées, lorsque surgit un obstacle majeur. De divers côtés, on lui a fait savoir qu'en raison de « son fanatisme », sa présence en Auvergne pourrait donner lieu à des incidents. Dans ces conditions, elle propose à Mme de Chavaniac une solution transactionnelle : Si la vieille dame consent à sortir de la Haute-Loire et à se rendre avec Anastasie et Virginie à Moulins ou à Riom, elle ira les rejoindre tout de suite. Mais en aucun cas, elle ne se rendra à Chavaniac. La fin de la lettre marque la différence profonde qu'il y a entre l'affection qu'elle a pour sa tante et l'amour passionné qu'elle porte à ses enfants dont elle espère qu'ils seront ses alliés :

« C'est pour vous que Dieu m'a conservée, c'est à vous que je suis et j'aimerais mieux avec vous toutes les persécutions que, loin de vous, le plus grand calme et les soins les plus aimables ; mais je me dois à vous et la prudence est un devoir maternel pour moi. Vous êtes trop généreuse, ma chère Anastasie, pour ne pas soutenir dans cette occasion les forces de votre mère dont le cœur vous est si bien connu. »

Le 12 ventôse (2 mars) elle ne connaît toujours pas la réponse de Mme de Chavaniac ; mais comme elle pressent qu'elle sera négative, elle écrit à ses trois enfants le billet confidentiel suivant :

« *Pour vous trois sans ma tante.*

« Le citoyen Frestel ira vous chercher et sera à Chavaniac avant Pâques pour faire les arrangements qui vous ramèneront à moi et dans ma retraite, si ma tante ne veut pas venir au-devant de moi à Moulins ou ailleurs. Vous jugez si votre frère sera heureux de voir que nous ne nous éloignons pas davantage. Je trouve ma lettre bien sèche, elle exprime bien peu et bien mal ce qui se passe dans mon cœur. »

Cette douloureuse attente va se prolonger pendant dix jours, comme en témoignent sa lettre du 14 ventôse (4 mars) à ses enfants, et celle du 15 ventôse (5 mars) à sa sœur Rosalie ; mais en aucun cas elle ne reviendra sur sa décision.

C'est le 22 ventôse (12 mars) qu'elle apprend le refus de Mme de Chavaniac. Elle souffre à l'idée de la souffrance que la vieille dame et les enfants éprouveront au moment de se séparer, mais elle persiste à se donner raison.

Nouvelles lettres de justification à Anastasie, le 7 germinal (27 mars) et à Rosalie, à qui elle écrit le 9 germinal (29 mars) de Chilly où elle a trouvé une retraite.

Enfin Frestel arrive à Chilly, retour d'Auvergne. Adrienne comprend tout de suite qu'il n'a pas voulu — pas plus du reste qu'Anastasie et Virginie — désespérer Mme de Chavaniac ; mais sa résolution n'est pas changée pour autant, comme elle l'écrit le 20 germinal (9 avril) :

« Ma place est arrêtée pour la diligence de Clermont le 30 germinal. Vous croyez bien, je l'espère, et ma tante doit croire aussi, que les motifs impérieux qui règlent ma conduite et ma marche et qui m'ont décidée à lui faire tant de peine et à me refuser à la consolation d'aller m'ensevelir avec elle de nouveau, ne sont pas changés parce que M. Frestel ne s'est pas senti la force de la désespérance et que toutes vos idées vous ont toutes trois empêchées de l'aider à prendre ce douloureux parti. »

Toutefois, elle songe à aller passer une semaine à Chavaniac ; mais elle hésite, car elle craint que cette visite ne fasse plus de mal que de bien à la vieille dame. De toute façon, il n'est pas question pour elle de se séparer de ses enfants :

« Ce sacrifice est trop fort pour moi et je ne vois pas qu'aucun devoir m'importe de prendre un établissement quelque part que ce soit sans mes enfants... Si Dieu m'a donné et me conserve miraculeusement des forces, je crois que c'est pour eux qu'il me les donne et que je dois les employer, que c'est près d'eux que je dois les ranimer. »

Voilà qui est clair : Anastasie et Virginie suivront leur mère à Olmütz.

Le problème que posaient à Adrienne le caractère entier et l'entêtement de Mme de Chavaniac, le va-et-vient douloureux de ses pensées entre l'Auvergne et l'Ile-de-France, ne l'empêchaient pas de régler toutes les questions pendantes ; elle s'était occupée en première urgence du départ de George pour l'Amérique. « Elle était sûre, dit Virginie, que c'était aux Etats-Unis que Gilbert souhaiterait qu'il fût. » Mais comment obtenir un passeport ? M. de Ségur lui fit connaître Boissy d'Anglas, membre très influent du nouveau Comité de salut public. Ce « Thermidorien » convaincu s'occupait très activement de réparer une partie des maux dont était responsable la Terreur.

Il fit établir un passeport au nom de Motier et ses collègues le signèrent, sans savoir à qui il était destiné. Frestel eut aussi le sien. Mais pour éviter les soupçons, on décida que le précepteur et l'élève partiraient séparément. M. Russell, citoyen de Boston, se chargeait de conduire George jusqu'au Havre, où il s'embarquerait sur un petit bâtiment à bord duquel il bénéficierait d'un incognito complet, puisqu'on ignorerait jusqu'à son nom. A Boston, il attendrait chez le père de M. Russell, l'arrivée de Frestel, pour retrouver, si l'on peut dire, son état civil et reprendre son vrai nom. Alors — et alors seulement — il rendrait visite au général Washington à qui il remettrait la lettre d'introduction rédigée par sa mère le 29 germinal (18 avril).

Lettre curieuse. Dès les premières lignes, elle montre que si Adrienne a confiance dans les Etats-Unis et dans leur président, elle sait parfaitement combien la diplomatie américaine a été réticente à l'égard du « cas La Fayette » :

« Monsieur, je vous envoie mon fils, quoique je n'aie pas eu la consolation de me faire entendre et d'obtenir de vous le genre de démarches que je croyais propres à délivrer son père des mains de nos ennemis, parce que vos vues étaient différentes des miennes. Ma confiance n'est pas altérée et c'est avec ce sentiment bien profond et bien sincère que je mets ce cher enfant sous la protection des Etats-Unis, qu'il est depuis longtemps accoutumé à regarder comme une seconde patrie et que je regarde depuis si longtemps comme devant être mon asile, et sous la protection particulière de leur président dont je connais les sentiments pour son père. »

Suit un éloge chaleureux de Frestel : il faut — et Adrienne voit juste — qu'il gagne la confiance du général :

« C'est aux soins généreux de cet ami que mes enfants doivent la conservation de la vie de leur mère ; il vint, malgré tous les risques, exposer à M. Morris l'horrible situation où j'étais, et après avoir eu le courage de traverser toute la France dans ce moment d'horreurs à la suite d'une prisonnière vouée, selon toutes les apparences, à la mort, il obtint du ministre des Etats-Unis, des démarches dont l'effet a probablement été de différer mon supplice, ce qui m'a fait atteindre l'époque de la révolution du dix-thermidor. »

Pour terminer, elle souhaite, comme elle l'avait déjà dit dans une lettre de recommandations à George, voir son fils jouir en Amérique d'une sorte de double citoyenneté :

« Mon vœu est que mon fils puisse travailler à se rendre capable de remplir les devoirs de citoyen des Etats-Unis dont les sentiments et les principes seront toujours d'accord avec ceux d'un citoyen français. »

Il lui en coûta de se séparer de George ; mais d'Olmütz, Gilbert lui montrait du doigt le chemin :

« Il est facile, dit Virginie, de juger ce que fut pour ma mère ce cruel moment : elle envoyait son fils à quatorze ans, seul, à deux mille lieues chez des inconnus. Mais c'était le parti qu'aurait dicté mon père. Elle trouvait des forces dans cette pensée. »

Adrienne pouvait maintenant partir pour Chavaniac : elle n'y passa que huit jours et son séjour fut, comme elle s'y attendait, mêlé de joie et de tristesse :

« Il fallait, dit Virginie, toute l'ardeur de son zèle pour revoir mon père et sa volonté de marcher toujours vers ce but, pour s'arracher à ma tante et la laisser seule après les années de douleur qu'elle avait passées avec nous et pour nous. »

Virginie, qui aimait beaucoup sa grand-tante et le séjour de Chavaniac, dramatise quelque peu. Adrienne, dans une lettre à George, remettra les choses au point :

« Notre séparation d'avec elle était si préparée, mon séjour près d'elle a été si court et nous étions si accablées d'affaires, que tout s'est passé mieux que je ne l'espérais, c'est-à-dire moins violemment. »

Elle quitte Chavaniac le 23 floréal (12 mai) pour Paris où elle va poursuivre ses démarches en vue d'obtenir un passeport qui lui permettra — si possible — de quitter la France à destination d'Olmütz. Elle compte, en même temps, faire un crochet en Seine-et-Marne où elle va s'employer à rentrer en possession d'un certain nombre de terres qui faisaient partie de l'héritage de sa mère.

Quelle n'est pas sa surprise et sa joie de retrouver à Brioude, Rosalie et son mari venus du fin fond de la Franche-Comté à sa rencontre. S'il y avait parfois une imperceptible gêne dans ses lettres à une sœur dont elle se sentait si différente, tout en admirant le caractère presque mystique de son sentiment religieux, la présence de Rosalie et cette « familiomanie » des Noailles que plaisantait Mme de Tessé, firent de ces retrouvailles une longue effusion. Adrienne était d'autant plus émue que la « céleste » Rosalie n'avait pas hésité à voyager dans des conditions particulièrement pénibles :

« Mme de Grammont qui n'avait pas d'argent, écrit Virginie, pour aller en poste et qui voulait éviter avec son mari de se trouver en compagnie des terroristes qu'on risquait de rencontrer dans les voitures publiques, était allée la chercher à pied à Paris. Ils venaient tous deux de Franche-Comté et, ne la trouvant plus à Paris, ils continuèrent leur route jusqu'en Auvergne. C'est à Brioude qu'ils nous rencontrèrent. »

Les La Fayette et les Grammont comptaient poursuivre ensemble leur voyage, lorsque éclata l'émeute du 1er prairial (20 mai). Le ravitaillement de Paris devenant de plus en plus précaire, la populace qui craignait la famine et avait subi à contrecœur la réaction thermidorienne, envahit la salle des séances de la Convention en criant : « Du pain et la Constitution de 1793 ! » et en brandissant au bout d'une pique la tête d'un député qui venait d'être assassiné. Le sang-froid de Boissy d'Anglas qui continua à présider la séance, le courage avec lequel il n'hésita pas à s'incliner devant la tête de la victime, arrêtèrent net l'élan des émeutiers et permirent, quelques jours plus tard, de reprendre en main la situation.

Adrienne dut interrompre son voyage. Elle s'arrêta à Clermont, ne sachant pas au juste quel tour allaient prendre les événements. Mais son parti était arrêté : si c'étaient les Jacobins qui l'emportaient, elle émigrerait ; si c'étaient les Thermidoriens, elle continuerait ses démarches en vue d'obtenir un passeport.

De Clermont, elle écrit deux lettres le même jour 12 prairial (31 mai) :

La première au père Carrichon pour lui annoncer que Virginie fera sa première communion. Au passage cette observation qui montre qu'elle suit de très près la formation intellectuelle et morale de sa fille :

« Elle a une droiture, une simplicité, un désir droit et simple d'être à Dieu : je crois qu'il y a de la vérité et quelque solidité dans ces sentiments, parce qu'ils surmontent l'envie extrême de briller et de montrer son esprit, que je lui avais reconnue avant mon départ et que j'avais lieu de craindre qui dominât en elle. »

La seconde adressée à Laure de Ségur à qui elle avait déjà écrit de Chavaniac le 18 floréal (7 mai), ce qui prouve — s'il en était besoin — le souvenir reconnaissant qu'elle garde du séjour bénéfique qu'elle a fait à Chatenay et de cette chambre où, dit-elle, « j'ai réellement goûté de la consolation ce qu'il est si difficile de pouvoir m'offrir ».

Elle va plus loin :

« Je ne puis vous exprimer quelle place vous tenez tous dans mon cœur qu'en vous disant que je compte parmi les moments consolants que je passerai avec ma sœur Rosalie, ceux où je m'entretiens de vous. »

La victoire des « Thermidoriens » sur les « Jacobins », la gloire nouvelle de Boissy d'Anglas dont Virginie écrit « qu'il avait préservé la France du retour de la Terreur », déterminent Adrienne à se rendre à Paris ; elle y arrive le 4 messidor (22 juin) pour reprendre possession d'une partie de l'héritage de sa mère ; elle en repart fin juin mais y retourne presque aussitôt ; le 19 thermidor (7 juillet) elle écrit à George : elle a eu des nouvelles de Gilbert ; du coup les affaires qui les préoccupaient ne comptent plus ; elle ne pense qu'à lui et au projet d'Olmütz, mais sans les nommer, car elle ne veut pas gêner le gouvernement des Etats-Unis :

« Je laisserai à mon beau-frère ma procuration pour nos partages. J'ai su hier, mieux que je n'avais fait depuis longtemps, des nouvelles de ce qui m'intéresse bien plus que tout cela. Je suis contente de la santé, au reste la position est resserrée et bien, mais je ne crois pas possible d'avoir présentement d'inquiétudes ultérieures, et l'espoir d'adoucir par soi-même cette cruelle position soutient et ranime les forces. »

D'ailleurs, les voyages continuels qu'elle fait entre Paris où elle s'occupe de son passeport, Fontenay où elle surveille la rentrée en possession des terres héritées de sa mère, Lagrange qu'elle désire rendre habitable le plus tôt possible, et Chavaniac que la vieille tante vient de racheter, contribuent à la maintenir dans un état de santé excellent, d'autant plus qu'elle fait souvent de la marche à pied.

EN ROUTE VERS OLMUTZ

Enfin le passeport est signé — mais à destination de l'Amérique, non de l'Allemagne. Adrienne n'en a cure ; « abandonnée, comme le souhaitait Brissot, à l'industrie du sentiment qui l'anime », elle va, avec ce faux passeport et sous un faux nom, embarquer à Dunkerque en compagnie de ses filles sur un navire américain, le *Little Cherub* (« le Petit Chérubin »), à destination d'Altona près d'Hambourg où elle rencontrera sa sœur Pauline avant d'essayer de forcer le destin, c'est-à-dire de se frayer un chemin jusqu'à Gilbert.

Elle sait parfaitement que beaucoup parmi ses proches sont hostiles à ce qu'ils considèrent comme une aventure pleine de risques. La craintive Pauline, qui n'a jamais porté Gilbert dans son cœur, lui a écrit le 4 juin d'Erfurt (Allemagne) une lettre décourageante :

« Attendez-vous, préparez-vous à mille épreuves de tous genres, que vous aurez à essuyer sur cette nouvelle terre que vous allez parcourir... Il est impossible, dans l'état de confinement où vous vivez depuis nombre d'années, que vous ayez été informée d'une multitude de choses dont je vais vous instruire.

« M. de la F. (que vous aurez la bonté de désigner

toujours sous un nom de guerre : Roch, si vous voulez), dont je vous envoie deux lettres que j'ai en dépôt depuis longtemps et que je n'ai jamais consenti à vous envoyer en France, est actuellement à Olmütz, en Moravie, prisonnier extrêmement resserré. Mme de Maisonneuve, née Maubourg, (c'est ainsi que l'on dit en Allemagne) vous en dira plus que moi sur la cause et le résultat de cette captivité. Elle vous dira aussi, combien les obstacles sont grands pour arriver jusqu'à lui. Quant à moi, ma chère sœur, je vous déclare ne pouvoir avoir aucune relation avec lui.

« Il est même essentiel qu'on ignore la lettre qu'il est parvenu à me faire parvenir, je ne sais comment. Je n'ai point répondu et je n'ai d'autre moyen d'être utile, à lui et à vous, que de vous parler aujourd'hui avec vérité, simplicité et courage, de l'opinion et de la fâcheuse disposition où vous trouverez tous les Français émigrés, par rapport à lui. Les progrès, les nouveaux orages, les nouvelles atrocités de la Révolution, je ne puis vous le dissimuler, n'ont point effacé le souvenir, ni diminué l'animadversion de ceux qui, à la vérité, en tous genres, en ont été les victimes...

« Voilà ce que je crois bien important, ma chère sœur, de vous faire connaître afin que vous vous conduisiez, en tout pays et vis-à-vis de tous, avec la plus grande circonspection : 1°) Ne portant point votre nom, ni en voyage, ni pendant les séjours, ni pour votre correspondance, décidez lequel vous choisissez. Regnac serait préférable, ce me semble, à Chavaniac. Mais un nom de baptême serait suspect. 2°) N'imaginez pas de vous arrêter, malgré cette précaution, dans les villes où il y a rassemblement d'émigrés. 3°) Ne faites des avances, des demandes, des visites à aucun de nos compatriotes, car, quoique personnellement vous soyez aimée et que l'on s'intéresse à vous, néanmoins votre nom et votre manière de vous identifier vous exposeraient à des désagréments.

« La même circonspection n'est pas nécessaire vis-à-vis des Suisses et des Allemands : nous en avons bien vu l'esprit ; ils sont au contraire prévenus pour votre mari et tout ce qui porte son nom. Avec de l'adresse, vous pourriez peut-être vous ménager des amis et protections utiles... »

Mais rien au monde ne saurait détourner Adrienne de son projet : il n'est plus seulement sa raison de vivre, sa raison d'être, il ne fait plus qu'un avec elle-même, comme le répète Virginie :

« Toutes ses actions, toutes ses pensées depuis le départ de mon père, tendaient à trouver un moyen de le rejoindre. »

Et, de Dunkerque, elle écrit le 8 fructidor (25 août) à Rosalie pour lui dire, on ne peut plus clairement, qu'elle obéit à la volonté de Dieu :

« Je songe que je suis dans l'ordre, que je fais la volonté de Dieu, cherchant à me conformer à ses desseins sur nous ; je sais que cette volonté sainte était la nourriture de celles que nous pleurons, que la leur y est unie plus fortement et plus immuablement que jamais ; je sais d'ailleurs que l'espoir qui m'anime était l'objet de leurs vœux les plus tendres et *je marche en paix au nom du Seigneur* quoiqu'en m'arrachant à vous et tout ce qui reste de ma sœur. »

Elle lui demande, d'autre part, de s'occuper de Laure de Ségur ; et c'est presque un ordre qu'elle lui donne :

« Je vous recommande d'une manière toute particulière Mme de Ségur, ses enfants et surtout ma chère petite Laure à qui j'ai promis de recevoir de vous tous les services que j'ai été assez heureuse de lui rendre. Il semble, ma chère amie, que la voix du sang de ma mère ait été écoutée pour ces enfants et que j'ai été envoyée par elle pour cultiver les fruits

des grâces extraordinaires qu'elle leur obtient. Laure
est un prodige de la grâce qui la soutient au milieu
des obstacles d'une manière surprenante. Elle m'aime
comme si j'étais sa mère, je l'aime tendrement aussi
et me suis vraiment attachée par tant de liens à
Mme de Ségur et à ses enfants qu'ils sont devenus,
tous quatre, un intérêt majeur dans ma vie, qu'il faut
bien que vous partagiez, mais je n'en doute pas, car
vous y serez attirée comme moi et vous songerez que
vous remplissez un des vœux de ma mère et avec les
signes les plus consolants de sa bénédiction. »

La duchesse d'Ayen du haut du ciel a demandé à
sa fille de veiller sur Laure, comme elle avait veillé
elle-même sur Adrienne, et c'est cette ineffable présence « qui a ranimé dans la vie presque morte
d'Adrienne, un grand et tendre intérêt ».

Adrienne, qui peut désormais, comme l'écrit Virginie, « se livrer à la joie d'avoir atteint son but »,
regarde tout, prend plaisir à tout.

« Nous avons été hier au navire qui nous emmène,
il est excellent et très commode. Le capitaine bosto-
nien est fort doux et fort honnête ; la saison est
superbe et l'ordre de la providence semble être
d'aplanir les chemins devant nous. Nous sommes dans
une famille très chrétienne qui nous procure la messe
tous les jours. »

Après d'ultimes recommandations à Laure de Ségur
dont la pensée ne la quitte pas, Adrienne réserve sa
dernière lettre de France à la fidèle Mme Beauchet ;
elle lui avait déjà écrit le 11 fructidor (28 août) ; on
a peine à croire que ce court billet est adressé à une
femme de chambre :

« Il n'est aucune situation de ma vie où votre touchante amitié pour moi ne soit une ressource, une
consolation enfin où elle est un adoucissement à mes
maux, où elle ajoute une consolation que Dieu
commence à me donner et me préparer depuis quel-

que temps. Votre aimable lettre du six a été bien sentie par toute la famille, je vous en réponds... mes enfants vous aiment, non seulement à cause de moi, mais parce que vous êtes bien aimable. Nous aimons aussi vos petits, eux et moi, pour la même raison et nous les embrassons de tout notre cœur. Dites à leur père mille choses bien tendres pour moi. »

14 fructidor (31 août) : le *Little Cherub* devrait prendre la mer ; la lettre à Mme Beauchet respire presque l'allégresse ; Adrienne n'est plus la même : elle s'ouvre, de nouveau, à la vie, à l'espoir ; dans tout ce qui lui arrive, elle voit l'action de la providence ; c'est Dieu qui la conduit vers Olmütz :

« Nous sommes au moment de partir, ma chère amie, par le plus beau temps du monde, si beau qu'il est le seul obstacle qui puisse retarder notre départ ou prolonger notre traversée de quelques heures. Comme cette lettre ne partira que si nous sommes hors du port, vous serez bien assurée que le calme ne se sera pas opposé à notre marche quand cette lettre vous arrivera. Nous avons d'excellentes provisions. Le capitaine le plus soigneux, le plus sobre et le plus obligeant possible. Tout ce qui veut bien me regretter peut être tranquille sur mon compte. Chargez-vous de le dire à tous ceux que vous connaissez et qui vous demanderont de mes nouvelles. Je n'ai pas d'inquiétude sur mon voyage : à chaque petite circonstance je vois que la providence veille sur mes enfants et moi d'une manière particulière et que son dessein est de me mener vers la consolation. »

18 fructidor (4 septembre) : le calme persiste ; Adrienne en profite, dans un dernier mot à Mme Beauchet, pour être sûre que sa femme de chambre et sa gouvernante, Mlle Marin, ne manqueront de rien, même si la monnaie perd de sa valeur :

« Si la monnaie changeait, forcez nos amis de faire quelques avances pour vous et Mlle Marin. Possédant des fonds de terre, je suis toujours assurée de les vendre. »

19 fructidor (5 septembre). Le vent se lève enfin, le *Little Cherub* quitte Dunkerque à destination d'Altona. Anastasie qui observe tout, qui s'amuse de tout, dit dans une lettre à Laure de Ségur, ce qu'a été la traversée :

« Notre voyage a été très heureux ; maman et Virginie n'ont été que pendant trois jours dans le triste état de vomir aussitôt qu'elles levaient la tête du lit où elles étaient étendues ; j'ai été malade aussi, mais moins qu'elles ; nous avons eu le capitaine le plus obligeant, le plus attentif et le moins gênant que nous puissions trouver ; il y avait dans notre chambre de quoi juste être étendues toutes les trois. Elle donnait sur celle du capitaine, où nous avons mangé le quatrième jour. Cette chambre avait trois fenêtres et était très jolie. Nous avions un petit mousse très laid mais très leste, qui nous servait d'une manière qui nous amusait beaucoup, surtout depuis que son emploi était devenu un peu moins désagréable, et tu ne saurais croire la bonne cuisine qui sortait du lieu si noir où on la faisait, et des mains si grasses, et si sales de notre vieux cuisinier, qui l'est depuis cinquante ans, et dont la laideur enfumée dispenserait d'eau tiède quand on est malade. Du reste, je suis loin de dire du mal de notre cher « petit chérubin » (cette planche bénie après le naufrage, où nous avons tant perdu) car nous y avons été très bien. »

Adrienne pense déjà à la joie des retrouvailles ; mais par-delà cette joie, elle éprouve le besoin, dans une lettre qu'elle écrit au cours d'une escale du *Little Cherub* à Gluestadt, d'ouvrir son cœur au prisonnier d'Olmütz. Un nouveau témoignage d'amour, avec en passant l'ombre d'un reproche, le besoin d'expliquer et de justifier sa conduite, la conscience du risque qu'elle prend en emmenant ses filles, et par-dessus tout le désir de l'avoir désormais tout à elle, pour le soutenir, l'aider, le protéger et... le servir :

« Gluestadt à bord du *Little Cherub,* 8 septembre 1795 (22 fructidor). Je suis donc libre, mon cher cœur, puisque me voici dans le chemin qui me rapproche de vous. L'excès de ma joie est tel que je ne puis vous la peindre qu'en vous disant que je me reproche d'être encore capable d'en éprouver un sentiment si vif après nos malheurs. Ils empoisonneront le reste de ma vie, mais je sens que celui qui pouvait l'éteindre m'a été épargné, puisque je vous retrouve. Cet espoir me ranimait presque au pied de l'échafaud.

« Nos petites qui sont avec moi partagent tout et je vous les amène avec la confiance que vous serez content d'elles et la certitude que vous êtes un heureux père et qu'il serait dommage que de pareils enfants n'en eussent pas un tel que vous. Notre fils est à Boston, j'ai reçu des nouvelles de son arrivée. J'en suis aussi bien plus contente que je ne puis vous le dire. Vous aurez les motifs de toute ma conduite, de mes démarches, pourquoi je me suis décidée à prendre cette route, et c'est moi-même, mon cher cœur, qui vous expliquerai tout cela. Je suis persuadée que vous n'avez pas toujours été juste envers moi, mais j'ai l'espérance de vous convaincre que dans tout ce que j'ai fait, il n'est pas un seul détail de ma conduite que vous n'eussiez approuvé si vous ne l'eussiez dicté vous-même. Vous jugez à quel point il m'était nécessaire d'avoir au moins cette intime confiance dans l'abîme d'horreurs où nous étions plongés et par lequel nous étions séparés, avant que je puisse m'expliquer plus au long avec vous ; ma marche seule vous indiquera suffisamment que le parti que j'ai pris de venir par mer, de Dunkerque à Altona et de là à Olmütz, presque sans m'arrêter, n'a eu pour objet que de m'isoler de tous les partis. Il m'a paru que l'expérience de nos *trois années* de captivité vient à l'appui de ce que je pense, qu'il n'appartient de vous servir convenablement qu'à ce qui est uniquement à vous et qui cherche sans cesse à n'être pas indigne de vous. Il m'a semblé aussi que votre femme ne devait réclamer d'autre protection que celle des Etats-Unis. Aussi ai-je logé chez le consul à Dunkerque et me suis-je embarquée sur un navire américain. Le passeport que m'a donné le Comité de salut public en France est pour nous y rendre et mon argument est que, lorsqu'on est condamné à l'ostracisme, on peut subir cette peine avec sa femme et ses enfants. Si, au bien de vous rejoindre je puis ajouter celui de vous servir et de partir ensemble pour la terre de la Liberté, il ne me restera qu'à vous conjurer de bénir avec moi celui qui gouverne toutes choses, devant qui cette vie misérable est si peu de chose, puisqu'il a permis qu'elle fût si cruellement enlevée à celles que nous pleurons, mais qui sait à présent nous rendre, à tous deux, si précieuse, celle qu'il nous a conservée. Adieu, je finirai cette lettre à Altona. »

C'est le 13 septembre que le *Little Cherub* arrive à Altona. Adrienne va y retrouver sa sœur Pauline qui vit avec leur tante, Mme de Tessé : celle-ci a acheté et exploite un domaine qui permet de subvenir aux besoins de la petite colonie abritée sous l'aîle de la charitable dame.

Adrienne n'avait pas revu Pauline depuis plus de quatre ans. Elle se faisait une joie de ces retrouvailles, comme elle l'avait écrit de Dunkerque à Rosalie :

« Ce sera à peu près dans huit ou dix jours que je verrai Pauline, ma chère amie, et en m'éloignant de vous, j'en serai bien près, dans ce moment où nos cœurs si inséparablement unis éprouveront une émotion sentie de tous trois et dont nous deux avons déjà fait l'expérience. »

Pour Pauline, c'est autre chose que de la joie. La nuance n'a pas échappé à Anastasie comme en témoigne sa lettre à Laure de Ségur :

« Mme de Tessé courut à notre auberge, et nous allâmes ensemble dans sa maison, où on disposait ma tante, la plus jeune qui soit ici, à revoir maman. Son état violent, sa joie, t'est facile à juger. Pleurer avec sa sœur était une consolation dont elle avait un si grand besoin, dont il y avait si longtemps qu'elle était privée. »

Mais c'est A. Callet qui, dans le récit qu'il a fait de la vie de Pauline, met en évidence le désarroi dans lequel l'annonce de l'arrivée d'Adrienne a plongé Pauline. Elle est en train de tricoter une couverture pour Mgr de Bonald, évêque de Clermont, réfugié lui aussi à Altona, lorsque Mme de Tessé reçoit une lettre de la princesse d'Hénin :

« Jusque-là l'aiguille allait toujours. Mais la princesse annonçait à Mme de Tessé la prochaine arrivée de Mme de La Fayette à Altona. Pour le coup, l'aiguille s'arrêta d'elle-même, et de toute la journée il fut impossible à Mme de Montagu de faire un point. Elle n'était pas plus tôt assise qu'elle avait envie de se lever. Elle était dans une agitation extraordinaire.

« Elle avait appris depuis quelque temps que sa sœur était libre, et Dieu sait quelles actions de grâces elle en avait rendues. Elle avait même confié à M. de Mun une lettre pour elle, tant elle était loin de s'attendre à la revoir si tôt. Et que venait-elle faire à Altona ? Est-ce qu'elle fuyait quelque persécution nouvelle ? Mme de Montagu, pleine d'espoir, de doutes, d'inquiétudes, allait et venait sans pouvoir fixer son esprit et calmer son cœur, incapable de rien faire, sinon de préparer la chambre que sa sœur devait occuper, et d'y remonter sans cesse, pour s'assurer qu'il n'y manquait rien.

« Le lendemain matin, se trouvant un peu apaisée et rafraîchie par quelques heures de sommeil, elle allait se remettre à l'ouvrage, lorsqu'un coup de canon annonça l'entrée en rade d'un navire. Elle tressaillit à ce bruit et jura à Mme de Tessé, qui se refusait à y croire, que c'était sa sœur qui arrivait. Elle voulait aller à sa rencontre, quoi qu'elle en eût à peine la force... »

Pourquoi un pareil désarroi ? Parce que l'arrivée d'Adrienne réveille en elle une foule de souvenirs pénibles. Elles ne s'étaient pas revues depuis la rencontre à l'auberge des Marthes de Vairre en 1791 ; or, c'est là que Pauline avait dit à Adrienne qu'elle ne pouvait recevoir La Fayette à Plauzat sans encourir la disgrâce de son beau-père, le vicomte de Beaune. En décembre 1792, alors qu'en prenant avec lui le chemin de l'exil, elle était passée devant la forteresse de Wesel où elle savait que Gilbert était prisonnier, elle n'avait pas osé lui demander d'arrêter un instant la berline, parce qu'elle s'attendait à un refus. Enfin, le 4 juin 1795, elle avait écrit d'Erfurt à Adrienne une lettre dans laquelle elle évitait soigneusement de désigner nommément La Fayette de peur de faire courir des risques à sa sœur.

Comment expliquer cette abdication constante ? C'est que Pauline était d'une extrême fragilité nerveuse ; elle répugnait aux chocs, aux heurts dans lesquels elle savait qu'elle aurait le dessous ; elle en arrivait à oublier sa propre personne, à se fondre dans les milieux qu'elle traversait pour mieux s'adapter à eux.

De cette fragilité nerveuse, elle avait une conscience très nette ; elle savait qu'elle n'était pas femme à entreprendre, à lutter, à combattre pour essayer de réaliser un projet qu'elle aurait conçu ; elle n'avait d'autre idéal que d'offrir ses sacrifices et ses souffrances à Dieu ; elle savait aussi que la vie d'Adrienne, depuis qu'elle avait épousé Gilbert, n'était, au contraire, qu'un projet, une entreprise qu'elle s'efforçait, contre vents et marées, de faire aboutir. Adrienne était la femme forte auprès de laquelle, quoiqu'elle lui reprochât de n'être pas assez « intérieure », elle se sentait en état d'infériorité.

Si l'on ajoute le prestige que donne l'âge — Adrienne qui avait huit ans de plus que Pauline, ne l'appelait jamais que « ma petite sœur » — on comprend aisément que l'aînée n'eût qu'à paraître pour prendre sur la cadette un ascendant que Callet, biographe de Pauline, met bien en évidence :

« Mme de La Fayette parut quelques instants après, suivie de ses deux filles Anastasie et Virginie ; ses malheurs l'avaient beaucoup changée, mais on voyait encore dans ses traits, sous la trace des souffrances, un calme surprenant, et avec cela, un air de résolution qui avait quelque chose de tout à fait imposant. »

Mais le désarroi de Pauline fait place très vite à la joie, aux larmes, aux étreintes de cette réunion. La « familiomanie » des Noailles a repris le dessus.

Cependant, il faut bien en venir à parler du « projet d'Olmütz » ; c'est ici qu'Adrienne va reprendre de nouveau ses distances : elle dit, comme la chose la plus naturelle du monde, « qu'elle tâchait de rejoindre son mari qu'on avait transféré dans la forteresse d'Olmütz en Moravie ».

Mme de Tessé et Mme de Mun, « les sages de la compagnie », note Callet, tout en admirant les sentiments qui entraînaient Adrienne, firent à son projet des objections d'importance :

« Elles lui représentèrent les difficultés de l'entreprise, les rebuts qui l'attendaient à Vienne, et jusqu'au danger du succès, sa santé déjà affaiblie par le séjour des prisons, la brutalité des geôliers, le manque d'air et d'exercice pour ses filles, tout ce que la raison et l'amitié pouvaient inventer de plus propre à la détourner de son héroïque démarche. »

En vain : le propre de l'héroïsme, n'est-ce pas précisément d'ignorer les mobiles auxquels obéit le commun des hommes, n'est-ce pas d'être au-dessus du « raisonnable » ? Brusquement, sur le fond de grisaille d'Altona, Adrienne prend une dimension nouvelle : la passion qui l'emporte vers Gilbert la fait presque apparaître comme une étrangère, au milieu d'êtres qui lui sont pourtant très chers :

« Le séjour de Mme de La Fayette à Altona, écrit A. Callet, fut de courte durée. Elle y acheta, pour abréger son voyage, une chaise de poste, prit un domestique allemand qui savait un peu le français et pouvait, chemin faisant, lui servir d'interprète, et se procura, non sans peine, un passeport ; ses emplettes terminées, ses mesures prises, elle n'accorda aux prières de sa tante ni un jour ni une heure, et partit avec ses filles. »

Mais loin de s'en plaindre, les réfugiés d'Altona restent sur l'impression profonde qu'a produite sur eux le passage de ce personnage hors série. Pauline, plus particulièrement, ressent tout ce que la présence d'Adrienne a eu d'enrichissant pour elle :

« Mme de Montagu n'éprouva, pour ainsi dire, aucun vide de son départ. Il lui semblait qu'elle était toujours présente à ses côtés, et qu'elle l'entendait. Elle aimait à repasser dans sa mémoire tout ce qu'elle lui avait dit, et elle sentait, dit-elle, « qu'elle avait de quoi vivre longtemps sur les provisions que sa sœur lui avait laissées. »

Avant de quitter Altona, cette « sainte pratique », comme André Maurois et moi-même l'avions surnommée, adresse d'abord un court billet le 19 septembre à Mme Beauchet à qui elle tient à assurer un train de vie décent :

« Je vous demande instamment, ma chère amie,

d'acheter toujours la quantité de provisions dont nous sommes convenues : elles sont de la première nécessité et il est nécessaire à mon repos de songer que mes vœux sont remplis à cet égard et que le renchérissement qui peut être arrivé depuis mon départ, n'y met aucun obstacle. »

Mais, bien entendu, c'est Gilbert qui est au centre de ses préoccupations :

« Les nouvelles de ce qui m'est le plus cher au monde ne sont bonnes que pour ce qui regarde la santé et douloureuses pour ce qui regarde la situation d'ailleurs. Puisse-t-il bientôt recevoir de la consolation. »

Le lendemain 20 septembre, elle écrit longuement à son fils George ; bien que les nouvelles de Gilbert ne soient pas très encourageantes, elle ne veut pas désespérer et persiste, quoi qu'il arrive, à se donner raison :

« Votre père est toujours à Olmütz et plus resserré que jamais depuis sa fuite qu'il avait tentée ; il a pu cependant écrire quelques lignes, mais je n'ai pu en avoir aucune. Il paraît qu'il n'a pas même de communication avec ses gens. Je pars demain pour Vienne avec vos deux sœurs et il me paraît impossible que nous ne réussissions pas, du moins, à obtenir de nous enfermer avec lui. Ce sera à ce moment, mon cher enfant, que je vous regretterai plus que jamais et pour nous et pour lui et pour moi-même et pour vos excellentes petites sœurs qui partagent avec vous tous leurs sentiments comme si vous étiez présent. Cependant, mes regrets ne sont mêlés d'aucun repentir et tout me prouve ici que nous avons pris le meilleur parti en prenant la douloureuse résolution de nous éloigner et de suivre une carrière différente. On ne désespère pas que mon voyage à Vienne, outre le bien qu'il me paraît à peu près certain d'obtenir, ne soit aussi vraiment utile à sa liberté. »

(Notes manuscrites, écriture difficile à déchiffrer)

Je ... emporte à Hambourg 1920

1 jour. Dépense
à Hambourg
Septième — 2 — 24 k
1er Jour poste — 6 — 72

2 jour
auberge poste et
raccommodage
de la voiture — 8 — 96

3 jour
auberge poste — 7 — 84

4 jour
auberge poste — 8 — 96

5 jour
raccommodage
de la voiture — 6 — 72
auberge poste — 7 — 84

6 jour
chevaux auberge 9 — 10 ½
&c.

7 jour
chevaux aubr
barrières 21 — 252 k

8 jour
chevaux — 9 — 60

79 — 94 ½ — — — 94 ½
106 ½
je n'ai que 86 ½
19 ²⁄₃

— Le budget des dépenses est toujours scrupuleusement tenu.

Elle repense tout naturellement à une intervention diplomatique des Etats-Unis en faveur de Gilbert ; le refus du général Washington lui est resté sur le cœur, et elle souhaite très adroitement que George remette, sans en avoir l'air, la question sur le tapis :

« Vous aurez sûrement vu le général Washington avec votre ami et vous aurez parlé de votre père. Je n'écris plus et n'ai plus le courage de demander aucune démarche. On disait pourtant qu'une demande des Américains à l'Empereur pourrait être utile ; je n'en sais rien, mais vous pourrez le dire *historiquement*. »

La petite famille quitte enfin Altona à destination de Vienne où elle arrive le samedi 3 octobre (11 vendémiaire) à cinq heures du matin : la première lettre d'Adrienne est pour Pauline ; le mot d'introduction qu'on lui avait remis lui a été fort utile et elle incline vers l'espoir. Elle a appris que Gilbert est autorisé à faire quelques promenades, et on lui a promis d'autre part qu'elle serait reçue par le prince de Rosenberg, Grand Chambellan, qui pourrait lui obtenir une audience de l'Empereur.

Le mardi 6, nouvelle lettre à Pauline : le prince de Rosenberg l'a reçue « à merveille », après un bref quiproquo qui a amusé Adrienne :

« Suivant le conseil de Mme de Rumbeck, je lui avais écrit un petit billet pour le prier de recevoir Mme de Motier, née Noailles. Il avait peur que ce ne fût une aventurière et la découverte de mon autre nom, au lieu de l'effrayer, l'a rassuré. Il m'a promis de bons offices auprès de l'Empereur, une audience de Sa Majesté Impériale pour samedi, et m'a donné une telle espérance de succès que je ne crois pas possible d'en douter et que je vis dans l'espoir d'être sous huit jours à Olmütz. »

Anastasie croit même qu'il sera possible d'obtenir la libération de son père ; Adrienne ne va pas jusque-là : elle a le sentiment très net que pour Rosenberg, on ne peut raisonnablement rien espérer avant la signature de la paix.

Le jeudi 10, elle écrit à une amie, Mme d'Arenberg, dont elle était sans nouvelles depuis longtemps, et à qui elle raconte les derniers moments de sa sœur, la vicomtesse Louise de Noailles :

« Après s'être préparée à ce cruel moment, par bien des angoisses et par l'exercice de la piété filiale (non seulement envers notre admirable mère, ce n'était pas un mérite, mais envers ma pauvre grand-mère qui disait que jamais elle n'avait été si bien servie), elle était devenue toute céleste à mesure qu'elle approchait du moment de son sacrifice. J'ai vu une femme qui avait passé, à la Conciergerie, la dernière nuit avec elle, et qui dit qu'au milieu de beaucoup d'exemples de courage, aucun ne lui a jamais ressemblé. Ce charme si simple que vous lui connaissiez était le même. Elle passa la nuit entière à prier Dieu et à soigner ma grand-mère ; chargea cette femme de ses adieux pour ses enfants, les assurant qu'elle les aimait, les quittait avec la plus vive tendresse, mais avec la force que donne la religion ; une autre personne m'a dit que, dans les derniers moments, elle disait à ma mère : « Courage, maman, il n'y a plus qu'une heure » et celui qui ne les a pas quittées m'a assuré que son maintien, sa physionomie avaient la sérénité d'un ange. »

Suit un retour sur elle-même dont elle est coutumière : elle se reprend à vivre, mais elle ne veut pas qu'il soit dit qu'elle vit pour elle-même :

« Vous êtes peut-être étonnée, mon amie, que j'aie la force de dire tout cela ; il y a longtemps qu'il m'est difficile de supporter l'idée du prix qui, peut-être, a racheté ma vie pour mes enfants ; cependant, je n'ai jamais désiré la mort. Je les aime trop et ils ont trop besoin de moi ; mais dans ce moment même où je vais bientôt être réunie à ce que j'aime et lui porter une consolation qui lui est si nécessaire, où j'ai le bonheur d'espérer d'adoucir sa vie si cruelle de toutes les manières, je sens que je ferais, sans beaucoup de répugnance, le sacrifice de la mienne. »

Adrienne est enfin reçue, le samedi 10 octobre, par l'empereur François II ; elle écrit aussitôt à sa tante, Mme de Tessé, une lettre débordante d'optimisme :

« Nous avons eu ce matin notre audience de l'Empereur, ma chère tante ; notre permission est accordée, réellement de très bonne grâce ; il faut encore trois ou quatre jours pour qu'elle nous soit expédiée dans les formes ; ainsi dans cinq ou six jours au plus, nous serons avec notre cher prisonnier. Vous saurez juger nos sentiments ; et j'ai besoin de le croire, car il me serait bien impossible de les peindre. Quant aux faits, les voici : Nous avons été reçues et servies, le plus obligeamment du monde, par le Grand Chambellan, et véritablement reçues à merveille par l'Empereur. *Il m'a dit qu'il en ferait autant à ma place, que c'était tout ce qu'il pouvait, mais qu'il m'accordait cette permission avec grand plaisir, que M. de La Fayette était bien traité, et que ma présence serait un agrément de plus.* Que d'ailleurs *nous pourrions partir ensemble quand il sortira de prison.*

« J'ai, comme vous croyez bien, parlé de sa liberté ; il m'a répondu « que cela dépendait des circonstances, qu'il avait les mains liées là-dessus, que c'était une affaire compliquée » ; j'ai dit que rien n'était moins compliqué que de le rendre à sa femme et à ses enfants. Je n'ai pas osé insister dans le moment, et me suis réduite à parler des autres prisonniers et des gens de M. de La Fayette dont l'affaire n'était *point compliquée* et qui avaient beaucoup souffert, et j'ai demandé la permission d'écrire pour eux d'Olmütz, s'il était nécessaire, à Sa Majesté Impériale. Il me l'a promis très volontiers, et je compte faire usage de la permission pour d'autres objets encore, s'il y a jour à espérer quelque succès. D'ici au moment où mes expéditions seront délivrées, je vais m'informer si j'ai quelques possibilités d'espérer, de travailler avec quelque succès à obtenir sa liberté, soit en parvenant à l'Impératrice, ce qui n'est pas, ce me semble, si facile, soit en parlant aux ministres. Mais j'ai cru que, pour aujourd'hui, je ne devais pas pousser davantage et ne parler que de reconnaissance pour la bienveillance personnelle qu'on m'a témoignée. »

Décidée à battre le fer quand il est chaud, elle remet le lundi 12 à M. de Thugut, ministre des Affaires étrangères, une note dans laquelle elle s'attache à montrer que rien ne justifie la détention de La Fayette. Dans son désir de voir libérer son époux, et croyant compter sur l'appui bienveillant de François II, elle se lance dans des considérations de haute politique, dont elle espère qu'elles produiront un effet favorable :

« *Note remise à Vienne à M. de Thugut, le 12 8bre 1795*, (après l'audience de l'Empereur et avoir obtenu la permission d'aller à Olmütz.)

« On ne peut nier que la captivité de M. de La Fayette arrêté lorsqu'il traversait le pays comme voyageur pour se rendre dans un pays neutre, lorsqu'il était poursuivi par les auteurs des crimes du Dix-Août et parce qu'il avait renouvelé à la tête de son armée et voulu faire renouveler à son armée le serment de fidélité au roi ; on ne peut nier, dis-je, que cette captivité ne soit une de ces mesures que les événements violents d'une révolution peuvent seuls expliquer. J'ignore à quels motifs il est permis d'assigner celle-ci, mais quels qu'ils soient, aucun, ce me semble, ne peut me décourager dans ce moment, ni détruire l'espoir que le sentiment de la consolation que je reçois me dispose à concevoir. Je ne puis douter, et moins encore depuis l'opinion que j'ai conçue de la bonté naturelle de l'Empereur, que le moment où cessera ces mesures violentes lui soit agréable. Ne pourrais-je pas espérer que j'offre à Sa Majesté Impériale une occasion favorable de briser les fers de celui qui m'est si cher ? Rendre M. de La Fayette à sa femme et à ses enfants, cela ne tient à aucune combinaison politique, cela évite même d'y mêler sa cause qui par elle-même est séparée de toute autre, cela ne nécessite aucune explication.

« Au reste l'Empereur n'est auxiliaire de personne et, d'ailleurs, quelle opposition ses alliés pourraient-ils présenter à ce prince pour l'empêcher de suivre le mouvement naturel de son cœur ? L'Angleterre ne se mêlera pas sûrement de poursuivre un particulier, les autres puissances ont fait leurs paix séparées, et sûrement les princes français ne voudraient pas d'après leurs principes, j'ose même dire, ne pourraient pas d'après leur situation, s'opposer à ce qu'une famille déchirée par de si cruels malheurs pût aller se réunir en Amérique où mon fils est déjà, et où son père cherchait un asile au moment où il s'échappait à la rage des monstres qui ont inondé la France de sang et d'horreurs.

« J'ai réuni dans cette petite note quelques-uns des motifs d'une confiance dont il me semble que le sentiment ne peut déplaire à Sa Majesté Impériale, ni à celui dont j'implore les bons offices auprès d'elle ; la vivacité de mes vœux et de l'intérêt qui m'inspire, répond de ma vive reconnaissance. »

Hélas ! Elle ne se doute pas que l'audience « providentielle » que lui a accordée François II, va se retourner contre elle : pour l'obtenir le prince de Rosenberg, Grand Chambellan, familier de l'Empereur, a passé délibérément par-dessus la tête de Thugut. Celui-ci en a éprouvé un vif ressentiment qu'est venue aggraver la note dans laquelle Adrienne semblait vouloir donner la leçon à la diplomatie autrichienne. Aussi à dater de cet instant, Thugut, monarchiste étroit et borné, devient l'ennemi implacable des La Fayette. La manière dont elle est reçue, dissipe complètement les illusions d'Adrienne :

« M. de Thugut, dit Virginie, reçut ma mère avec une politesse contrainte. Chacune de ses expressions montrait un sentiment de haine contre mon père qu'il ne parvenait point à dissimuler. Elle sentit avec une nouvelle vivacité tout ce qu'elle devait de reconnaissance à M. de Rosenberg qui lui avait, à l'insu du ministre, obtenu l'audience de l'Empereur. Elle resta convaincue qu'à moins de circonstances imprévues, la liberté de mon père ne pourrait de longtemps s'obtenir. »

Après bien des lenteurs qui témoignaient de la mauvaise volonté de Thugut, le sauf-conduit pour Olmütz est enfin établi ; le ministre de la Guerre Ferraris, qui le remet à Adrienne, croit devoir la prévenir des risques qu'elle prend : elle sera fort mal à Olmütz et le régime qu'elle va subir pourra avoir de graves inconvénients pour ses filles et pour elle.

Mais Adrienne ne l'écoute même pas : elle part sur-le-champ, et déjà elle est en pensée auprès de Gilbert, déjà elle est tout à la joie de le retrouver, une joie dont elle ne se croyait plus capable, comme elle l'écrit à Pauline le mercredi 14 octobre, de Wolkersdorf, « à deux postes de Vienne » :

« C'est du chemin de Vienne à Olmütz que je vous écris, ma chère petite sœur ; nos permissions ont été expédiées hier soir et vous jugez que nous n'avons pas différé de nous mettre en marche. Vous jugerez aussi l'état de nos cœurs ; c'est demain que nous arriverons au but de nos vœux. Le bien ranime la vivacité de la douleur, cela ne me surprend pas, mais je me sens capable de plus vifs sentiments que je ne l'ai cru longtemps, depuis que je suis si flétrie ; je ne sais comment on supporte celui que nous allons éprouver demain, mon cher prisonnier et moi. Mon cœur suffit à peine à la reconnaissance que je dois à Dieu. »

Sa joie est telle qu'elle revient sur l'impression fâcheuse que lui avait faite Thugut, au point de caresser des espérances sans fondement, sur le sort réservé à Gilbert :

« J'espère avoir un peu préparé les esprits en faveur de sa liberté et je les ai trouvés en général bien mieux disposés que je ne l'avais cru. J'ai obtenu sans peine, et eu une grande conversation avec le baron de Thugut qui est le plus froid et le plus impénétrable des hommes. Je lui ai laissé la petite note que je joins ici et qui m'a paru fixer assez favorablement son attention. »

Alors qu'elle approche d'Olmütz, sa pensée va tout naturellement vers son fils George qui sera absent de cette grande réunion de famille :

« C'est demain, mon cher enfant, que nous nous réunissons à votre père. Jugez, si vous le pouvez, ce que je sens et combien je vous regrette. Je vous écrirai d'auprès de lui, et il écrira dans la même lettre à ce que j'espère ; mais je ne veux pas montrer au commandant les aimables griffonnages de la chère Virginie, je fais cette lettre cette nuit et, en attendant que je vous en dise plus long, je vous embrasse avec une tendresse plus vive encore qu'à l'ordinaire car tous les sentiments de mon cœur sont vivifiés. »

La petite caravane touchait, enfin, au but, lorsque les essieux de sa berline se brisèrent ; elle reprit la route dans une voiture découverte comme on en trouvait à toutes les postes et qui permettait d'embrasser d'un regard tout le paysage. Lorsque le postillon se retourna et, montrant du fouet les clochers

de la ville leur cria : « C'est là ! », Adrienne ne put
retenir un cri et, les yeux baignés de larmes, elle dit
à ses filles :

« Mes chères petites, vous n'aurez pas assez de
toute votre vie pour remercier Dieu ! »

UNE MEME PRISON

Le lendemain matin, elles rassemblent avec une hâte fébrile tout ce qu'elles destinent à leur cher prisonnier : couteaux, fourchettes, journaux, livres, papier, plume d'oie pour écrire, etc. Une nouvelle et cruelle déception les attend : tout est confisqué, et c'est les mains vides, qu'elles s'engagent dans les sombres corridors de la prison d'Olmütz.

Pendant plus d'un an, La Fayette n'avait pas vu une figure humaine, n'avait pas entendu une voix humaine. Il était comme rayé du monde des vivants. Aussi quand la porte de sa cellule s'ouvrit dans la pénombre et qu'il vit se profiler trois silhouettes, celles d'une femme et de deux enfants, il crut qu'il était devenu fou... Lorsqu'il se ressaisit, lorsqu'il comprit, il ne put que sangloter ; sanglots de joie, sanglots de reconnaissance, traversés par l'ombre d'un remords : en découvrant l'amour infini que lui avait voué Adrienne, il découvrait que, s'il avait été tout pour elle, elle n'avait pas été tout pour lui. Mais dès cette minute inoubliable, il se sentit devenir un autre homme. L'historien Brand Weelock nous fait toucher du doigt la différence entre le La Fayette d'avant Olmütz et le La Fayette d'après Olmütz :

« Il avait jusque-là accepté l'amour et le dévoue-

9

ment d'Adrienne. Elle devint désormais l'être nécessaire. Il se sentit prisonnier des soins et des attentions
qu'elle avait pour lui. »

Adrienne voyait se réaliser le rêve qu'elle pour-
suivait obstinément depuis trois ans : avoir Gilbert à
elle seule et pour elle seule. Rêve qui lui semblait à
ce point ambitieux qu'elle s'était crue obligée de se
justifier dans la lettre qu'elle lui écrivait à bord du
Little Cherub :

« Il m'a paru qu'il n'appartient de vous servir
convenablement qu'à ce qui est uniquement à vous et
qui cherche sans cesse à n'être pas indigne de vous. »

Le bonheur de ces retrouvailles est tel que, pour
quelques instants, ils oublient leurs souffrances, leurs
misères et jusqu'à la prison... Enfin Adrienne regarde
Gilbert, elle voit ce qu'il est devenu :

« Trois années de captivité, dit Virginie, la dernière
passée dans une solitude complète, car depuis la tentative d'évasion il ne voyait plus son domestique,
l'inquiétude sur tous les objets de son affection, ses
souffrances de tous genres avaient profondément
altéré sa santé : le changement de son visage était
effrayant. »

Mais la passion d'Adrienne est à l'abri de ces vicissitudes physiques ; elle éprouverait une joie sans
mélange si elle n'était pas rivée aux souvenirs amers :

« Ma mère en fut frappée ; mais rien ne pouvait
diminuer l'ivresse de sa joie, que l'amertume de ses
irréparables pertes. »

Pourtant, désireuse de laisser Gilbert tout à son
bonheur, elle ne dit mot des années tragiques qu'elle
avait vécues ; de son côté, Gilbert n'osait parler de
ses craintes, de peur de les voir confirmer...

Lorsque la nuit tomba sur Olmütz et qu'elle eut
installé Anastasie et Virginie dans leur chambre,
qu'une cloison séparait de celle qu'elle occupait avec
Gilbert, Adrienne ne put garder plus longtemps son

douloureux secret... Gilbert crut défaillir : les mots de Terreur, de guillotine, avaient filtré à travers les murs d'Olmütz ; mais il ne pouvait, dans sa prison solitaire, y percevoir un écho, même assourdi, des atrocités de Paris. Et voici que l'affreuse vérité l'atteignait en plein cœur : la grand-mère, la mère, la sœur d'Adrienne étaient montées le même jour, l'une après l'autre, sur l'échafaud de la Barrière du Trône.

⁂

Le lendemain matin, dès le réveil, la petite famille goûte de nouveau la joie profonde d'être réunie, au point d'en oublier la prison... mais la prison, elle, ne se laisse pas oublier longtemps : il faut bien que les La Fayette finissent par voir comment ils sont logés et comment ils vivent...

Le « cachot d'Olmütz » ou encore la « cage d'Olmütz », expressions qui reviennent assez souvent sous la plume d'Adrienne, ne sont que des métaphores ; en fait, les salles de l'ancien couvent des jésuites étaient assez vastes ; et bien qu'on les eût compartimentées par des cloisons, les prisonniers ne manquaient ni d'espace, ni d'air. Nous devons ces précisions à l'obligeance de M. Hradecky, libraire et érudit d'Olmütz, grand admirateur de La Fayette dont la tentative d'évasion l'avait littéralement fasciné. Il a eu le courage, malgré les risques que comportait l'entreprise, de faire le voyage de Paris pour nous remettre un des bas-reliefs de la porte d'entrée de la salle dans laquelle se trouvait La Fayette. Il avait franchi la frontière en emportant, avec l'autorisation et la complicité des autorités militaires, cette pièce historique. La réussite, d'ailleurs, n'a tenu qu'à un fil : peu de temps après, les Russes occupaient la Tchécoslovaquie et verrouillaient toutes les frontières. Mais s'il y a de l'air à Olmütz, cet air comme l'observe Adrienne, « n'est ni salubre, ni parfumé ». C'est qu'un conduit d'égout passe non loin de leurs chambres et les latrines sont toutes proches ; aussi, dès les premières chaleurs, les prisonniers sont la proie des moustiques. Anastasie et Virginie couchent dans le même lit. La nourriture est assez abondante, mais, comme on a supprimé cuillers, fourchettes et couteaux, les La Fayette mangent avec leurs doigts dans des écuelles d'une propreté douteuse. Enfin l'horaire de leurs journées, comme l'écrit Adrienne à Mme de Tessé, a la stricte monotonie des horaires de toutes les prisons :

« On entre chez nous à huit heures pour le déjeuner et je suis ensuite enfermée chez mes filles jusqu'à midi ; on nous réunit pour le dîner et, quoiqu'on rentre deux fois pour prendre les plats et apporter le souper, nous restons ensemble jusqu'à ce qu'on vienne à huit heures remettre mes filles dans leur cage. Les clefs sont portées chaque fois chez le commandant et s'y renferment avec des précautions fort ridicules. »

Mais, plus peut-être encore que les souffrances physiques, les souffrances morales sont une douloureuse épreuve pour les prisonniers : interdiction de communiquer avec l'extérieur, interdiction d'avoir le moindre contact avec leurs compagnons de captivité, Bureaux de Pusy et La Tour Maubourg, interdiction enfin — la plus cruellement ressentie par Adrienne et ses filles — d'entendre la messe, quoique l'église se trouve à deux pas de la prison.

Adrienne commence donc par solliciter, en écrivant au commandant d'Olmütz, la levée de ces interdictions. N'ayant pas reçu de réponse, elle s'adresse à Ferraris, ministre de la Guerre d'Autriche, qu'elle a rencontré à Vienne chez Mmes de Windischgraetz et d'Ursel :

« 14 décembre 1795.

« Puisque Monsieur le Major veut bien pour la

seconde fois m'apporter une plume et de l'encre, la première pour répondre à mon père, la seconde à ma tante et à mes sœurs, dont, à la fin, les lettres m'ont été remises, je regarde comme un devoir d'en profiter pour vous réitérer, Monsieur le Comte, la demande que j'ai faite, trois jours après mon arrivée, de la permission d'entendre la messe ainsi que mes filles. Cette demande ne m'a jamais paru indiscrète. Mais vous me ferez bien plaisir d'y répondre favorablement avant les fêtes de Noël. Vous aurez, je le pense, été sollicité par Mme de Windischgraetz, à qui, suivant ma promesse, j'ai écrit, dès le premier moment où l'on m'en a donné les moyens, de nous accorder la permission de nous réunir à nos deux amis. Cet objet m'intéresse aussi, bien vivement. Que j'aurais de choses à dire, si je parlais de mes trop justes inquiétudes sur la santé de M. de La Fayette ! Mais l'espoir de sa liberté qui serait pour lui le meilleur de tous les remèdes, me fait différer de m'appesantir sur cet article.

« Pardonnez mes importunités et agréez, Monsieur le Comte, etc.

« Noailles-La Fayette. »

Adrienne espérait avoir une réponse avant Noël. Noël arrive et elle ne voit toujours rien venir...

Dans l'ancien couvent des jésuites devenu prison d'Etat, on ne célèbre plus la fête de la nativité ; mais Gilbert et Adrienne auront leur Noël : Noël des souvenirs heureux, Noël des souvenirs tragiques.

Noël des souvenirs heureux : le 24 décembre 1788, onze Noailles et apparentés célèbrent la veillée, dans un salon de l'immense hôtel du faubourg Saint-Honoré : la maréchale de Noailles, sa fille la duchesse d'Ayen, trois de ses cinq petites-filles, accompagnées de leurs maris : Louise de Noailles, Adrienne de La Fayette, Pauline de Montagu ; enfin trois de ses arrière-petits-enfants : Anastasie, George Washington et Virginie de La Fayette...

Noël des souvenirs tragiques : le 24 décembre 1794, les corps décapités de la maréchale de Noailles, de la duchesse d'Ayen et de Louise de Noailles gisent dans la fosse commune de Picpus ; les Montagu errent sur les chemins de l'exil ; Anastasie, George Washington et Virginie ont trouvé refuge dans les montagnes d'Auvergne...

Après ce dramatique pèlerinage, Gilbert et Adrienne font retour sur eux-mêmes et sur Olmütz. Etrange destin que le leur :

Ils ont ouvert la voie à la Révolution française : elle les a condamnés, lui à l'exil, elle à la prison, parce qu'ils ont voulu, tout en supprimant l'absolutisme et les privilèges, sauver la royauté.

A son tour, l'Europe contre-révolutionnaire a incarcéré Gilbert — c'est le quatrième Noël qu'il passe dans une geôle étrangère — « parce qu'il a été » — ironie suprême ! — « le fauteur de la révolution » et qu'il a « donné des fers à son roi ».

Mais dans leur malheur, quelle consolation ! Adrienne a rejoint Gilbert ; elle est là, ils sont réunis, ils se regardent, ils échangent un sourire empreint de fierté ; alors qu'ils touchaient au fond de la détresse, ils sont restés fidèles à leur idéal... Et, peut-être, en cet instant même, leur revient en mémoire le mot de Guillaume d'Orange « le Taciturne » :

« Il n'est pas nécessaire d'espérer pour entreprendre, ni de réussir pour persévérer. »

*
* *

Comme par un fait exprès, ils vont essuyer un nouvel échec : le 27 décembre Ferraris qui — quoiqu'il n'en dise mot — a sur le cœur l'audience accordée par François II à Adrienne par-dessus sa tête et

par-dessus celle de Thugut, répond très sèchement à
la lettre du 14 :

« Je viens de recevoir, dans ce moment, Madame la
Marquise, la lettre que vous m'avez fait l'honneur de
m'adresser en date du 14 de ce mois. J'ignore absolument à qui vous vous êtes adressée pour pouvoir
entendre la messe à Olmütz. Je ne suis même nullement dans le cas de pouvoir déférer à vos demandes, malgré le désir que j'en ai. Je ne puis que vous
observer qu'ayant consenti à partager avec M. votre
mari son sort, il ne vous sera pas possible d'obtenir
aucun changement dans votre situation.

« Recevez, Madame la Marquise, l'assurance de mes
sentiments respectueux, etc. »

Mais Adrienne n'a pas besoin de réussir pour persévérer. Elle décide de mettre les points sur les i,
c'est-à-dire de faire état des promesses de François II : pour prévenir un mouvement d'humeur de
Ferraris, elle le charge de transmettre « à Mmes de
Windischgraetz et d'Ursel un amical message » qui
lui permet de parler indirectement de sa santé et de
celle de Gilbert. Voici l'essentiel de cette lettre dans
laquelle elle utilise tous les registres :

« J'ai l'honneur de vous remercier, Monsieur le
Comte, de l'honnêteté que vous avez eue de répondre
à ma lettre aussitôt qu'on vous l'a laissée parvenir ;
je suis bien reconnaissante aussi, des regrets que vous
me témoignez sur l'impossibilité d'accorder mes
demandes. Je les avais faites à M. le Commandant
d'Olmütz, parce que Sa Majesté Impériale m'avait dit
de m'adresser à lui. Je les avais mises par écrit,
n'ayant aucun moyen de le voir. Mais pour justifier
la liberté que j'ai prise avec vous, je vous rappellerai,
Monsieur le Comte, que Sa Majesté Impériale, dans
l'audience qu'elle nous a accordée, a eu la bonté de
me dire que je trouverais que M. de La Fayette était
fort bien traité, mais que s'il y avait quelque chose

à demander, je serais fort contente du commandant.

« J'aurai aussi l'honneur de vous rappeler que Sa Majesté m'avait permis de lui écrire directement en adressant mes lettres à M. le Prince de Rosenberg, et comme, depuis que nous sommes enfermées, il m'a été impossible d'en obtenir les moyens, j'ai cru devoir vous adresser des demandes, que je vous prie d'excuser si elles vous ont paru exagérées. Voulez-vous bien vous charger encore de mille tendres compliments pour Mmes de Windischgraetz et d'Ursel ? Dites-leur que les santés de mes filles, malgré la privation d'air et d'exercice, sont passablement bonnes. La mienne est en mauvais état, et si le refus de mes demandes si simples ne me dégoûtait pas d'en faire d'autres, je croirais devoir, Monsieur le Comte, vous demander la permission et les passeports nécessaires pour aller, en laissant mes filles à leur père, passer huit ou dix jours à Vienne et consulter, sur mon état, des médecins qui vous diraient sûrement que cette demande de ma part n'est pas déplacée. Si vous croyez pouvoir y répondre favorablement, je vous serai fort obligée. Mais quel que soit l'état de ma santé, je voudrais bien n'avoir pas à y joindre des inquiétudes bien plus alarmantes sur celle du prisonnier que nous sommes si heureuses d'avoir retrouvé.

« Agréez, Monsieur le Comte, etc. »

La réponse de Ferraris, dont la politesse affectée ne fait que souligner le ton ironique, est une fin de non-recevoir absolue :

« 26 janvier 1796.

« Je suis on ne peut plus flatté, Madame la Marquise, que vous ayez été satisfaite de mon désir à vous obliger. C'est en cela que se borne celui que j'aurai toujours de vous donner des preuves de mon respect. Le Conseil de Guerre et moi ne pouvons déférer en rien aux demandes des prisonniers d'Etat. Nous n'avons d'autre charge que de les faire surveiller, en conséquence des ordres qui nous viennent de Sa Majesté l'Empereur. C'est donc à ce monarque que vous devez, je crois, vous adresser directement, puisqu'il a daigné vous en donner la permission.

« Je vous supplie, Madame la Marquise, d'agréer, etc. »

Incommodités, privations, souffrances physiques et morales de toute sorte, rebuffades, humiliations... toute autre femme en aurait été accablée ou tout au moins profondément attristée. Adrienne, elle, nageait dans la félicité. Pour la première fois, depuis la tragédie de Thermidor, elle ne disait plus non au bonheur, parce qu'elle avait retrouvé son mari. Virginie a su, en quelques phrases, montrer la force et la profondeur d'une passion qui était la raison de vivre et presque la raison d'être de sa mère :

« Je ne saurais vous peindre son bonheur. Vous en aurez quelque idée en songeant au sentiment qui, depuis l'âge de quatorze ans, avait animé sa vie : elle avait toujours souffert, soit par les séparations fréquentes et les affaires incessantes qui distrayaient mon père de son intérieur, soit par les dangers si grands auxquels il était exposé. Elle avait passé ces trois dernières années si horribles, sans presque avoir l'espoir de le retrouver.

« Dans ce moment, elle possédait le bien qui, toute sa vie, avait été l'objet de ses vœux. Elle voyait chaque jour l'influence de sa présence sur la santé de mon père et toute la consolation qu'elle lui apportait. Elle s'étonnait de retrouver la faculté d'être aussi heureuse et se reprochait d'être satisfaite de sa situation, tandis que mon père était prisonnier. On lui permettait de temps en temps d'écrire, sous les yeux de l'officier de garde, au banquier qui avançait l'argent de notre nourriture, de petites lettres ouvertes, ainsi qu'à sa sœur, Mme de Montagu. Pendant vingt-trois mois de captivité, elle n'en a pas écrit une seule, sans éprouver une vive contrariété d'être obligée, dans l'intérêt des prisonniers, de donner, par ses expressions, l'idée de leur fâcheuse position, tandis qu'elle n'aurait voulu parler que de son bonheur. »

Ce bonheur d'Adrienne rayonne tout autour d'elle : Gilbert, malgré les souffrances de trois ans de captivité, est sous l'influence bénéfique de sa femme ; Anastasie et Virginie ne se ressentent pas trop du régime de la prison. Adrienne le dit à Pauline dans une lettre du 17 février 1796 :

« Vous me demandez des nouvelles de M. de La Fayette et je sais que votre cœur en a grand besoin. Sa poitrine a bien souffert, sa maigreur est effrayante, nous devons cependant beaucoup à la douceur de l'hiver et plus encore à la douceur qu'il trouve à notre réunion. Mes filles se portent mieux que je ne pouvais l'espérer, malgré leur étroit emprisonnement. »

Elle le lui redira dans une lettre du 19 mai :

« La conservation de M. de La Fayette est un prodige que je crois devoir à ma mère : j'espère qu'elle et ma sœur le protégeront encore. C'est aussi une espèce de miracle que je sois parvenue à arriver ici ; notre présence n'est pas moins une résurrection pour lui que pour moi ; nos enfants sont excellents et bien aimables, il les aime à la folie ; le bonheur de se trouver entre nous deux, si inespéré pour elles, est senti comme le premier jour ; je n'ai pas besoin de vous dire que les rigueurs d'un pareil régime et toutes les privations qu'il cause ne leur coûtent rien. »

Ainsi Adrienne a bien fait d'emmener ses filles à Olmütz : c'est l'arrivée de sa famille qui a sauvé la vie de Gilbert ; et elle a eu d'autant plus raison qu'Anastasie et Virginie sont dans un état de santé assez satisfaisant.

Mais qu'en est-il d'elle-même ?

Comme toujours elle ne pense qu'aux autres,

comme toujours elle veut oublier ses propres misères ;
elle se sait pourtant malade ; mais il faut, comme le
dit Virginie, que Gilbert fasse acte d'autorité pour
qu'elle se décide à demander l'autorisation d'aller à
Vienne consulter un médecin :

« Il était naturel que la santé de ma mère eût
beaucoup souffert. Le passage subit des agitations les
plus violentes à la vie la plus sédentaire, un régime
malsain, car on n'avait ni air, ni exercice, tout contri-
bua à donner à ma mère une maladie qui se manifesta quelques mois après notre arrivée. Jamais elle
ne montra une soumission plus méritoire aux désirs
de mon père, que lorsqu'elle se détermina à écrire
à l'Empereur pour lui demander l'autorisation d'aller
consulter les médecins à Vienne. Elle n'y consentit
même que dans l'espoir d'être utile. »

« Etre utile » : en s'adressant à François II, ce n'est
pas à sa propre santé qu'elle pense ; elle espère pouvoir hâter la mise en liberté de Gilbert toujours présent dans ce qu'elle dit, dans ce qu'elle projette, dans
ce qu'elle fait :

« Olmütz, 6 février 1796.

« Sire,

« Je dois de la reconnaissance à V.M.I. pour la
liberté que nous avons de partager la prison de celui
qui nous est si cher, et je lui en aurais depuis longtemps offert l'hommage si la permission d'écrire
m'avait été plus tôt accordée. Je ne joindrai, Sire,
à ces remerciements aucun détail sur la situation de
M. de La Fayette, quelque différents qu'ils soient de
l'idée que l'audience de V.M. m'en avait donnée, et
je me bornerai, quoique à regret, à ne lui parler que
de moi. Ma santé, altérée par les malheurs et les
souffrances, et ce que je dois à l'attachement de ce
qui me reste encore de cher dans ce monde, me for-
cent à solliciter la permission d'aller, en laissant mes
filles avec leur père, passer quelques jours à Vienne

pour y réunir des consultations sur mon état. Je n'aurais pas importuné V.M. de cette demande, si l'on ne m'avait dit que je ne pouvais l'obtenir que d'elle-même.

« Je la supplie surtout de recevoir avec la même bonté qu'elle a bien voulu me témoigner, le nouvel hommage de mes remerciements et du respect avec lequel, etc. »

Pendant deux longs mois Adrienne attendit, espéra... Enfin au début d'avril le commandant d'Olmütz vint — pour la première fois — lui rendre visite. Il n'était pas porteur de la réponse de François II : celui-ci n'avait pas daigné écrire à la prisonnière ; simplement, il lui faisait signifier verbalement le refus de la laisser sortir d'Olmütz, à moins qu'elle ne renonçât à y retourner. Le commandant ajouta qu'il attendait d'elle une réponse écrite. Cette réponse, Adrienne la rédigea d'un trait :

« 4 avril 1796.

« M. le commandant d'Olmütz m'ayant annoncé que d'après ma demande de passer huit jours à Vienne pour y consulter les médecins, Sa Majesté Impériale ne permet dans aucun cas que j'aille à Vienne, et ne permet que je sorte de cette prison qu'à la condition de n'y plus rentrer, j'ai l'honneur de lui répéter ici ma réponse. J'ai dû à ma famille et à mes amis de demander les secours nécessaires à ma santé ; mais ils savent bien que le prix qu'on y met n'est pas acceptable pour moi. Je ne puis oublier que, tandis que nous étions prêts à périr, moi par la tyrannie de Robespierre, M. de La Fayette par les souffrances morales et physiques de sa captivité, il n'était permis ni d'obtenir aucune nouvelle de lui, ni de lui apprendre que nous existions encore, ses enfants et moi. Je ne m'exposerai pas à l'horreur d'une autre séparation.

« Quels que soient donc l'état de ma santé et les

inconvénients de ce séjour pour mes filles, nous pro-
fiterons toutes trois, avec reconnaissance, de la bonté
qu'a eue Sa Majesté Impériale en nous permettant
de partager cette captivité dans tous les détails. »

Adrienne est au-dessus du découragement parce
que d'avance, elle a accepté tous les sacrifices. Mieux :
le bonheur règne apparemment dans la petite famille,
dont elle a organisé l'emploi du temps, en parfaite
maîtresse de maison. Elle s'occupe tout particulièrement de l'instruction de Virginie, la cadette, à qui
elle fait faire de la lecture ; quant aux exercices
d'écriture il n'y faut pas compter : « Les marges d'un
livre, les cure-dents, le morceau d'encre de Chine, dit
Virginie, étaient choses trop précieuses pour que j'en
fisse usage. » Ces instruments de travail privilégiés
étaient réservés à Gilbert et Adrienne : Gilbert dic-
tait à Anastasie qui écrivait sur les marges d'un livre ;
pour Adrienne, raconter la vie de la duchesse d'Ayen,
sa mère, était le plus sacré des devoirs :

« Elle s'unissait, avec toute l'ardeur de sa foi et
la vivacité de sa tendresse, à celles qui étaient déjà
en possession des récompenses célestes. Elle se pénétrait de la pensée qu'elle devait tout ce qui lui arrivait
à leur intercession. Elle se plaçait sous leurs yeux ;
elle vivait avec ces souvenirs, elle voulut les recueillir
pour nous. Ce fut avec un cure-dents et un petit
morceau d'encre de Chine qu'elle écrivit la vie de
ma grand-mère sur les marges des gravures d'un
volume de Buffon. »

Enfin, le soir, avant de souffler les lampes, Gilbert
faisait à sa femme et à ses deux filles « de charmantes lectures » dont Virginie a gardé un souvenir ému.

Mais si les La Fayette vivaient « en esprit », ils
ne pouvaient pas échapper à des préoccupations plus
« terre à terre ». La garde-robe de Gilbert était en si
piteux état qu'il en vint à ne plus avoir de chaussu-
res : Anastasie, qui avait des doigts de fée, lui en

confectionna une paire, en même temps qu'elle faisait des corsets pour Adrienne et des robes pour Virginie.

Une vie de famille bien organisée, un intérieur heureux : c'était appréciable mais ce n'était pas suffisant... Ce dont étaient privés les La Fayette, ce qui leur manquait, c'était de pouvoir communiquer avec l'extérieur et aussi de pouvoir échanger un regard, un sourire, un mot avec leurs compagnons de captivité. Gilbert, avant même l'arrivée d'Adrienne et de ses filles, avait mis au point avec la complicité de son secrétaire, Félix Pontonnier, un système de télécommunication peu banal : Félix rencontrait le domestique de La Tour Maubourg qui lui donnait des nouvelles de son maître. Un chiffre secret lui permettait de transformer le texte de ces nouvelles en notes qu'il s'en allait jouer sur une flûte de Pan sous les fenêtres de Gilbert : celui-ci n'avait qu'à « décoder » les sons qui lui parvenaient pour reconstituer le message de La Tour Maubourg. Mais c'était là se donner beaucoup de mal pour de piètres résultats.

Un jour, enfin, les prisonniers eurent une inspiration : leurs repas, sans être des festins, étaient un régal, au regard de la maigre pitance des soldats ; ils appâtèrent les sentinelles qui entrèrent, sans hésiter, dans leur jeu : la nuit, ils descendaient au bout d'une corde, une partie de leur repas à la sentinelle de garde sous les fenêtres ; ils y avaient joint un paquet qui était aussitôt porté à Maubourg et Pusy.

Restait le problème, beaucoup plus épineux, des communications avec l'extérieur. La chance favorisa les La Fayette : le recteur de l'université d'Olmütz, un Allemand ouvert aux idées libérales, leur fit parvenir quelques nouvelles et, surtout, organisa une correspondance secrète : Adrienne écrivait des lettres qu'un homme de confiance acheminait hors du territoire autrichien, et elle recevait, par le même canal, des réponses qui échappaient au contrôle des autorités militaires d'Olmütz ; le premier paquet qu'on lui remit en mars, contenait des lettres de Mme de Tessé, de Rosalie et quelques lignes de George et de Frestel à leur arrivée aux Etats-Unis ; c'est un peu plus tard qu'elle écrivit à son tour — avec quelle délectation ! — « sans la surveillance du major de la place » à Mme de Tessé et à Pauline en soulignant « l'importance de la plus entière discrétion sur notre correspondance ».

Ce redoublement de précautions s'explique aisément : la lettre du 19 mai 1796 à Pauline nous révèle qu'Adrienne est en train de réviser ses positions sur les effets d'une détention prolongée. Certes, elle insiste sur la joie qu'éprouve la petite famille à être réunie, mais pour la première fois elle manifeste le désir d'en finir au plus vite avec Olmütz :

« Malgré la consolation si vraie que notre intérieur nous donne, il n'en est pas moins pressant de sortir de cette prison, tant parce qu'elle menace la santé de M. de La Fayette, celle de ses deux excellents amis, et en particulier de son incomparable ami, M. de Maubourg, et qu'il est impossible de ne pas craindre pour nos enfants la continuation de ce genre de vie, que parce qu'il est bien fâcheux de se trouver entre les mains de pareilles gens. »

L'épithète de « fâcheux » est un euphémisme qui désigne pour Adrienne l'expérience douloureuse et décevante qu'elle a faite de l'Autriche et des Autrichiens : promesses fallacieuses et mensongères de l'empereur François II ; indifférence, ironie, voire crauté de ses ministres Ferraris et surtout Thugut ; brutalité du commandant à l'égard des domestiques :

« Le pauvre Félix Pontonnier s'amusait à planter sur sa fenêtre quelques fleurs et, un beau jour, le major les a fait jeter. »

Mais l'indifférence, la haine, la cruauté des autorités autrichiennes n'auraient pas suffi à motiver la

décision d'Adrienne. Elle voulait sortir au plus vite
d'Olmütz parce que, pour la premières fois, elle réa-
lisait non seulement les risques, mais les effets désastreux d'une détention prolongée sur Gilbert, sur Anastasie, sur Virginie et aussi... sur elle-même. Pourtant,
comme d'habitude, elle ne parlait pas à Pauline de
sa propre santé ; mais elle savait parfaitement à quoi
s'en tenir. Le temps, qui ne pouvait rien contre cette
âme héroïque, avait choisi d'investir, de miner lentement, patiemment, le corps. Les premiers troubles —
malaises, douleurs, fièvre intermittente — avaient
fait leur apparition dès la fin de 1795 ; Adrienne les
avait traités par le mépris : après le refus qui lui fut
signifié le 1er avril 1796, d'aller consulter un médecin
à Vienne, le mal empira. Cependant, elle persistait
à taire cet état inquiétant : « Ma santé est à peu près
la même » écrivait-elle le 15 septembre à Mme d'Hénin, et elle ajoutait : « Le médecin a obtenu qu'on
nous enferme deux fois la semaine, mes filles et moi,
dans la cellule voisine où était la baignoire du général Beurnonville, et ces bains me font beaucoup de
bien. »

Il faut que Mme de Tessé la harcèle littéralement
de questions, pour qu'elle se décide à rompre le silence dans une lettre du début d'octobre à Pauline :

« Pour moi, puisque ma chère tante veut absolument que je lui parle avec détail de ma santé, je lui
dirai que mon sang s'altère visiblement de plus en
plus ; j'en ai la preuve par une humeur au bras que
je n'avais jamais eue ; ma poitrine ne souffre pas,
mais mon estomac souffre habituellement. J'ai de la
fluxion sur les yeux, des maux de tête. »

La maladie ne cessa, dès lors, dit Virginie, de faire
des progrès :

« Elle eut une violente éruption, aux bras d'abord
qui s'enflèrent tellement qu'elle ne jouvait s'en servir
ni les soulever, puis aux jambes ; elle avait sans

cesse la fièvre. Cet état dura onze mois, d'octobre 1796 à septembre 1797. »

De quoi s'agissait-il ? Au début, de troubles circulatoires dont on eût pu, si elle avait été convenablement soignée, la guérir ; mais le médecin de la prison — un brave homme — qui venait de temps en temps la visiter avec l'officier, ne connaissait pas un mot de français et était obligé de s'entretenir en latin avec Gilbert de l'état d'Adrienne qu'il voyait s'aggraver, sans pouvoir enrayer les progrès du mal : le régime de la prison décourageait d'avance toute thérapeutique. Aussi, les troubles circulatoires provoquèrent-ils la formation d'ulcères variqueux : bientôt les bras et les jambes enflèrent ; l'œdème tendait à se généraliser. Adrienne, à qui le commandant d'Olmütz n'avait même pas eu la pensée charitable d'offrir un fauteuil, se sentait gagnée par une manière de paralysie : elle n'avait presque plus l'usage de ses bras et de ses jambes. Mais la vie — une vie d'une richesse, d'une intensité prodigieuses — avait reflué vers le cerveau qui restait miraculeusement intact. Elle n'avait jamais été aussi calme, aussi lucide, aussi sereine. Elle ne pouvait plus écrire elle-même ses lettres ? Anastasie ou Virginie tiendrait la plume pour elle ! Cette joie dans la souffrance, ce bonheur dans le malheur, ont abusé toute la famille, comme l'explique Virginie :

« En la voyant toujours égale, toujours jouissant du bien qu'elle avait retrouvé et des consolations qu'elle avait apportées, nous étions tous moins inquiets que nous n'eussions dû l'être. C'est ce qui explique que, sauf au début de ce douloureux état, notre vie nous semblait douce. »

A partir de mai 1796, on pourrait dire à dater de sa lettre à Pauline, Adrienne tout en continuant d'opposer à la maladie et à la souffrance le visage de la sérénité et du bonheur, ne pense plus qu'à quitter au plus vite Olmütz. Mais comment faire ? Le problème paraît manifestement passer les forces des prisonniers, si l'on songe au régime de surveillance très strict auquel ils sont soumis, et à la difficulté qu'ils ont eue, à avoir quelques communications avec le dehors. Mais comme ils escomptent un renversement de la conjoncture militaire en leur faveur, ils agissent au jour le jour, suivant les circonstances, en espérant qu'ils finiront par réussir.

Et d'abord, quels sont les atouts dont ils disposent au moment où ils engagent le combat décisif pour la libération, contre le gouvernement autrichien qui, s'il ne tenait qu'à lui, les condamnerait à la réclusion perpétuelle ?

Gilbert peut compter, bien entendu, sur « l'ex-groupe » de Londres : Mme de Staël, Talleyrand, Lally-Tollendal, Pinckney, ministre des Etats-Unis à Londres, auxquels s'était joint le journaliste Masclet.

Ensuite, il attend beaucoup du dévouement de quelques fidèles qui ne l'ont jamais abandonné aux heures les plus sombres : ce seront des intermédiaires précieux, prêts à accomplir toutes les missions qu'il voudra bien leur confier. Dans cette cavalerie légère, émergent quelques figures marquantes : La Tour Maubourg, Pillet, Bureaux de Pusy, la Colombe, Masson, Romeuf, Roussel.

Bureaux de Pusy, Romeuf, La Tour Maubourg, faisaient partie de l'état-major de La Fayette : Pillet, la Colombe, Masson et Roussel étaient ses aides de camp, quand il commandait l'armée Nord-Centre.

Mais à quelles portes toutes ces bonnes volontés doivent-elles frapper pour être reçues et entendues ? De quel crédit disposent-elles auprès des personnalités qui peuvent tenter des démarches pour faire libérer les prisonniers ? Enfin, quelle sera l'efficacité de ces démarches ?

Tout au long de sa captivité, La Fayette a pensé à

une intervention possible des Etats-Unis, tantôt pour la souhaiter, pour la solliciter même avec vivacité, tantôt pour douter qu'elle pût aboutir ; finalement, c'était Washington lui-même qui avai décidé que le cas La Fayette ne relevait pas d'une action diplomatique américaine ; mais si Adrienne avait été déçue par ce refus, elle n'en continuait pas moins à garder le contact avec Pinckney, ministre des Etats-Unis à Londres, et à faire discrètement appel à ses bons offices. Dès le 10 février 1796, elle lui écrivait :

« Pénétrée d'une vive confiance en vous, Sir, il nous suffira que MM. Bollmann et Huger continuent à vous communiquer nos renseignements, nos demandes et nos idées, sur la délivrance des trois seuls prisonniers qui restent ici. Mais en même temps que nous nous en rapportons aux détails qui vous ont été donnés et à ceux que nous donnons aujourd'hui, et surtout aux combinaisons et aux efforts de votre bienveillance pour nous, en même temps que nous comptons bien sur vous pour tirer parti des bonnes intentions des Etats-Unis, des démarches américaines, des liaisons commerciales, de l'intérêt de l'opposition anglaise en notre faveur, et de toutes les circonstances que votre amitié saisira, ou fera naître, soit aux préliminaires de la paix, soit en réclamant, si la guerre continue, votre concitoyen, il est deux vérités sur lesquelles je dois fixer votre attention : la première est que dans ce pays arbitraire, on ne peut travailler énergiquement à la Cour que sous la sauvegarde de quelque caractère officiel. La seconde, c'est que de tous les obstacles à notre liberté, le plus obstiné, le plus dangereux sans doute, est le gouvernement anglais ; et qu'en forçant Mr. Pitt à dire le mot convenable, vous opérerez certainement cette délivrance. »

Pour agir sur le gouvernement anglais, Gilbert et Adrienne comptent, aussi, sur Fox, orateur plein de talent qui défend à la Chambre des Communes le parti « patriote », et avec qui Masclet a des contacts réguliers.

Les Américains établis en Hollande et au Danemark envoient des adresses à John Adams et à Gaabye, respectivement ministres des Etats-Unis à La Haye et à Copenhague, en faveur de la libération des prisonnier d'Olmütz.

Le groupe de Londres est, bien entendu, au centre de cette activité politico-diplomatique ; Masclet a écrit à Fox le 27 mai ; de leur côté Mme d'Hénin et Lally-Tollendal n'ont pas renoncé à essayer de fléchir François II : une supplique rédigée, croit-on, par Lally-Tollendal, est adressée au début d'août à l'empereur d'Autriche pour la libération de La Fayette.

Le 30 août, Adrienne fait tenir à Masson, établi à Hambourg, une lettre confidentielle écrite de la main d'Anastasie — chef-d'œuvre de calligraphie minuscule que l'on prendrait pour un micro-film — et dans laquelle elle laisse éclater sa joie :

« Nos affaires vont très bien dans ce pays-ci, les fran- avancent rapidement, tout fuit devant eux. » La prudente Adrienne prend soin de ne pas écrire « les Français » en toutes lettres : vaine précaution, puisque, par ailleurs, elle dit tout en clair, et qu'elle met les points sur les i pour appeler le Directoire à l'action :

« Il n'y a pas d'époque plus convenable, sous tous les rapports, et pour la nation, et pour les trois prisonniers, que l'instant où les armées françaises pénètrent enfin dans le pays où ils sont détenus. Il paraît que le territoire autrichien va être envahi par trois ou quatre points. Il serait heureux que de chaque côté, il partît une signification courte et fière de la disposition prise à Paris, et que chaque général y parlât nominativement des trois prisonniers d'Olmütz en des termes convenables et dont la fermeté et la publicité forceraient la cour de Vienne à nous relâcher

Quoique Nous N'ayons point de vos nouvelles. depuis le N° 1.er 5 Aoust
Nous allons, Notre bien cher Ami, vous dire Encore quelques mots. Nos
affaires Sont très bien dans Ce pays Cy, les fran- avancent rapidement,
tout fuit devant eux, particulièrement les Gens de Guerre. les bourgeois
demandent des Armes, Mais la Cour N'ose pas en donner, de peur qu'on Ne
S'en Serve Contre elle, et votre Ami dans le fond de Son trou, rit de tout
Son Cœur en Voyant S'accomplir une de Ses bien-aimées prophéties.

Nous répéterons ici Notre Excellent Ami, Que Soit qu'on ait adopté
notre rédaction, ou un décret Nominatif, Ou enfin toute autre manière
de Nous tirer d'ici dont le cher Pilas Sera encore meilleur juge que Nous
il faudrait Que la disposition Quelconque qu'on aura prise, arrivât
Sur le Territoire Autrichien en même tems que les armées victorieuses et
fut en quelque Sorte apportée par elles. plus la manière Sera instante
et impérieuse; Mieux Cela vaudra pour la dignité de la République
et pour l'intérêt des trois prisoniers, et puisque Ce Decret N'a pas été
rendu au premier moment où la France S'est Cru plus forte, que le
Club des jacobins, il N'y a pas d'époque plus Convenable Sous tous les
rapports, et pour la Nation, et pour les trois prisoniers, Que l'instant
où les Armées françaises pénètrent enfin dans le Pays où ils Sont
détenus. il paraît que le Territoire Autrichien va être envahi Par
trois ou Quatre points. il Serait heureux Que de chaque Coté il
partît une Signification Courte et fière de la disposition prise
à Paris et que chaque Général, y parlât Nominativement des
trois Prisoniers d'Ol- en des termes Convenables, et dont la fermeté
et la publicité forceraient la Cour de Vienne a Nous relacher
Sur le champ. Cela devrait du moins, être fait par l'Armée le
plus a portée de Nous.

Jugez Avec quelle impatience Nous attendons les nouvelles de
Pil-, et Avec quelle joie Nous apprendrions Son arrivée à Vienne,
chargé de Commissions Quelconques Au Nom de la Seule des trois
Républiques qui Soit en paix, et Soutenu par l'intérêt des deux
belligérentes, et Surtout de Celle dont les volontés Sont dans Ce moment
irrésistibles. Nous Sommes bien Surs Que tout Ce qui Suivant la

M. Masson

Un véritable microfilm signé Anastasie...

sur-le-champ. Cela devrait, du moins, être fait par l'armée le plus à portée de nous. »

De leur côté les Etats-Unis « pourront réclamer *avec éclat,* ainsi que doivent être à présent toutes les réclamations américaines en Angleterre et à Vienne », en même temps qu'ils agiront en sous-main à Paris.

Mais les choses ne vont pas aussi vite que l'imaginent les prisonniers grisés par les victoires françaises. Aussi dans une lettre du 15 septembre à Mme d'Hénin, Adrienne, qui a eu entre-temps de nouvelles informations, fait un tour d'horizon qui l'amène à des conclusions plus prudentes et plus nuancées :

« Nous savons qu'on a dû recevoir officiellement à Vienne, une lettre du Président des Etats-Unis à l'Empereur. Mme de Tessé nous mande que les Cours du Nord, que les Américains avaient tâché d'intéresser, ne feront certainement rien pour nous ; et que nous avions dans le Nord-Est (ce que nous savions déjà), une ennemie très influente : et qu'on ne ferait qu'envenimer encore plus, si l'on parlait d'elle ou à elle.

« Mme de Tessé pense comme vous, comme nous, comme tout le monde, qu'il n'y a que la France qui ait le pouvoir de nous arracher aux griffes de tous ces gouvernements et particulièrement de celui qui se trouve, à présent, être le geôlier de service. »

Mais ici surgit une difficulté : il faut que les Américains manifestent ouvertement l'intérêt qu'ils portent à La Fayette, et il ne faut pas, non plus, qu'ils aient l'air de donner la leçon au gouvernement français, ce qui serait gênant pour Gilbert ; c'est une question de doigté, et Adrienne compte sur le flair de Pillet pour éviter les faux pas :

« Il est sûr que l'ambassadeur américain à Paris, les lettres qu'il recevrait du général Washington, peuvent nous être utiles et même encore les Américains doivent réclamer, ici et à Londres, M. La Fayette, comme citoyen des Etats-Unis, et peuvent à ce même titre, en cas de négociation, prier les ambassadeurs français d'appuyer leurs réclamations ; mais en pensant comme vous, sur tous ces points, nous sommes persuadés que vous comprendrez l'extrême répugnance qu'aurait M. La Fayette à devoir le retour de l'intérêt de la France à la sollicitation d'un autre peuple, et à le pousser en quelque sorte lui-même à donner ce tort de plus à sa patrie. Vous jugerez comme nous, que dans ce moment critique et délicat, la présence de notre cher Pillet à Paris est un avantage inexprimable, et que nous avons bien raison de nous en rapporter à lui, avec une confiance illimitée. Il nous dit qu'il correspondra régulièrement avec vous, ce qui nous fait bien plaisir. »

Adrienne sait parfaitement, quoiqu'elle ne le dise pas expressément, que l'opinion publique française n'est peut-être pas très bien disposée à l'égard de son mari et qu'en somme il faut « influencer » la France. A cet égard, elle compte sur l'opposition anglaise autant que sur les Américains, car « on s'occupe beaucoup en France de ce que disent les patriotes de la Chambre des Communes ».

Masclet, dont le talent et le dévouement sont au-dessus de tout éloge, sollicite à nouveau Fox qui fait à la Chambre des Communes une intervention très remarquée pour appuyer une motion de Fitzpatrick en faveur de la libération des La Fayette ; en même temps il suscite, en décembre, une campagne de presse dont les échos parviennent jusqu'au Directoire qui inscrit à l'ordre du jour de ses préoccupations, le « problème La Fayette ».

Dans ce concert politico-diplomatique, la religion fait entendre sa voix : à l'aube de l'année nouvelle, Pauline de Montagu « sollicite, de toute âme charitable, des prières pour les prisonniers d'Olmütz ».

Enfin, le 21 janvier 1797, Masson et Pillet saisissent l'occasion que leur offre l'ascension au trône du tsar

Paul Ier, pour tenter une démarche en faveur de La Fayette. Paul Ier vient de rendre la liberté au général Kosciuszko ; les deux aides de camp demandent au grand patriote polonais d'intercéder pour leur ami auprès du tsar : « L'acte de justice par lequel Paul Ier vient de signaler son avènement au trône, en vous rendant la liberté, nous fait présumer d'avance qu'il ne répugnera point à l'étendre jusqu'à notre ami. »

La démarche restera sans effet.

Le gouvernement autrichien croit avoir les La Fayette à sa merci et se permet des raffinements de cruauté : Adrienne, qui a envoyé le 12 février 1797 une lettre au banquier chargé de faire parvenir des fonds aux prisonniers, a écrit sur la seconde page quelques lignes à l'adresse de George Washington. Les autorités militaires, sur ordre de Vienne, expédient la lettre au banquier, mais ils découpent au préalable les lignes destinées à George et les retournent trois mois plus tard à Adrienne qui, après avoir flétri le procédé dans une lettre secrète à Pauline, ajoute : « Il est vrai que le commandant à qui tous ces ordres avaient été envoyés sans commentaires, était bien honteux. »

Il apparaît donc clairement qu'il n'y a qu'un seul moyen d'arracher les malheureux à la geôle d'Olmütz : c'est d'agir à la fois sur le Directoire et sur Bonaparte, vainqueur des Autrichiens, qui a qualité de plénipotentiaire pour dicter au gouvernement de Vienne les conditions du gouvernement français.

Mais quelle est, au juste, la réaction du Directoire à l'idée d'une libération possible ? Question complexe. La longue et cruelle détention de La Fayette n'est justifiable ni en droit, ni en fait, et l'opinion publique souhaite qu'il y soit mis fin ; ausi, deux des directeurs, Carnot et Barthélemy, plaident avec chaleur la cause des prisonniers ; les trois autres, Barras, Rewbell, La Réveillère-Lepeaux, hésitent : certes, ils ne voient pas dans le retour du « général au cheval blanc » un danger immédiat ; La Fayette, que cinq ans de réclusion ont tenu à l'écart de la vie politique et même de la vie tout court, est devenu un personnage quelque peu anachronique... mais il a quarante ans à peine — la force de l'âge — Qui sait si, rendu à la liberté, il ne va pas devenir peu à peu un pôle d'attraction pour l'opposition royaliste dispersée qui, précisément, cherche un chef ?

Bonaparte est partagé : il est indigné du traitement que l'Autriche a fait subir à un général français ; mais il est l'ami de Barras et il n'oublie pas, non plus, que s'il a, grâce à l'appui de ce dernier, obtenu le commandement en chef de l'armée d'Italie, c'est parce qu'il avait sauvé la Convention en écrasant l'insurrection royaliste du 13 vendémiaire 1795. Enfin il est agacé de voir que La Fayette confond, comme à plaisir, sa vieille garde nationale avec la jeune armée d'Italie.

Ainsi, la libération est liée à un jeu politique subtil que les prisonniers suivent d'instant en instant, par les informations qu'ils reçoivent de leurs amis et de leurs fidèles, et dont ils espèrent qu'il finira par tourner à leur avantage.

Mme de Staël est intervenue avec chaleur auprès de Barras qui a fini par se laisser convaincre, et c'est Bonaparte qui a été chargé de négocier la libération avec le gouvernement autrichien. Les choses semblent donc prendre un tour favorable, d'autant plus que Talleyrand, qui vient d'être nommé ministre des Relations extérieures, est un intime de Mme de Staël ; celle-ci, qui croit la partie gagnée, écrit à La Fayette : « Venez directement en France ; il n'y a pas d'autre patrie pour vous ; vous y trouverez la République que votre opinion appelait lorsque votre conscience vous liait à la royauté. »

Hélas ! Gilbert traîne comme un boulet — à son

insu — son attachement à la monarchie constitutionnelle : Alexandre de Lameth, un des officiers de son état-major, qui, l'ayant suivi en Belgique, a été arrêté puis remis quelques mois plus tard en liberté, rêve depuis longtemps du retour à une monarchie constitutionnelle du type anglais. Gilbert qui n'a pas, à maintes reprises, apprécié la conduite et les propos de Lameth, n'entend pas, bien entendu, lui donner sa caution ; mais Lameth répète un peu partout que La Fayette est d'accord avec lui, et ce bruit, qui finit par trouver quelque crédit, dessert les intérêts de Gilbert dans les milieux directoriaux. Masclet, mieux informé que Mme de Staël, ne cache pas ses inquiétudes dans une lettre du 31 juillet :

« La délivrance dépend, en ce moment, du Directoire et de Bonaparte. Ce dernier suivra les directions, les vues, les intérêts de la majorité actuelle du Directoire... Les Lameth veulent rattacher leurs noms et leurs intérêts à ceux de La Fayette ; nos hommes du Directoire voient, au milieu de ces gens-là, la bannière de la Constitution anglaise et ils voient bien. Ils croient encore que notre ami irait se ranger sous cette bannière auprès d'eux, et, en cela, ils n'ont pas le sens commun ; mais on ne guérit pas plus de la sottise que de la peur et je ne doute pas qu'ils n'aient, sous ce rapport, communiqué l'une et l'autre au très brave et très éclairé républicain Bonaparte. Thugut a pressenti les dispositions peu favorables de ces hommes ; il sent que les Conseils se trouveront trop heureux d'avoir à ratifier une paix si longtemps et si ardemment désirée ; qu'ainsi il ne peut pas désespérer encore de pouvoir refermer, pour jamais, la prison qu'il a paru entrouvrir un instant... »

Masclet ne se trompe pas sur les intentions de Thugut. Dans ces conditions il estime qu'il importe d'agir vite. Aussi a-t-il pris la liberté d'intervenir personnellement auprès des hommes dont dépend, dit-il, la libération des La Fayette :

« Talleyrand, Mme de Staël et Constant ont beaucoup de crédit sur Barras, lequel en a beaucoup sur Rewbel et sur Bonaparte. Talleyrand m'a promis son appui le plus décidé auprès des deux directeurs, et il écrira une nouvelle lettre très pressante à Bonaparte. Je verrai cette lettre, et l'expédierai moi-même par le général Dupont... J'ai eu, de plus, hier matin un entretien de deux heures avec Mme de Staël et Constant. J'ai cru devoir discuter l'affaire à fond, parce que j'avais besoin de faire une conversion ; je ne crois pas avoir jamais parlé avec plus de chaleur et d'énergie ; et comme j'ai fait parler un vrai républicain, je ne doute pas d'avoir ramené Constant ; le résultat a été que Mme de Staël demanderait une entrevue à Barras ; qu'elle lui demanderait une lettre confidentielle, très franche et très positive pour Bonaparte ; mais surtout une lettre propre à détruire les impressions défavorables à La Fayette, qui s'expliquent si bien par leurs effets ; qu'enfin Constant appuierait de tout son crédit cette démarche et qu'il demanderait à me présenter à Barras. Mme de Staël m'a paru décidée non pas seulement à demander, mais à obtenir : le rendez-vous avec Barras a dû être demandé hier ; Constant, pour préparer la voie, lui a lu la dernière lettre de La Fayette. Il parlera, fortement et souvent, lui-même ; Talleyrand appuiera de ses instances et de son crédit ; et il faut espérer que cette réunion de moyens lèvera le veto suspensif des trois hommes, et nous obtiendra une bonne lettre pour Bonaparte, qui ouvrira la prison. Constant a dû demander hier la permission de me présenter à Barras. J'ai le pressentiment que je ramènerai cet homme-là... »

Toutefois, ce que Masclet ne sait pas et ne peut pas savoir, c'est que le Thugut de Juillet n'est plus le Thu-

gut de Janvier 1797 : la marche victorieuse de l'armée
d'Italie peut tout changer d'un moment à l'autre,
aussi tient-il à ménager l'avenir et, pour ce faire, il
a décidé de jouer un double jeu en envoyant en mission spéciale à Olmütz le général marquis du Chasteler. Objet officiel de la mission : faire un rapport
« sur le traitement auquel sont soumis les prisonniers
d'Olmütz ».

Le général marquis du Chasteler faisait partie de
l'élite de l'aristocratie autrichienne : il lui répugnait
de considérer le général marquis de La Fayette et
sa femme, née Noailles, comme de vulgaires prisonniers ; il leur parla avec une politesse presque défé-
rente ; il lui répugnait également de mentir sur le
régime de détention d'Olmütz ; aussi, tout en évitant
de faire un rapport accablant pour les autorités politiques et militaires responsables de ce régime, il ne
put s'empêcher de noter au passage, de façon circons-
tanciée et précise, le traitement infligé aux La
Fayette :

1°) Logement :

« L'inconvénient le plus considérable de ce logement est un canal d'égout qui coule dans le fossé de
la place, et la proximité des latrines qui donnent une
mauvaise odeur dans les variations de l'atmosphère.

« Mme de La Fayette et ses deux filles sont logées
dans une seule chambre ; les deux demoiselles couchent dans le même lit malgré la réclamation réitérée
nommément, pendant que l'une d'elles a été malade,
pour qu'elles couchent seules. »

2°) Nourriture :

« La nourriture est en quantité suffisante, mais les
mets sont souvent malpropres. »

3°) Service :

« Depuis le moment où M. de La Fayette a tenté de
s'évader il est servi, ainsi que sa famille, par des

soldats, ses domestiques n'ayant eu aucune communication avec lui depuis ce moment. »

Le but officiel de la mission en masquait le but secret : il s'agissait de faire comprendre à La Fayette, agitateur politique impénitent, que la liberté — qui pouvait ne pas tarder — ne lui serait rendue que s'il s'engageait à ne pas mettre les pieds sur le sol autrichien.

Il le prit de haut : porter atteinte à sa liberté de mouvement, c'était porter atteinte à la souveraineté de son pays ; il était citoyen français et c'était à la France seule qu'il appartenait de l'envoyer là où elle le jugerait bon. Il frôla même l'impertinence :

« Si mon pays m'ordonnait d'aller en Autriche comme ambassadeur ou comme soldat, j'obéirais. »

« Adrienne, dit Virginie, sentit vivement le prix d'une telle conduite. Au milieu de ses souffrances elle eût, de tout son cœur, payé de bien des mois de captivité la satisfaction que lui causa la déclaration de mon père. »

De Magdebourg où il était incarcéré, Gilbert écrivait le 2 octobre 1794 à Adrienne pour la féliciter et se féliciter de la façon dont elle avait répondu à l'interrogatoire des représentants des comités révolutionnaires :

« J'étais sûr que le désir même d'obtenir ma liberté ne vous arracherait aucune démarche ni aucune expression qui ne fût digne de nous. Mais la manière dont vous m'en parlez répond tellement à mon cœur que j'ai besoin de vous remercier. »

A Olmütz, c'est Adrienne qui félicite Gilbert et se félicite du refus qu'il a opposé aux propositions autrichiennes, refus qui répond tellement à son propre cœur.

A trois ans d'intervalle on retrouve la même unité psychologique dans leurs deux existences...

Mais c'est alors que le général du Chasteler montre à La Fayette la note de Bonaparte et de Clarke : le Directoire réclame sa mise en liberté, mais il lui est — provisoirement tout au moins — interdit de rentrer en France. La Fayette qui vivait sur les espérances que lui avait données la lettre de Mme de Staël, est plus stupéfait que meurtri, et se demande qui il doit incriminer : le Directoire ou Bonaparte ? Tandis qu'il se perd en conjectures, le rusé Thugut n'a pas manqué de saisir l'occasion qui s'offre à lui : du moment que La Fayette est jugé indésirable en France, il est mal venu à invoquer sa qualité de citoyen français pour refuser de souscrire à l'engagement de ne pas séjourner en Autriche ; et devant ce refus, le gouvernement de Vienne se voit dans l'obligation de le retenir à Olmütz.

Thugut avait réussi au-delà de ses espérances : il cédait apparemment aux injonctions du Directoire, puisqu'il était prêt à rendre à La Fayette sa liberté, c'est-à-dire à le laisser sortir d'Olmütz ; s'il le retenait encore, c'est parce qu'il n'avait pas à s'incliner devant des exigences injustifiables du prisonnier. Et le ministre autrichien goûtait le plaisir, sans mélange, de voir se prolonger une détention dont on ne pouvait lui faire porter — apparemment — la responsabilité.

A Paris, à Londres, les amis de La Fayette étaient indignés de voir que Thugut faisait l'impossible pour ne pas lâcher sa proie ; mais ils déploraient, en même temps, que Gilbert, par son intransigeance, se prêtât à la manœuvre et retardât ainsi l'heure de la libération ; ils se demandaient même si, trop longtemps coupé du monde extérieur, il ne perdait pas, parfois, le sens du réel.

Adrienne elle-même, quand elle disait qu'elle eût de tout cœur payé de bien des mois de captivité la satisfaction que lui causait la conduite de Gilbert, oubliait qu'elle avait, dans sa lettre du 19 mai 1796 à Pauline, souligné les dangers très graves que leur ferait courir un régime de détention prolongé, et que le 28 juin 1797 — un mois à peine avant l'arrivée du général du Chasteler — elle confiait à sa sœur l'état misérable dans lequel ils se trouvaient tous les quatre :

« Pour nous, nous ne sommes pas trop bien. Gilbert est toujours maigrissant, nos enfants, sans être précisément malades, ont plusieurs incommodités qui annoncent, plus qu'elles ne l'ont encore fait jusqu'ici, le besoin d'air et de l'exercice. Pour moi, j'ai bien souffert de plusieurs manières, d'abord de cette horrible enflure et dépouillement de mes bras, quelque temps après, de douleurs internes très vives et d'un genre assez inquiétant ; elles sont, grâce au ciel, totalement passées depuis six semaines, mais pour changer, j'ai une plaie à la jambe qui est aussi très enflée à l'exemple de mes bras. »

Aussi n'y eut-il qu'un mot d'ordre à Londres comme à Paris : les sortir au plus vite d'Olmütz !

Cette fois c'est Louis Romeuf qui est à la pointe du combat. Il est bien placé pour emporter la décision : il fait partie de l'état-major du général Clarke et il arrive à Vienne — où l'a précédé Victor de La Tour Maubourg —, porteur de deux nouvelles notes : l'une de Carnot à Bonaparte, l'autre de Bonaparte à Thugut. Celui-ci, qui n'est plus en position de force, ne peut faire état du refus hautain de son prisonnier, pour le retenir à Olmütz ; il accepte une formule de transaction : on n'exigera pas de La Fayette qu'il prenne l'engagement de ne pas pénétrer sur le territoire de l'Empire ; l'interdiction de fouler le sol autrichien lui sera notifiée par les autoriéts militaires. Romeuf signe sans, du reste, consulter La Fayette qui serait bien capable de tout compromettre en s'obstinant à dire non. Il est, par ailleurs, convenu que les prisonniers seront conduits à Hambourg, pour y être remis par le ministre d'Autriche, au consul américain qui prendra l'engagement de leur faire quitter la ville dans les douze jours qui suivront leur arrivée.

La haine de Thugut à l'égard des détenus reste la même, mais elle a changé de visage : le ministre viennois qui caressait le rêve d'une prison à vie, souhaite maintenant « qu'on le débarrasse, au plus vite, de la caravane La Fayette » ; mais encore veut-il avoir la certitude — avant de lui ouvrir les portes de la geôle — que le consul américain aura les moyens de tenir les engagements qu'il vient de prendre. Or, comme la France refuse d'accueillir La Fayette, il faut se tourner vers un autre pays où la petite troupe puisse trouver un premier point de chute convenable. Cela demande du temps, ce qui permet à Thugut de goûter un raffinement suprême dans le plaisir : il crie qu'il ne veut plus de ces hôtes indésirables et il les sait cloués à Olmütz. Quant aux malheureux qui sont sans nouvelles, ils ne comprennent pas ce qui se passe et leur impatience augmente de jour en jour. Adrienne revit les semaines d'attente fiévreuse de la maison Delmas où elle espérait, d'une minute à l'autre, une libération qui ne venait pas. C'est alors que Louis Romeuf, exaspéré, s'adresse directement le 16 septembre à Bonaparte pour lui demander, de manière pressante, de mettre fin au manège de Thugut. Quelques jours après, la « caravane » quitte Olmütz sous la garde d'un officier autrichien.

Après la levée d'écrou, on leur rend les objets qu'on avait confisqués au moment de leur entrée dans la prison : cuillers, fourchettes, couteaux, papier, porte-plumes... Adrienne, qui serre précieusement le Buffon sur les marges duquel elle a écrit avec un cure-dent et de l'encre de Chine *La vie de la duchesse d'Ayen*, est surprise et tout heureuse lorsqu'on lui remet un autre Buffon à la couverture tailladée : elle y avait inséré la lettre écrite à bord du *Little Cherub*, dans laquelle elle annonçait à Gilbert son arrivée à Olmütz. Le courrier avait été intercepté et le volume attendait depuis deux ans au greffe de la prison. Il a repris sa place dans les rayons de la bibliothèque de Lagrange.

Libres ? Pas tout à fait, puisqu'ils sont sous la garde d'un officier autrichien qui va les accompagner jusqu'à Hambourg ; mais ils ne prêtent pas autrement attention à ce compagnon de voyage inattendu. Ils franchissent la dernière porte et c'est un véritable saisissement : l'air pur qu'ils respirent à pleins poumons, le soleil qui brille sur la campagne, le chant des oiseaux ont effacé les puanteurs, la lumière rare de leur cachot et le silence que meublait seulement le bruit de leurs voix.

La traversée des villes, l'animation bruyante des rues, le va-et-vient des passants, les laissent comme abasourdis. Mais, très vite, ils reprennent des forces et ils ont la joie de recevoir de la population prussienne, des marques de sympathie mêlée d'admiration. Cependant, ils sont toujours placés sous la garde de l'officier autrichien qui dirige le convoi à sa guise : « Nous ne pouvons pas plus régler notre marche que les animaux d'une ménagerie qu'on fait voyager. » Mais ils ont retrouvé leur liberté sous la forme la plus élémentaire et la plus imprescriptible : le droit

de communiquer avec le monde, le droit d'apprendre
ce qui se passe en France, le droit de juger ce qui
s'y fait. Et les sujets de conversation ne manquent
pas, notamment la journée du 18 fructidor 1797 : le
Directoire impuissant ne tenant plus le pays en main,
les royalistes étaient sortis de l'ombre, redevenaient
actifs. Bonaparte, qui voyait son heure approcher, fit
rétablir l'ordre *manu militari :* des cinq directeurs,
Barthélemy fut envoyé en déportation dans une cage,
Carnot traqué réussit à s'enfuir. Barthélemy, Carnot... Il y a deux mois à peine ces deux hommes
avaient demandé en termes pressants que La Fayette
fût arraché à la geôle d'Olmütz... Mais Gilbert éprouvait, plus encore qu'un sentiment personnel d'amertume, de l'indignation, en pensant à tous les condamnés, à tous les proscrits victimes de ce coup de force.
Il était, indéfectiblement, « l'ennemi de toutes les
tyrannies, de toutes les oppressions ».

Cette devise assez large et assez lâche pour que
tout le monde y trouvât son compte, jointe au fait
que coupé du monde pendant cinq ans, il revenait
avec une manière de virginité politique, lui valait
d'être sollicité à la fois par le clan royaliste qui n'oubliait pas qu'il s'était dressé contre les Jacobins et
avait défendu jusqu'au bout la monarchie constitutionnelle, et par le clan fructidorien qui n'oubliait
pas, qu'en renversant la monarchie absolue, il « avait
commencé la révolution ».

Mais si les deux clans lui faisaient des sourires, il
ne pouvait, pour le moment du moins, alors qu'il
avait perdu contact avec la politique française et que
le sol de la patrie lui était interdit, faire un choix
prématuré qui l'aurait « marqué », pour la seconde
fois.

Le 4 octobre, la caravane arrive à Hambourg après
une fin de voyage triomphale. Les prisonniers retrouvent, avec leurs forces, la joie de vivre. Seule

Adrienne, épuisée par Olmütz et fatiguée par cette longue pérégrination, a de la peine à prendre part à la joie générale et à répondre aux nombreux hommages dont elle est l'objet.

Depuis vingt-quatre heures, la cité et le port hanséatiques sont en pleine agitation. Le consul des Etats-Unis a appris la grande nouvelle, le 3 au matin, et il a convoqué pour le lendemain tous les Américains qui habitent Hambourg, ainsi que les capitaines et marins des navires ancrés dans le port. Deux femmes ont été chargées de confectionner un immense drapeau aux treize étoiles.

La Fayette et ses compagnons de captivité sont reçus par l'ensemble de la colonie américaine, et le doyen des commerçants, Georges Williams, après avoir fait l'éloge du « prisonnier libérateur de son pays », l'invite à se rendre en Amérique :

« Si vous choisissez d'entreprendre la traversée de l'Atlantique, nous vous donnons l'assurance, à vous, à votre aimable famille et à vos compagnons, que tous les citoyens des Etats-Unis vous accueilleront avec leur cœur et leur affection. »

Gilbert et Adrienne sont bouleversés : l'Amérique, leur seconde patrie, a voulu être la première à leur faire goûter le faste d'une réception officielle empreinte de reconnaissance et d'affection. Mais La Fayette n'oublie pas, pour autant, sa première patrie ; il n'oublie pas que c'est Bonaparte qui l'a arraché à la geôle d'Olmütz ; aussi, dès son arrivée à l'auberge, a-t-il griffonné le projet de la lettre qu'il va adresser le 6, au Généralissime de l'armée d'Italie :

« Citoyen Général,

« Les prisonniers d'Olmütz, heureux de devoir leur délivrance à vos irrésistibles armes, avaient joui dans leur captivité, de la pensée que leur liberté et leur vie étaient attachées au triomphe de la République et à votre gloire personnelle. Ils jouissent aujourd'hui

de l'hommage qu'ils aiment à rendre à leur libérateur. Dans ce territoire danois du Holstein, où nous
allons tâcher de rétablir des santés que vous avez
sauvées, nous joindrons aux vœux de notre patriotisme pour la République, l'intérêt le plus vif pour
l'illustre général auquel nous sommes encore plus
attachés pour les services qu'il a rendus à la cause
de la liberté et à notre patrie, que pour les obligations
particulières que nous nous glorifions de lui avoir,
et que la plus vive reconnaissance a gravées à jamais
dans nos cœurs. »

Gilbert ne voit encore dans Bonaparte, général de
la liberté... qu'un La Fayette rajeuni.

Il n'oublie pas, non plus, Bollmann qui a risqué
sa vie pour tenter de l'arracher à la geôle d'Olmütz :
il signe une reconnaissance de dette de cinquante
mille livres au bénéfice du médecin allemand qui est
en train de monter une affaire commerciale aux
Etats-Unis.

Dans la cité hanséatique où circule une foule cos-
mopolite, les La Fayette rencontrent Klopstock, le
célèbre poète allemand à qui Adrienne avait écrit
en 1793, pour lui demander d'intervenir en faveur
de son mari détenu à Magdebourg ; mais l'homme
que Gilbert a hâte de voir, c'est le directeur de la
revue *Minerva*, L. Archenholtz. Aussi quelle n'est pas
sa joie lorsqu'il peut enfin presser sur son cœur —
comme il le lui avait promis tant et tant de fois dans
la correspondance secrète qu'ils avaient échangée —
celui avec qui il avait mis au point un projet d'évasion de la geôle prussienne, dont les imprévus de la
dernière minute avaient empêché la réalisation.

Réception par la colonie américaine, lettre à Bonaparte, entretiens avec Klopstock, Archenholtz, présentation de notables hambourgeois désireux de connaître les glorieux prisonniers d'Olmütz... Deux journées
éprouvantes pour Gilbert qui sent la fatigue le ga-

gner : le 5, à peine sorti de table, il se couche, sombre aussitôt dans un profond sommeil et ne se réveille que très tard dans la matinée du 6.

En sortant de sa chambre, il a un haut-le-corps : sur la porte est épinglé un carré de papier blanc sur lequel il peut lire :

« Monsieur de La Fayette ne recevra personne aujourd'hui ; il dort toujours du 5 au 6 octobre. »

Allusion, aussi perfide que mensongère, à la nuit du 5 octobre 1789, qui avait vu La Fayette prendre quelques heures de repos, avant de remonter en selle à six heures du matin et galoper de Paris à Versailles pour protéger la famille royale en butte aux fureurs de la populace.

Toutes réflexions faites, Gilbert laisse le carré de papier épinglé sur la porte et s'en va en haussant les épaules. Mais qui peut bien avoir fait le coup ? Les archives secrètes de Lagrange viennent de le révéler ; non pas les archives La Fayette exilées dans le couloir des Polonais, mais les archives des émigrés dont la descendance héritera du château : nous avons trouvé une lettre du comte de Jarnac, grand-père d'Olivia de Rohan-Chabot qui devait épouser Jules de Lasteyrie, dans laquelle il raconte à sa femme qui habitait Twickenham, comment, étant descendu dans la même auberge que La Fayette et occupant une chambre voisine de la sienne, il n'avait pas résisté au plaisir d'épingler le carré de papier blanc dont le fac-similé était, du reste, joint à la lettre...

La Fayette ne pouvait pas quitter Hambourg sans faire une visite de courtoisie au ministre de France, Reinhart. Celui-ci, qui était momentanément absent de son domicile, se rendit, aussitôt qu'on le prévînt, à l'auberge où était descendu le général ; dès les premiers mots de l'entretien, il lui laissa entendre qu'une déclaration de fidélité au nouveau régime serait la bienvenue.

Non seulement Gilbert n'en fait rien, mais il rapproche le 18-Fructidor de la sanglante journée du 10 août 1792 aux Tuileries. Ses soutiens et ses amis les plus chers, Talleyrand, Masclet, s'inquiètent depuis un certain temps, de cette intransigeance. Pris par l'action quotidienne, ils savent que la politique, contrairement à ce que croit Gilbert, est l'art de choisir non la solution théoriquement la meilleure, mais la solution pratiquement la moins mauvaise. Cependant le mal est fait. Les propos que Gilbert tient à tout un chacun, sont très vite connus en France. Le résultat ne se fait pas attendre : il est maintenu sur la liste des émigrés, et il est moins que jamais question, pour lui, de rentrer à Paris.

Il est vrai que ce contretemps est un contretemps heureux pour Adrienne : sa santé très éprouvée par Olmütz ne peut que se trouver bien de cette « pause » entre les souffrances de la geôle autrichienne et la vie agitée, fatigante de Paris.

Mais quel est le point de chute où les quatre prisonniers trouveront le bon air, le calme et le régime alimentaire qui leur permettront de refaire leurs forces ? Il n'y a pas à hésiter : Mme de Tessé s'est installée depuis un an à Wittmold dans un vaste domaine campagnard qu'elle gère de façon très sage, ce qui lui permet d'abriter sous son aile une petite colonie, notamment Pauline qui n'a pas quitté sa tante depuis que celle-ci lui a offert, en juin 1794, l'hospitalité du domaine de Lowenberg dans le canton de Fribourg en Suisse, où elle habitait avec son mari.

Nos voyageurs prennent donc la route de Wittmold où ils vont arriver le 10. Pauline qui ne rêvait qu'à cet instant, n'arrivait pas à modérer l'excès de sa joie ; aussi lorsqu'elle entendit le son d'une trompe parti de l'autre berge du lac et annonçant l'entrée, dans la ville, du postillon qui amenait les prisonniers d'Olmütz, elle n'y tint plus, comme l'écrit son biographe A. Callet :

« Elle courut, éperdue, au bord du lac et se jeta dans un petit bateau à rames et à voiles, qui n'avait pour pilote que le vieux M. de Mun. Le ciel était beau, le vent propice ; elle se fit conduire jusqu'à Ploen, et bientôt elle revit la sœur qui lui était une seconde fois rendue. Il lui sembla qu'elle retrouvait en elle « plus qu'elle-même », c'est-à-dire sa mère, sa sœur de Noailles, et tout ce qu'elle avait perdu. Ses nièces étaient là, douces, émues et charmantes ; le général y était aussi, bon, calme, bienveillant comme à son ordinaire. Il présenta à sa belle-sœur ses deux fidèles aides de camp, sortant de prison comme lui : M. Bureaux de Pusy et le comte de La Tour Maubourg. M. de Lameth et M. Pillet, un de ses officiers d'ordonnance, étaient venus à sa rencontre. Une flottille de petits bateaux transporta à Wittmold tous ces pauvres échappés de prison. Le général et sa fille Anastasie montèrent, avec M. de Montagu, dans une de ces barques dont M. de La Tour Maubourg s'offrit à tenir le gouvernail. Mme de Montagu, sa sœur et sa nièce Virginie, se confièrent à l'expérience nautique de M. le marquis de Mun ; le reste s'arrangea comme il put, Mme de La Fayette assise à l'arrière, en face de sa sœur, récita en actions de grâces, pendant la traversée, le cantique de Tobie. On voyait à son visage combien elle était heureuse ; mais Mme de Montagu se trouvait dans une telle ivresse qu'on eût dit que c'était elle qui avait été prisonnière et qui reprenait sa liberté.

« Mme de Tessé attendait sa nièce sur la rive. Elle la reçut avec une vive tendresse, et ce fut, ce jour-là et les suivants, fête à Wittmold. Toute la parenté y fut logée ; les autres s'installèrent à Ploen, mais ils passaient et repassaient le lac deux ou trois fois par jour. La société devint fort animée. Les eaux de ce

pauvre petit lac, ordinairement si tranquille, n'étaient
pas plus agitées par ce va-et-vient continuel, que la
maison de Mme de Tessé l'était par le bruit et la
véhémence inaccoutumée des entretiens de la table
et du salon. Il ne faut pas demander de quoi on parlait. De quoi eût-on parlé, sinon de politique ? »

Et, pour terminer, La Fayette vu par Pauline :

« Quant à M. de La Fayette, mis promptement au
courant de tout ce qui s'était passé depuis qu'il avait,
en quelque sorte, disparu du monde, il était si peu
changé qu'on rajeunissait en l'écoutant. Il était là ce
qu'il fut toute sa vie. Point de rancune, point de haine, ni contre les personnes ni contre les partis ; mais
pas le moindre changement dans ses opinions. Il ne
regrettait et ne se reprochait dans sa conscience politique aucun de ses actes, aucune de ses paroles, aucune de ses pensées. On en était toujours avec lui à la
Déclaration des droits de l'homme et à l'aurore de
la Révolution. Le reste était un grand malheur, un
accident, déplorable sans doute, mais qui n'était pas,
à son avis, plus décourageant que l'histoire des nau-
frages ne l'est pour les bons marins. Il avait la foi
naïve et l'intrépidité calme de ces anciens naviga-
teurs qui, au xvie siècle, allaient à l'aventure sur de
méchants vaisseaux, avec un équipage sans discipline, à la recherche des mondes inconnus. Aussi il
était homme à se rembarquer au premier jour, si
l'occasion s'en présentait, sur les quatre planches un
peu rajustées du radeau de 1791. »

C'est là que la sœur d'Adrienne se trompait. Le
temps avait marché à pas de géant ; la Constitution
de 1791 n'était plus qu'un lointain souvenir : l'histoire n'allait pas offrir à Gilbert « l'occasion de
se rembarquer sur les quatre planches un peu rajustées du radeau de 1791 » ; et même, à supposer que
l'occasion se fût présentée, il ne l'aurait pas saisie :
ses cinq ans de « chômage » politique n'avaient, cer-

tes, rien enlevé à l'ardeur de ses convictions ; plus que jamais il se donnait raison ; plus que jamais il se félicitait des conduites qu'il avait tenues ; mais malgré toutes les justifications, en dépit des certitudes qui l'habitaient, il n'avait aucune envie, pour le moment du moins, de se mêler au combat politique quotidien dans lequel il ne retrouvait rien de *son* combat politique, du combat de la Révolution. D'autres hommes le menaient, d'autres sentiments l'inspiraient, d'autres idées s'affrontaient, d'autres intérêts s'y jouaient. A quarante-deux ans, dans la force de l'âge, La Fayette était, déjà, un homme du passé.

S'en rendait-il compte ? Oui et non. Dans une lettre du 11 octobre à Adélaïde de Simiane, il explique, en n'hésitant pas à faire sa propre caricature, que sa vie politique est finie, à moins que... :

« Je ne risque rien à dire ce que je pense, puisque je ne voudrais, ni ne pourrais être employé à ce que je ne pense pas. Il en résulte *qu'à moins d'une très grande occasion de servir à ma manière la liberté et mon pays,* ma vie politique est finie. Je serai pour mes amis plein de vie, et, pour le public, une espèce de tableau de muséum, ou un livre de bibliothèque... »

Tandis que les La Fayette se reposent à Wittmold, une lettre du banquier Parish les informe d'un incident auquel a donné lieu leur passage à Hambourg. Cet incident, dont le ridicule le dispute à l'odieux, est le fait du baron de Buhl, ministre d'Autriche dans la cité hanséatique, à qui La Fayette et ses compagnons de captivité n'avaient pas rendu visite. Buhl s'en était plaint à Thugut ; celui-ci avait reçu, dans l'intervalle, une lettre de Parish datée du 25 août. Il y répondit le 14 octobre — près de deux mois après — en expliquant qu'elle lui était parvenue seulement fin septembre ; en fait, cette réponse était une suite aux plaintes de Buhl. Thugut, bien entendu, ne soufflait mot de la visite que La Fayette n'avait pas faite à son représentant à Hambourg, mais son aigreur s'exhalait dans le relevé de toutes les attentions, de toutes les prévenances dont les prisonniers, à l'en croire, avaient été l'objet de la part du gouvernement autrichien dans la traversée des territoires de l'Empire, puis de la Prusse :

« Vous aurez appris, Monsieur, par le baron de Buhl, que non seulement il a été pourvu aux besoins des prisonniers et leur transport fait aux frais de ma cour, mais qu'au surplus on a permis au négociant Hirsch de fournir, conformément à vos désirs, l'argent nécessaire aux dépenses que la famille de La Fayette serait dans le cas de faire pour des objets de commodité et d'agrément. Le même ministre vous aura fait connaître la déférence particulière de S.M. pour l'intérêt que les E.U. de l'Amérique ont paru attacher à la mise en liberté desdits prisonniers. »

L'Autriche vaincue avait perdu le sens de la dignité.

La Tour Maubourg et Bureaux de Pusy alertés écrivirent aussitôt d'Altona où ils se trouvaient, au baron de Buhl, une lettre d'une courtoisie aussi exquise que perfide, qui remettait l'Autrichien à sa place :

« Il nous est revenu que M. le baron de Buhl avait témoigné quelque surprise de ce que les trois Français arrachés aux prisons d'Olmütz par les victoires de la République et l'intérêt de la nation française, ne s'étaient pas présentés chez lui pendant les deux jours qu'ils ont passés à Hambourg. Nous saisissons, avec empressement, cette occasion d'assurer M. le baron de Buhl, tant au nom du citoyen La Fayette qu'au nôtre, que s'il nous eût été possible de séparer la personne du ministre impérial de son caractère public, nous aurions eu un extrême plaisir à lui témoigner chez lui, combien nous avons été sensibles aux formes honnêtes avec lesquelles il a rempli la commission dont il était chargé relativement à nous.

Il nous en a coûté beaucoup d'être forcés par les mêmes considérations, de ne pas rendre visite à M. le major Auerhammer qui dans notre voyage n'a négligé aucun moyen de nous faire oublier les procédés que, pendant quarante mois, nous avions éprouvés du gouvernement autrichien.

« Nous avons l'honneur de prier M. le baron de Buhl d'agréer les assurances de la parfaite estime et de la haute considération que nous avons pour sa personne. »

⁘

Quel que fût l'agrément de Wittmold, les La Fayette ne pouvaient pas abuser de l'hospitalité de Mme de Tessé ; Gilbert, d'ailleurs, souhaitait trouver dans les environs une demeure confortable où il pût s'installer avec Adrienne. Son choix se porta sur le château de Lemkühlen dans le Holstein. Choix politique au premier chef : la Prusse qui était sans cesse mêlée au jeu politique et militaire de la coalition monarchique, la Hollande où il eût aimé résider mais qui était, en fait, un état satellite de la France, devaient être écartées. Le Holstein, en revanche, était un havre abrité des tempêtes politiques et militaires ; la présence de Gilbert ne pouvait donner lieu à aucun incident. Enfin Lemkühlen était à une heure et demie de Wittmold : les La Fayette gardaient le contact avec Mme de Tessé.

En annonçant la nouvelle à Mme d'Hénin dans une lettre datée du 14 octobre, Gilbert présente le bilan sanitaire d'Olmütz :

« Nos santés se rétablissent toutes à vue d'œil, et nous ne ressemblons plus à ce que nous étions en sortant d'Olmütz. J'ai cru longtemps que cette captivité me détruirait à fond ; il m'est à présent démontré que le mal physique n'aura été que momentané. Il n'en est pas de même pour ma femme et quoiqu'elle ait, incomparablement, meilleur visage, quoique sa guérison soit assurée, elle est destinée à être souffrante au moins pour tout l'hiver. Elle ne peut pas marcher ; elle n'est pas, un seul instant, exempte de douleurs aux dents, à l'estomac, à la plaie de sa jambe ; ses bras ne sont pas rétablis. Tous les médecins sont d'accord sur les causes de sa maladie, parmi lesquelles ils comptent l'eau détestable que nous avons bue pendant longtemps. Tous pensent que les traces de la captivité d'Olmütz resteront, que son état actuel exige de grands ménagements pour ne pas devenir dangereux d'un moment à l'autre. »

Le séjour à Wittmold avait été, à n'en pas douter, bénéfique pour Adrienne. « Ma mère, dit Virginie, y retrouva des forces, du calme et presque du bonheur. » Mais si son état général s'était amélioré, elle n'avait pas recouvré la santé ; le pronostic alarmant de Gilbert n'était que trop fondé et, après la rémission trompeuse de l'automne, l'hiver allait rappeler à Adrienne qu'Olmütz l'avait à jamais marquée dans sa chair.

C'est le 3 décembre que le couple s'installe à Lemkühlen. Gilbert commence aussitôt la rédaction de ses *Mémoires* en pensant déjà à leur éventuelle publication. Dans la première lettre qu'il a écrite à Magdebourg à Adrienne, le 25 avril 1793, il biffe « mon cher cœur » : il ne veut pas donner sa vie intime en pâture au lecteur ; de même, il parle le plus souvent de lui-même à la troisième personne : une manière de prendre du recul sur tout ce qui lui est arrivé, qui attestera, croit-il, l'objectivité de son propos. Le survol des cinq ans qu'il a passés dans les geôles prussiennes et autrichiennes, l'amène à cette conclusion peu flatteuse pour le gouvernement de Vienne :

« Quoiqu'on ait pu voir avec quelle rigueur haineuse et vindicative La Fayette et ses compagnons ont été traités dans les prisons prussiennes, il est juste de dire que la conduite de ce gouvernement à leur égard a été fort surpassée par les raffinements de la vengeance et de la haine autrichienne, et que les précautions inquisitoriales, les détails de barbarie exercés dans la prison d'Olmütz, donnent à la cour de Vienne toute supériorité sur celle de Berlin dans cet infâme genre. »

Dans la solitude de Lemkühlen, il remonte la pente de son passé jusqu'au premier éveil de cette France révolutionnaire dont il garde la nostalgie, et il désire vivement revoir Mme de Simiane qui a vécu, jour par jour, ce passé avec lui ; il y pensait déjà à Wittmold ; mais rallier le Holstein est une expédition qui ne s'improvise pas en un jour, et durant de longues semaines, il ne peut que ronger son frein...

Tandis que Gilbert entreprend la rédaction de ses *Mémoires,* Adrienne, à qui son mal laisse quelque répit, écrit à Pauline de courts billets qui s'échelonnent tout au long du mois de décembre : chronique vive, alerte, enjouée, qui connaît, à l'approche de Noël, un certain recueillement :

« On prépare la chapelle, nous allons y être en esprit avec vous, attendre celui qui doit venir et qui nous trouvera rassemblés... Adieu ; vos jarretières, votre vieux fichu et plus encore votre charmant petit billet ont charmé Anastasie... Elle est plus active et un peu plus ordonnée ; le corset de Virginie se fait et je crois qu'il réussira. »

Cette âme héroïque oublie ses misères pour compatir à celles de Pauline qui attend un enfant :

« Bonjour chère petite, je me porte bien, j'offre à Dieu vos souffrances et bien souvent, s'il m'en donnait le choix, j'aimerais mieux que ce fût les miennes... Je vous assure que je pourrai bientôt sans imprudence vous aller voir à Wittmold. »

La lettre du jeudi soir, veille de Noël, montre la largeur d'esprit d'Adrienne. Elle ne veut pas que la religion soit une contrainte pour ses filles :

« L'abbé de Luchet a assez bien parlé à Virginie, mais elle est tant revenue sur les incertitudes de son esprit que rien n'est encore décidé, et malgré la longueur de sa confession, je crains bien qu'elle n'ait pas le bonheur de communier ; mais quand même cela serait ainsi, j'ai la confiance qu'elle retirera de lui beaucoup de fruit. »

Le 1er janvier de la nouvelle année, Olmütz se rappelle au souvenir d'Adrienne :

« ... Mon humeur me tracasse : hier matin j'étais mal à mon aise, le soir ma jambe me faisait mal et mon éruption devient alors un peu plus abondante. Aujourd'hui, je suis fort bien, mais comme ce que je suis constamment c'est un peu faible, je crois devoir m'épargner les courses et les fatigues extraordinaires... »

Ce qui ne l'empêche pas de penser à venir en aide à Pauline :

« Permettez que nous vous prêtions dix louis pour la provision de bois à Wansbeek. Comptez-y. Nous les avons. »

Cependant les jours passent et, malgré le bonheur que lui procure cette demi-retraite où elle a Gilbert tout à elle, elle ne cesse de penser à la tâche immense qui l'attend : essayer de récupérer, avec le patrimoine de son mari, les terres qu'elle a héritées de sa famille, et s'efforcer aussi de faire en sorte que les biens des Montagu ne soient pas dispersés ou détournés au profit d'aigrefins. Elle est seule à pouvoir agir ; seule de tous les siens, elle ne figure pas sur la liste des émigrés et peut circuler librement à travers la France : Gilbert, les Montagu restent des « émigrés » ; ils sont comme tels, frappés de mort civile et ne peuvent rien entreprendre. Mme Beauchet, dont la fidélité et le dévouement touchent à l'héroïsme, lui offre de venir occuper le petit appartement qu'elle habite avec son mari rue de Courty à Paris, mais l'inquiétude que lui inspire la santé de sa maîtresse, jette une ombre sur la joie qu'elle se fait de la revoir :

« Mme de Maisonneuve nous a donné hier de vos nouvelles, qui sont un peu meilleures. L'humeur se déplace ; c'est d'un bon augure, mais ce mieux ne calme pas mes inquiétudes.

« Daignez, Madame, me donner souvent des nouvelles de votre santé. J'ai besoin d'apprendre que le mieux fait des progrès. Cela adoucirait un peu mes regrets de ne pouvoir vous rendre mes soins. »

Mme Beauchet a raison d'être inquiète : Adrienne a une plaie variqueuse à la jambe qui suppure et lui interdit tout déplacement.

Mais une joie exaltante va, comme toujours, balayer ses souffrances et ses déceptions. George Washington qui a quitté l'Amérique dès qu'il a appris la libération des siens, est arrivé à Hambourg ; Adrienne lui écrit aussitôt ; et le tutoiement presque insolite auquel elle se laisse aller, fait qu'on la sent physiquement très près de ce fils qu'elle adore et qui lui rendra la santé :

« Est-il bien vrai, cher et mille fois cher enfant, que cette lettre vous trouve à Hambourg, et que nous soyons au moment de nous revoir... Votre retour ranime toute la faculté de mon cœur... Tu trouveras ton père incroyablement rétabli. Je suis encore un peu faible, mais c'est à toi qu'il est réservé de me remettre tout à fait... »

Cette effusion d'amour maternel ne lui fait pas oublier les obligations qu'ils ont tous deux à l'égard de la vieille tante de Chavaniac :

« Ecris, je t'en conjure, à Mme de Chavaniac avant de partir d'Hambourg. C'est un devoir pressent pour cette pauvre tante qui a besoin de tes nouvelles. C'est un devoir filial envers moi à qui elle n'a pas pardonné ton voyage en Amérique. »

Par ailleurs, le retour de George est, pour Mme de Staël et Talleyrand, une occasion de tenter un rapprochement entre La Fayette et Bonaparte : ils souhaitent que le jeune homme qui rentre porteur d'une lettre très élogieuse de Washington, soit reçu par le vainqueur de la campagne d'Italie. Peut-être réussira-t-il à être un trait d'union entre le passé prestigieux de son père et l'avenir que prépare en silence Bonaparte ? Mais celui-ci est d'autant plus réservé à l'égard de Gilbert qu'il est assiégé par les sollicitations en faveur du proscrit. Comme Bollmann, il a remarqué « le talent qu'a La Fayette de se faire des amis ». Lui qui vit et lutte en solitaire, se méfie du concours de bonnes volontés sur lequel peut compter le « général au cheval blanc ». Du reste, quand George Washington se présente au domicile du Premier consul, celui-ci est absent ; c'est Joséphine qui le reçoit avec beaucoup de cordialité et qui, dans le courant de l'entretien, glisse cette petite phrase : « La Fayette et Bonaparte doivent faire cause commune. » George la rapporte à son père qui envisage, aussitôt, une manière de condominium. Une fois de plus il rêve, car la séduisante Joséphine dont Bonaparte est très épris, n'a pas qualité pour parler en son nom.

Des hauteurs de la politique, Gilbert descend, l'instant d'après, à des préoccupations familiales plus terre à terre : Anastasie est amoureuse de Charles de La Tour Maubourg, frère de César, et cet amour est partagé ; Gilbert est favorable à cette union, mais il n'a pas voix au chapitre ; c'est entre femmes que l'affaire est débattue et il y a des heurts : Mme de Tessé et Mme de Chavaniac en sont restées au mariage « de convenances » dans lequel les biens comptent presque autant que les personnes et qui exige que l'on passe contrat devant notaire. Mais Adrienne, après ce qu'elle a vécu, enduré, souffert, n'a que faire de ces anachronismes : seul compte pour elle « le mutuel amour des deux jeunes gens », comme elle l'écrit à Mme de Chavaniac. La pauvreté ? Charles l'a toujours connue et la simplicité avec laquelle il l'accepte, loin de le diminuer, le grandit ; les ressources du jeune ménage seront modestes mais elles suffiront : « Anastasie et Charles auront un peu plus de mille cens de revenus, ce qui leur suffira du reste ; pour la suite la providence y pourvoira. »

Cette volonté de fer d'Adrienne triomphe des préjugés des deux tantes et il est convenu que le mariage aura lieu dans les premiers jours de mai. Le retour de George, le mariage d'Anastasie sont pour Adrienne le meilleur des toniques ; elle en oublie ses misères au point de s'écrier : « La providence est admirable et je n'ai été malade que lorsque j'avais tout le temps de me reposer. »

C'est dans ce climat d'euphorie que Mme de Simiane fait son apparition vers la mi-février... Adélaïde à Wittmold ! Certains dans l'entourage en ont été choqués. Quoi ! A peine sorti de la geôle autrichienne, Gilbert redeviendrait le Gilbert des années folles, jaloux de son indépendance, égocentrique, capricieux ?...

Non. Prendre prétexte pour nier la transformation qui s'est opérée en lui, du fait qu'il souhaite revoir Adélaïde de Simiane, ce n'est pas seulement se montrer injuste à son égard ; c'est aussi ne pas comprendre la nature profonde d'Adrienne ; c'est, enfin, vouloir juger cette société française de la fin du XVIIIe siècle en invoquant des impératifs moraux qu'elle ignorait souvent.

Depuis qu'elle a fait face à l'épreuve des geôles révolutionnaires, depuis surtout qu'elle l'a rejoint à

Olmütz, Gilbert éprouve pour Adrienne un sentiment dans lequel se confondent amour, reconnaissance, respect, admiration. La venue d'Adélaïde ne saurait le remettre en question. Mais la seule présence de la maîtresse de ses jeunes années ne signifie-t-elle pas, pour l'épouse, un certain éloignement physique de celui qu'elle aime ? Poser une question pareille c'est ne pas réaliser l'état de santé d'Adrienne. Gilbert, lui, savait à quoi s'en tenir : il l'avait dit à Mme d'Hénin dans sa lettre du 14 octobre, qu'il terminait par ces mots : « Tous les médecins pensent que son état actuel exige de grands ménagements pour ne pas devenir dangereux d'un moment à l'autre. »

Voilà qui est clair : Gilbert ne s'éloigne pas d'Adrienne, il respecte la solitude à laquelle la contraint la maladie. Parallèlement, le retour d'Adélaïde ne signifie pas qu'il se sent plus près d'elle. Pour lui, cette femme qui n'a plus l'éclat de la jeunesse est un reflet complaisant de sa propre personne : ce qu'était en somme Adrienne dans les toutes premières années de leur vie commune. Le temps travaille lentement contre Adélaïde qui va devenir, peu à peu, une agréable habitude ; il travaille, en revanche, pour Adrienne qui va devenir le parangon de toutes les vertus, l'être sacré.

Mais comment l'épouse réagit-elle à l'arrivée de la maîtresse ? Jeune mariée, elle s'était résignée à la liaison affichée de l'homme qu'elle aimait ; elle s'était même inclinée devant la beauté d'Adélaïde en regrettant de ne pas avoir les mêmes agréments qu'elle ; seulement les temps étaient changés. Après s'être sacrifiée pour Gilbert, après l'avoir eu tout à elle pendant deux ans, ne serait-elle pas en droit d'être profondément peinée ? Sans doute ; mais le fait est que, pas un instant, il ne lui vient à l'idée qu'il lui faut accepter un nouveau partage.

Les raisons d'une conduite dont la générosité peut

paraître excessive, sont complexes. Il y a chez Adrienne une grandeur d'âme, une tolérance qui n'ont pas échappé à Virginie : « Ma mère, dit-elle, appréciait la conduite de ceux dont elle avait le plus à se plaindre, avec une justice indulgente, et dans le cours d'une vie si troublée, cette disposition ne s'est jamais altérée. »

Mais Adrienne va plus loin : elle n'a jamais pensé qu'Adélaïde pouvait être une rivale, moins encore une ennemie. Pourquoi ?

D'abord parce que la passion qu'elle éprouve est trop profonde, trop sûre d'elle-même, pour être effleurée par la jalousie, rançon des passions inquiètes, mal assurées. Depuis qu'ils se sont connus, elle travaille à exercer sur Gilbert et sur l'ensemble de sa vie une influence discrète, mais efficace : entreprise qui va bien au-delà des séductions d'Adélaïde de Simiane.

Ensuite, il y a dans cette passion souveraine, une ambivalence, pour ne pas dire une contradiction qui fait qu'Adrienne idéalise — tout en connaissant bien ses défauts, ses faiblesses — l'homme qu'elle adore. Il est pour elle « l'exemple qu'elle a voulu toujours suivre », le modèle dont elle voudrait être digne » ; en un mot, Gilbert est une manière de divinité dont elle est la servante ; et de même que le fidèle est loin de voir d'un mauvais œil d'autres fidèles communier avec lui dans la même foi, Adrienne voit, sans amertume, l'hommage d'Adélaïde à celui qu'elle révère.

Paradoxe, dira-t-on ; oui, mais qu'il faut accepter tel quel, car, seul, il permet de comprendre l'intérêt de plus en plus vif que l'épouse témoignera à la maîtresse, la part qu'elle prendra à ses peines, le ton amical de la correspondance qu'elle échangera avec elle jusqu'à sa mort.

Enfin, il ne faut pas oublier, non plus, que la conduite d'Adrienne se situe dans le contexte de la société française de la fin du xviiie siècle, pour laquelle la notion de fidélité conjugale n'est pas du tout celle que prônera un certain romantisme. Il est significatif, à cet égard, de voir Anastasie et Virginie qui ont les yeux bien ouverts et savent à quoi s'en tenir sur les rapports entre leur père et Mme de Simiane, n'en éprouver aucune irritation, aucune peine. Bien mieux : elles se plaisent dans la compagnie d'Adélaïde, au point que Virginie va jusqu'à écrire : « Je m'ennuie et n'ai qu'une heure de bonne dans la journée : celle que je passe avec la comtesse de Poix et Mme de Simiane. » Et s'il fallait une preuve de plus du fait que la présence d'Adélaïde dans le cercle des La Fayette est, pour ainsi dire « officialisée », il n'y aurait pas à la chercher bien loin : c'est Mme de Staël qui intervient auprès de ses amis pour que Mme de Simiane soit autorisée à se rendre à Wittmold ; c'est Pillet, l'homme qu'Adrienne a toujours eu en haute estime, qu'elle appelait « notre cher Pillet », qui s'occupe de toutes les formalités administratives ; c'est enfin Mme de Maisonneuve, sœur de César de La Tour Maubourg dont le frère Charles est officiellement fiancé à Anastasie, qui voyagera en compagnie d'Adélaïde.

Celle-ci a vite fait de s'intégrer à la petite colonie de Wittmold-Lemkühlen, de participer à ses travaux, à ses joies, à ses peines. La grande affaire du moment, c'est le mariage d'Anastasie. Adrienne s'y donne tout entière. Mais quelle imprudence d'avoir osé défier le destin en assurant « qu'elle n'avait jamais été malade lorsqu'elle avait le temps de se reposer ».

Le vrai c'est qu'elle essaie de masquer le mal qui la mine, mais elle n'y réussit guère. Dès les premiers froids, elle s'est attendue à un hiver rigoureux et elle explique, dans une lettre à Rosalie, comment elle espère écarter la menace :

« Je suis prise par les bras et par les jambes et je suis souvent fort mal à mon aise, mais les douleurs que j'avais intérieurement ne sont pas revenues, et j'espère qu'avec les précautions que je prends, je n'aurai aucun accident d'ici à la belle saison où je me remettrai tout à fait. »

Elle donne à Mme Beauchet des précisions plus détaillées sur la thérapeutique — combien primitive ! — dont elle escompte les effets bienfaisants :

« Je fais de petits remèdes fort doux qui empêchent que cette humeur se porte à l'intérieur ; je dors bien, mon estomac va bien et je ne suis qu'un peu maigre, un peu faible et pas fort leste. Dès que le printemps sera venu, je pourrai faire des remèdes curatifs et je vous assure que je ne négligerai rien. »

Hélas ! les beaux jours arrivent sans apporter aucune amélioration. Elle écrit à Mme Beauchet, le 24 avril, de Wittmold :

« J'ai eu de petits accès de fièvre... de ma jambe guérie depuis un mois, un muscle vient de se reprendre de manière à m'empêcher tout à fait de marcher... La fièvre est passée, il ne me reste que la fatigue causée par l'hémétique à mon estomac. »

En mai, elle dira tout à Rosalie :

« J'ai été bien souffrante depuis six semaines, je n'ai pas marché depuis les premiers jours d'avril. Un effroyable dépôt à la jambe se formait depuis ce temps-là. Il s'est ouvert de lui-même, il y a neuf jours, a énormément suppuré et je me porte bien à présent, quoique n'ayant pu encore mettre pied à terre. »

On imagine le surcroît de fatigue que lui causent les préparatifs du mariage. Mais, grabataire héroïque, elle fait face à tout, veille à tout, comme l'écrit A. Callet, biographe de Pauline :

« Elle ne voulut pas qu'on ralentît d'un jour les apprêts de la cérémonie : elle était aussi calme, aussi

ferme d'esprit qu'on l'eût jamais vue. Ses enfants :
le fils d'un côté, de l'autre les deux sœurs, réunissant
leurs forces, la transportaient sur un canapé, de sa
chambre au salon et du salon à sa chambre. »

Le mariage est célébré dans la chapelle improvisée
à Wittmold : Adrienne est comblée. Il lui suffit d'évo-
quer un passé vieux d'un an à peine, pour que le
présent lui apparaisse comme l'image même de la
félicité : « Lorsque je songe, écrivait-elle, à l'horrible
situation où se trouvaient mes enfants, il y a peu de
temps, et que je les vois tous trois autour de moi,
que je suis prête à en adopter un quatrième, suivant
mon cœur, je ne puis suffire à mes actions de grâces
envers Dieu. »

Cependant, après avoir vécu dans la fièvre et l'allégresse du retour de George Washington et du mariage d'Anastasie, les hôtes de Lemkühlen retombés
dans la platitude de l'existence quotidienne, prennent
conscience du caractère précaire de leur situation :
le Holstein peut être envahi par les troupes françaises ; du coup, le proscrit n'y sera plus en sécurité ;
mais, surtout, une image assombrit l'horizon des La
Fayette : leurs relations avec Bonaparte ; George
Washington n'a pas réussi à être un trait d'union
entre les deux hommes. Gilbert a bien écrit à plusieurs reprises de Lemkühlen, au Premier consul ;
celui-ci ne lui a pas répondu. C'est que tout ce qui
part de la main de l'exilé (il passe le plus clair de son
temps à écrire et Félix Pontonnier à recopier ce qu'il
écrit) n'est qu'explication et justification de la position politique qu'il a prise en 1789, défense et
illustration de l'idéal de liberté dont il souhaite la
réalisation ; or Bonaparte, qui déteste les « idéolo-
gues », n'a que faire de toute cette théorie politique ;
de plus il n'aime pas qu'on ait l'air de lui donner une
leçon. La raideur de Gilbert inquiète, désole ses amis ;
ils le voudraient plus souple, mais il leur répond inva-

riablement : « Il faut me prendre tel que je suis. »
Il souhaite, en manière de diversion, « un établissement tranquille dans une bonne ferme assez éloignée
de la capitale, pour n'y être pas importuné dans sa
solitude et n'y voir que ses intimes amis ». La Grange
répondrait à ses désirs, mais encore faut-il le récupérer.

Très rapidement il en a assez de Lemkühlen où il
ronge son frein et dont la location lui coûte, de surcroît, très cher. Il s'installe en mai à Wittmold, tandis
qu'Adrienne, qui se sent plus vaillante à l'approche
de l'été, décide de se rendre à Paris : voyage d'affaires qui a pour but d'obtenir le plus de « radiations »
possibles de la liste des émigrés, en vue de faciliter
la récupération du patrimoine des La Fayette et de
celui des Montagu, et de permettre ainsi le partage
de la succession de la duchesse d'Ayen ; mais aussi,
voyage d'information politique : Adrienne veut savoir exactement où on en est, et ce que l'on voit
poindre à l'horizon, pour ne pas être surprise par
l'événement mais pouvoir, au contraire, en anticipant
sur lui, agir dans l'immédiat au mieux des intérêts
de Gilbert, et, à terme, de ceux de toute la famille.

Elle part donc, en juillet 1798, avec son gendre et
ses deux filles. Le 6 août, elle est à Utrecht d'où elle
écrit à Pauline pour lui conter leur voyage : aux choses vues et « croquées » d'une plume alerte, elle mêle
ses comptes de chef de famille :

« Notre voyage a été paisible, ma tête un peu fatiguée du dérangement du sommeil, fatiguée des
secousses de mon cœur et me rendant un peu apathique, du reste ma santé est très bonne. Anastasie
vomissante ou engourdie, Virginie fort gentille et
Charles excellent, fort soigneux et réellement aimable.

« Avec les accidents de la voiture et les six chevaux
nous avons dépensé plus de quarante louis. J'en laisse

vingt à mes enfants. Mme de Maubourg va devoir six mois des intérêts des 35 000 F que je leur enverrai aussi et qui pourront conduire Anastasie à Chavaniac et Charles en Holstein. »

Elle quitte Anastasie qui s'installe en Hollande, et poursuit son voyage en compagnie de Virginie.

Elle est surprise par le visage nouveau qu'offre le Paris directorial qui cherche à remplacer partout les traces sanglantes de la Révolution par des images riantes : esplanades, parcs, jardins fleuris. Elle s'étonne de voir renaître les plaisirs de la vie mondaine dans des salons où les jolies femmes rivalisent d'élégance.

Mais, très vite, elle pense aux choses sérieuses et entreprend — tâche écrasante — la liquidation de l'énorme contentieux accumulé par les La Fayette depuis la Révolution. C'est elle qui mène tout désormais, c'est elle qui pourvoit aux besoins et défend les intérêts des siens, mari, fils, filles et gendre :

« Je ne perds pas un moment pour avancer mes affaires : chaque jour on est accroché par un nouvel incident, mais avec l'aide de Dieu, à force d'acharnement et de persévérance, nous viendrons à bout de l'essentiel.

« J'espère, dans la décade prochaine, être payée de ma liquidation ; alors je vous enverrai sur-le-champ votre second quartier et je serai en état de pourvoir aux besoins de votre père, de votre frère et aux vôtres ; en attendant que nos affaires communes soient terminées, nous allons entrer dans le fort du travail. J'irai à Chavaniac pendant les estimations et, à mon retour, nous conclurons les partages, le paiement de plusieurs dettes dont ma mère était solidaire, puis je m'occuperai de mon passeport. »

Voyage d'information politique : Adrienne n'a pas été longue à se rendre compte que le Directoire, gouvernement d'affairistes, de jouisseurs et de prébendiers, ne suscite que mépris dans l'opinion publique. Mais ce mépris s'accompagne d'une passivité qui ne permet pas de donner fût-ce un commencement de réponse à la question : De quoi demain sera-t-il fait ? Il est difficile, dans ces conditions, de savoir comment s'y prendre pour ne pas agir à contretemps.

Gilbert, lui, ne peut plus se sentir dans sa solitude désœuvrée de Wittmold. Prompt comme toujours à s'abandonner à l'imagination d'un avenir qui lui échappe complètement, il se voit déjà, si le sol de la patrie continue à lui être interdit, allant refaire fortune en Amérique. Et pressé comme toujours, il attend d'Adrienne, non seulement qu'elle obtienne du Directoire, dans les meilleurs délais, les autorisations nécessaires, mais encore qu'elle demande d'urgence pour Victor et Charles de La Tour Maubourg, à défaut d'une radiation de la liste des émigrés, l'autorisation de rentrer en France.

Devant cet autoritarisme péremptoire et naïf qui frôle l'inconscience, Adrienne se fâche : pour la deuxième fois de sa vie elle reproche à son mari d'être injuste à son égard. Et Gilbert, qui adore sa femme, n'est plus qu'un petit garçon repentant, confus, mais en même temps surpris de lui avoir fait tant de peine, au point qu'il cherche avec une gaucherie qui n'est pas dans sa manière, le bénéfice de circonstances atténuantes :

« Je vois avec un vif regret, mon cher cœur, que je vous ai volontairement blessée par la lettre à laquelle vous répondiez le 1er brumaire (22 octobre 1798). Vous avez bien mal jugé l'impression que je recevais de votre correspondance. Elle ne m'avait fait éprouver que de la satisfaction... Vous seriez bien injuste de penser que je n'ai pas constamment compté sur votre exactitude à faire les démarches dont nous étions convenus ; mais tout était nécessairement si vague que vous auriez pu vous faire aussi des illusions. Je conviens cependant, avec plaisir, de tout mon cœur, que c'est moi qui me suis trompé et que vous avez eu raison. Il ne m'en reste que le chagrin de vous avoir tourmentée et d'avoir provoqué par là votre injustice envers moi. »

Mais comme Adrienne annonce qu'elle n'arrivera en Hollande qu'en février pour les couches d'Anastasie, il croit bon d'envoyer au Directoire une lettre dans laquelle il demande que cesse l'interdiction faite aux La Tour Maubourg et à Bureaux de Pusy de rentrer en France.

La Réveillière-Lepeaux, président en exercice du Directoire, en recevant Adrienne qui lui remet la lettre, ne peut contenir son émotion : la prisonnière d'Olmütz, incarnation de la fidélité conjugale, est une héroïne à laquelle vont son respect et son admiration. A défaut des radiations sollicitées qu'il n'est pas en son pouvoir d'accorder, il lui donne l'autorisation de circuler librement entre la résidence de son mari et la France : c'est tolérer, implicitement, le séjour de La Fayette en Hollande.

Après avoir arraché Gilbert à la mort en allant le rejoindre dans la geôle d'Olmütz, Adrienne vient d'obtenir pour lui une atténuation des rigueurs de l'exil.

Avant de quitter Paris pour la Hollande où tout le monde se retrouvera pour les couches d'Anastasie, Adrienne, qui n'oublie pas les dettes qu'elle a contractées, écrit à une dame Marchais à qui elle doit plusieurs centaines de livres, qu'elle espère la rembourser bientôt :

« L'homme propose et Dieu dispose... Nos affaires, que je suis ici venue terminer, ne le sont pas encore. Nous n'avons pu encore rien toucher de nos revenus, ni par conséquent acquitter nos charges les plus sacrées. Je n'ai pas encore d'asile et je loge chez Mme Beauchet, qui a bien voulu me recevoir. Je vais passer six semaines en Hollande, près de ma fille aînée qui va y faire ses couches. J'espère qu'à mon retour nous pourrons faire nos partages... »

Elle prend enfin la route de Hollande et, après un crochet en Belgique, elle arrive à Vianem, une petite ville près d'Utrecht, où Anastasie et Charles de La Tour Maubourg ont loué une maison de campagne très accueillante. C'est Adrienne qui a choisi Vianem, pour des raisons... budgétaires comme elle l'a expliqué à sa fille :

« Puisque la sage-femme a bonne réputation, je crois que vous faites bien de ne pas quitter ce lieu. Il me semble même que nous pourrions y rester pendant vos couches ; un premier travail donne ordinairement plus de temps qu'il n'en faut pour appeler le chirurgien de deux lieues. Je crois que pour mille raisons il vaudrait mieux que notre réunion se fît à Vianem que dans une grande ville, et une des plus essentielles c'est qu'il en coûtera moins cher. Prenez sur cela, tous les renseignements que vous pourrez. »

Les participants à la réunion de famille vont arriver en ordre dispersé : La Fayette et ses compagnons, retardés par une inondation, ne seront là que huit jours après l'accouchement, Rosalie fera son apparition quelques semaines plus tard, Pauline et son mari débarqueront la veille de Pâques.

C'est à Adrienne, omniprésente, qu'il est donné de suivre d'instant en instant, les souffrances, la joie puis la douleur de la jeune mère...

Le récit de l'accouchement, qu'elle fait à Mme Beauchet dans une lettre du 4 mars, est un modèle de « chose vue » et vécue, plein de sobriété, de force, de précision :

« C'est le douzième jour après mon arrivée que ma fille est accouchée. Jamais travail n'a été plus heureux ; elle n'a pas donné un moment d'inquiétude ; toutes les douleurs ont été utiles ; dès le commencement, on savait que son enfant était bien

tourné, et c'est au bout de sept heures que j'ai reçu
l'aînée de mes petites. Je la tenais sur mes genoux,
attendant que sa mère fût délivrée, lorsque la nouvelle qu'il y avait un second enfant me serra terri-
blement le cœur. Se présentant bien aussi, je ne craignais pas alors pour ma fille, mais j'en voyais une
assez forte et je tremblais que l'autre ne vînt pas.
Au bout de trois quarts d'heure d'un travail violent,
mais où la mère criait très peu et qu'elle aidait avec
un grand courage, nous eûmes la deuxième petite.
Nous l'entendîmes faire un petit cri. Elle était pâle
et faible, mais bien vivante. Virginie vint. Nous mî-
mes l'aînée sur ses genoux, dans un côté de la grande
chambre qu'habite ma fille, et je repris la plus petite,
pendant qu'on délivrait et soignait la mère.

« Charles était pétrifié ; ma fille très heureuse,
mais faible et fatiguée... Vous jugez ce que fut l'arrivée de ses deux filles près d'elle ! Mais elle était si
lasse que ses sentiments avaient plus de douceur que
de vivacité. »

Cette femme de grande noblesse, dont certains
pourraient croire qu'elle ne vit que dans un monde
de sentiments éthérés, suit d'un regard lucide les progrès de la montée du lait chez sa fille et se préoccupe
des précautions à prendre pour l'alimentation des
deux nourrissons :

« Son lait n'est venu en force que le quatrième jour,
mais sans excès d'abondance. Comme elle mettait
beaucoup de courage à se faire tirer et pomper son
lait, il venait facilement. L'aînée, qui pourtant était
la plus forte, tirait fort peu et la petite n'en avait
pas assez. Mais elles prenaient volontiers une petite
bouillie de biscuits, d'usage dans ce pays, et de l'eau
sucrée. »

Et voici maintenant le drame et son dénouement :

« Le mardi, nous avons porté nos jolies petites à
l'église ; elles étaient très bien. L'aînée avait toujours

eu, depuis sa naissance, le nez très rouge ; il vint des
aphtes dans la bouche ; elle ne voulut plus téter...
mais elle buvait, digérait à merveille et dormait presque toujours. Le samedi, Charles s'aperçut qu'elle
avait les pieds enflés... On lui donna une potion
conseillée par le médecin d'Utrecht ; on changea un
peu son régime ; son estomac allait toujours bien ;
mais, le soir, il lui vint du mal au nombril ; l'enflure
remonta dans ses jambes ; elle eut tous les symptô-
mes d'un mal de gorge... Le soir du dimanche, elle
fit difficulté d'avaler et le lundi, après une nuit de
sommeil, elle tourna tout à fait à la mort et mourut
à midi. »

Peu à peu, cependant, Anastasie surmonte l'épreuve ; elle a la joie et la consolation de voir l'enfant
qui lui reste et qui a été mise en nourrice, reprendre
à vue d'œil. L'arrivée de La Fayette et de ses compagnons, celle de Rosalie, de Pauline, et de son mari,
créent un climat de détente et d'allégresse. Adrienne
est tout heureuse de retrouver Rosalie et Pauline.
Les effusions auxquelles les trois sœurs s'abandon-
nent, les prières qu'elles disent d'une seule voix, les
ramènent aux jours lointains de leur enfance... Mais
vient, comme toujours, le moment où Adrienne s'arrache à ces douceurs pour reprendre sa lourde tâche
de chef de famille : obtenir le retour de Gilbert, récupérer le patrimoine des La Fayette, procéder au partage de la succession de la duchesse d'Ayen, trois
objectifs dont la réalisation dépend de l'évolution de
la situation politique en France.

De tout cela, on discute dans la petite colonie à
longueur de journée. La Fayette, revigoré par les
marques de sympathie que lui prodiguent les Hollan-
dais et tout ému de voir à Utrecht des troupes françaises portant la cocarde tricolore, cette cocarde qui
est le symbole même de *sa* révolution, se sent, devant
la menace d'une nouvelle guerre, un vif désir de ser-

vir de nouveau son pays ; mais voilà ! sa condition
de proscrit le lui interdit.

Et voici qu'il se met de nouveau à rêver : il importe, avant tout, de renverser ce Directoire despotique et impuissant. Lui-même pense, s'il y avait une
crise de régime, pouvoir rallier autour de sa personne
les amis de la Liberté. Très vite, ses conseillers le
ramènent à la réalité : sur six cent mille mécontents,
six au plus sont prêts à agir. Brusquement dégrisé,
il revit les journées fiévreuses de juillet 1792 où il
essayait en vain de galvaniser une opinion publique
inerte ; et, faisant volte-face, il reparle de partir pour
l'Amérique ; mais Washington déconseille le voyage.
Alors, renonçant au coup de force et au projet d'ex-
patriation, il donne toute son attention aux partages
de la succession d'Ayen et se voit de nouveau un
avenir dans l'agriculture. Adrienne, qui le connaît
bien, écrit le 18 mars à Mme Beauchet « un petit mot
bien confidentiel » où, tout en plaisantant sur ce qu'il
y a de chimérique dans cette vocation agricole, elle
tient à faire plaisir à l'homme qu'elle aime :

« Mon mari est sans cesse occupé du choix que
nous ferons dans nos partages. Son goût pour l'agriculture est réel... Voici une note qu'il m'avait prié
de copier dans ma lettre à Mme Beauchet : je la
joins ici telle qu'il me l'a donnée. C'est pour lui une
occupation de tous les moments que l'agriculture de
sa future propriété et, quoique cela puisse être un peu
moins que les projets de Perrette, puisqu'il n'a même
pas la permission d'approcher du pot au lait, je mets
pourtant bien du prix à ce qu'il ait ces détails... »

Bientôt Adrienne n'a plus rien à faire à Vianem ;
il lui tarde de gagner Paris pour suivre l'évolution
de la situation politique et agir au mieux des intérêts
de la communauté. Elle part donc le 5 mai et, après
un voyage sans histoire, elle retrouve un Paris mécon-
tent mais apathique et incertain. Les élections pour

le renouvellement des « Cinq Cents » ont amené une majorité hostile au Directoire. L'opinion publique dans son ensemble veut que « ça change », mais en même temps elle a peur d'un changement qui risquerait d'aboutir au retour soit des « ultras », soit des « conventionnels ». Elle attend, elle espère confusément qu'un pouvoir fort va chasser définitivement ces deux épouvantails ; mais quel sera ce pouvoir fort ? Le Directoire, usé et méprisé, n'a aucune chance. Sieyès, qui a reparu sur le devant de la scène politique après avoir survécu à la Terreur, le sait si bien qu'il n'y est entré que pour en précipiter la chute.

Adrienne est reçue par ce « sage » dont le crédit grandit de jour en jour. Elle plaide avec chaleur la cause de Gilbert, mais Sieyès reste sur la réserve : « Je désire très sincèrement son retour, dit-il, mais je crois qu'il serait dangereux pour lui de rentrer en France. Nous avons des lois dont nous ne pouvons nous écarter. »

Au vrai, Sieyès qui est dans une position d'attente, veut d'autant moins se compromettre qu'il ne peut, en aucun cas, être l'homme qui imposera à la France un pouvoir fort. Déjà il pense à un général : « Il me faut, dit-il, une épée. Qui la tiendra ? » Bernadotte, Moreau, Bonaparte ?

L'abbé, sur qui Adrienne a fait grande impression, la reçoit souvent, et elle peut ainsi informer Gilbert de première main sur la situation politique. Elle a parfaitement compris que le pays attend un arbitrage et que l'homme qui imposera cet arbitrage sera l'homme du compromis : c'est-à-dire qu'il n'hésitera pas à sacrifier la pureté des principes à la nécessité de faire une cote mal taillée entre tant d'appétits, de revendications, d'exigences, de récriminations, de regrets. « Il faut de part et d'autre, des sacrifices », écrit-elle le 9 octobre à son mari, « et les leçons, de part et d'autre, ont été si fortes qu'on semble à la fin les entendre... Dans une pareille situation la vertu n'a guère de place ».

C'est le bon sens, c'est la sagesse même qui parlent par sa bouche : elle a tiré les enseignements amers de la Révolution. Mais Gilbert retarde de dix ans ; il semble n'avoir rien appris, rien oublié ; et sur le vu de la situation politique que lui décrit Adrienne, il se retrouve de nouveau en 1792 : un instant il croit que le destin frappe de nouveau à sa porte, qu'il lui offre une occasion exceptionnelle de rendre service à son pays ; il s'imagine qu'il jouit de la même popularité qu'en 1789, il est convaincu que l'opinion publique va réclamer son retour, bref qu'il est l'épée que Sieyès appelle de ses vœux, mais sans penser à lui. Déjà il a un plan tout prêt, comme il l'explique à La Tour Maubourg dans une lettre du 21 vendémiaire (17 octobre 1799) :

« Persuadé que le premier moyen de succès est d'oser, et voyant que tout le monde craint de se compromettre, j'ai offert d'arriver subitement à Paris ; de mettre les gouvernants dans l'alternative d'agir ou de m'assassiner ; de faire monter à cheval avec moi Beurnonville, Lefebvre ; de proclamer et assurer la liberté dans la capitale et par suite dans la France, envers et contre tous. »

Il ne se rend pas compte que ses projets ne sont que des souvenirs, qu'il rêve sa politique au lieu de la faire ; il ne voit pas davantage que la liberté n'est plus, en 1799, ce qu'elle était en 1774 lors de la révolte des treize colonies américaines contre la tyrannie de l'Angleterre, ou en 1789 lors de la révolte du tiers état contre la monarchie absolue : une évidence sur laquelle il était impossible de se méprendre. La liberté a, depuis dix ans, changé tant de fois de camp en France, elle a été, tant et tant de fois, revendiquée par les uns et contestée, au même moment, par les autres, qu'elle ne se reconnaît plus et qu'elle ne reconnaît plus les siens.

Heureusement pour La Fayette, des hommes qui gardent la tête froide lui montrent le caractère chimérique de son projet :

« On m'a répondu que je perdrais la vie sans aucun fruit. Pétiet, ami intime de Moreau et qui est pour moi le même qu'à Sedan, a prié ma femme de me faire savoir que son ami était excellent et parfaitement intentionné, mais qu'il n'avait pas le caractère qui fait sortir de la marche régulière et, qu'en un mot, hors un jour de bataille, il n'était pas propre à une entreprise. On a dû pourtant causer à fond avec lui, et j'attends des nouvelles de cette conversation. »

Alors qu'il s'interroge, un homme agit, un homme a formé et va réaliser, envers et contre tous, le projet auquel l'exilé n'a fait que rêver : Bonaparte, qui a laissé à Kléber le commandement de l'armée d'Egypte, arrive en France le 9 octobre, décidé à renverser un Directoire tyrannique et impuissant.

Du coup, La Fayette accepte de redevenir simple spectateur ; il s'efface, sans la moindre amertume, devant le vainqueur de la campagne d'Italie, dont il n'ignore pas que, tout en parlant très obligeamment de lui, il le tient résolument à l'écart. Mieux : il sait parfaitement que Bonaparte n'est pas, comme lui, l'homme qui exige de la liberté une pureté intransigeante ; pourtant il souhaite, comme il l'explique à La Tour Maubourg, le voir réussir :

« Le moment est très favorable pour Bonaparte. Il ne risquera pour la liberté aucun avantage personnel ; il a prouvé que son âme pouvait très tranquillement en voir la violation et même y coopérer. Cependant, si sa gloire, si son ambition demandent qu'il se mette en avant pour la bonne cause, il le fera. Son vœu doit être que la République s'établisse sur des bases solides de liberté et de justice. Peut-

être a-t-il envie d'en être président à vie ?... J'aimerais fort cet arrangement. Ce serait un essai curieux
à faire. »

A n'en pas douter, il s'agit d'un tournant décisif
dans la vie de La Fayette. Il renonce à la politique
active et il envisage, avec le zèle d'un néophyte, de
se consacrer à l'agriculture, comme il l'écrit d'Utrecht
le 28 octobre 1799 :

« Je vois que vous ne doutez pas d'avoir la Grange
pour votre part de succession. Je désire fort que vous
y prépariez de quoi arrondir dans la suite une belle
ferme, car si nous sommes destinés à fixer notre
retraite en France, mon activité, je le sens, se portera
à l'agriculture, que j'étudie avec toute l'ardeur de
ma jeunesse pour d'autres occupations.

« Adieu, ma chère Adrienne, je suis impatient de
rentrer en France pour la chose publique, pour mes
amis, pour moi-même ; je le suis aussi, d'une manière inexprimable, par le désir que j'ai de vous
revoir. »

Tandis qu'il renonce à un rêve grandiose mais
chimérique pour mettre toutes ses espérances dans la
réalisation d'un rêve plus modeste, Adrienne, qui a
les pieds sur terre, suit l'évolution de la situation
politique avec la lucidité, la pénétration qui lui
avaient permis de prévoir, dès 1789, « la suite de
conséquences incalculables qu'allait entraîner la Révolution ». Elle comprend que l'heure de Bonaparte
est venue. Et tout de suite, elle lui demande audience
pour le remercier au nom des prisonniers d'Olmütz.
Il la reçoit et, dès les premiers mots de l'entretien, il
prend la mesure de cette femme exceptionnelle,
comme elle prend la mesure de cet homme exceptionnel.

« La vie de votre mari, lui dit-il, est attachée à la
conservation de la République. »

Il suffit de cette petite phrase pour qu'elle demande

à Gilbert d'écrire au général une lettre « brève et digne ». Cette lettre facilitera, croit-elle, le retour de l'exilé, objectif auquel elle accorde la priorité des priorités.

Gilbert, tout en se livrant, comme à son habitude, à des spéculations sur Bonaparte, le despotisme, la liberté, etc., obéit docilement. Et les derniers mots qu'il adresse à Adrienne vont la bouleverser de bonheur :

« Il faut que je vous répète encore une fois que je suis complètement heureux et satisfait de ce que vous faites, de tout ce que vous dites et plus encore de tout ce que vous êtes. Je lis dans votre cœur, ma chère et bien aimée Adrienne, et aucun de ses bons, tendres et généreux mouvements n'échappent au mien ; j'ai une impatience inexprimable de vous revoir ici ou là, et d'attraper enfin l'heureux moment où nous ne nous séparerons plus... »

Une semaine après, c'est le coup d'Etat que tout le monde attendait et qui met fin au Directoire. Bonaparte, avec l'aide de son frère Lucien, chasse *manu militari* de Saint-Cloud où il siégeait, le conseil des « Cinq Cents » qui avait osé lui tenir tête. Trois consuls, Bonaparte, Sieyès et Roger Ducos remplacent les cinq directeurs ; mais Bonaparte est seul maître : Sieyès et Roger Ducos ne sont que des figurants.

A deux jours de l'événement, La Fayette avait écrit à Adrienne une lettre dans laquelle, après s'être inquiété de sa santé et lui avoir recommandé de se ménager, il se disait sûr de la bienveillance de Bonaparte à son égard, bienveillance « dont les preuves lui revenaient de toutes parts ». Eloigné de Paris, confondant des bruits sans consistance avec des informations, son optimisme naturel lui fait prendre une fois de plus ses désirs pour des réalités ; une fois de plus, il recommence à voir la vie en rose ; il se remet

[texte manuscrit]

« Je vous conjure de ne plus aller à pied de Châtenai à
Paris... »

à espérer, sans savoir du reste, au juste, ce qu'il
espère...

Mais Adrienne, qui est toujours à la pointe de
l'événement, examine très objectivement les chances
qu'a l'exilé de rentrer en France. Et qui met-elle dans
la confidence ? Adélaïde de Simiane à qui elle écrit
le 24 brumaire :

« Que d'événements depuis que je vous ai écrit,
Madame !... Je ne doute pas que la suite n'amène le
retour de Gilbert. Je suis même persuadée que, si nos
amis étaient un peu plus actifs, cela serait emporté.
Sa femme les anime le plus qu'il est en son pouvoir ;
elle a vu Rœderer qui lui donne les meilleures espérances ; elle veille aussi à ce que la manière soit un
peu convenable ; tout cela l'agite beaucoup ; elle
attend de ses nouvelles, après les grands événements,
avec une vive impatience... »

Cette lettre, empreinte d'une véritable affection,
montre bien qu'Adrienne voit dans Mme de Simiane
non pas une rivale, mais une alliée qui souhaite,
comme elle-même, le retour de Gilbert et qui inter-
viendra de façon pressante auprès de Talleyrand, son
proche parent, resté aux Affaires étrangères, pour

qu'il plaide auprès de Bonaparte la cause du proscrit.
Seulement, voilà... « Si nos amis, dit Adrienne,
étaient un peu plus actifs »... Pourquoi ne le sont-ils
pas ? Parce qu'ils savent que le Premier consul ne
veut pas entendre parler — du moins dans l'immédiat — du retour de La Fayette. La présence à Paris
du « général au cheval blanc », qui est resté populaire, pourrait le gêner au moment où il se prépare
méthodiquement à régner sur la France.

Adrienne n'hésite pas : elle fait établir un passeport
sous un faux nom et demande à Alexandre Romeuf
de le porter à La Fayette qui se trouve à Utrecht,
en lui disant que, s'il veut remettre les pieds en
France, il faut qu'il se décide sur-le-champ. Elle a
pris un risque calculé ; elle se dit que le nouveau
régime qui se réclame du libéralisme de 1789, n'osera
pas interdire le sol français à l'homme qui a incarné
le libéralisme au début de la Révolution.

1799 — LE RETOUR DE L'EXILE

Deux heures après avoir reçu Romeuf, Gilbert qui a une confiance aveugle dans Adrienne, prend la route de France. Sitôt arrivé à Paris, il écrit à Bonaparte une de ces lettres dont il a le secret : il l'informe de la décision qu'il a prise de rentrer en France. En somme, tout en gardant au « citoyen consul » une reconnaissance émue, il entend n'être pas à ses ordres.

En prenant connaissance de la missive, Bonaparte entre dans une violente colère : le proscrit doit retourner sur-le-champ en Hollande, faute de quoi il paiera cher ce coup de tête. Rœderer et Talleyrand conseillent d'obtempérer. Mais ils se heurtent à un La Fayette décidé à tenir tête à Bonaparte, comme il a tenu tête naguère à Thugut :

« Je dis à mes amis, qu'ayant jugé convenable pour moi de venir en France, c'était à présent au consul Bonaparte à juger s'il était convenable pour lui de m'y laisser tranquille ; qu'eux devaient me connaître assez pour savoir qu'il eût suffi de ce ton impérieux et menaçant pour me fixer dans le parti que j'avais pris » ; et comme leurs infructueuses instances nous avaient conduits jusqu'après minuit, je leur observai, en me retirant à pied avec Louis Romeuf, qu'il serait très plaisant que je fusse arrêté le soir par la garde nationale de Paris et mis au Temple, le lendemain, par le restaurateur des principes de 1789... »

Il reprend, en somme, l'argumentation d'Adrienne et sa position est, en principe, inattaquable. Mais il ne se rend pas compte que sa lettre au consul, en mettant celui-ci devant le fait accompli, signifie que La Fayette n'a pas d'ordre à recevoir de Bonaparte et qu'il se décide toujours librement. Or c'est là jouer avec le feu et le consul ne va pas manquer de relever un défi imprudent. Dans cette situation critique, Adrienne, qui a pris le risque de faire venir Gilbert à Paris, prend le risque — plus grand encore — d'affronter Bonaparte. Il n'a pas oublié sa première visite et il la reçoit très aimablement. Elle marque déjà un point : il ne s'emporte pas contre Gilbert ; il est peiné, simplement, de le voir se conduire ainsi ; mais ce n'est pas avec une femme qu'il peut débattre d'une affaire d'Etat ; il s'adresse directement à La Fayette, en faisant appel à son esprit de compréhension :

« Vous ne m'entendez pas, Madame, dit-il, mais le général La Fayette m'entendra et, ne se trouvant plus au centre, il sentira que je dois en juger encore mieux que lui. Je le conjure donc d'éviter tout éclat ; je m'en rapporte à son patriotisme. »

C'est mal connaître Adrienne : elle saisit au vol l'occasion qu'il lui offre en disant : « Vous ne m'entendez pas, Madame » ; elle veut lui montrer qu'elle l'entend parfaitement : une éloquence naturelle, un sens juridique instinctif, aiguisés par les discussions qu'elle a eues avec plusieurs personnalités révolutionnaires, et non des moindres, ont fait d'elle un maître du barreau. Aussi plaide-t-elle la cause de Gilbert avec une conviction, une chaleur, et une habileté telles que Bonaparte, tout au plaisir de l'écouter, en oublie les ennuis que lui cause le retour du proscrit ; mais pour ne pas donner l'impression qu'il bat en retraite, il conclut l'entretien sur ces mots :

« Je suis charmé de vous avoir reçue, vous avez beaucoup d'esprit, mais vous n'entendez rien aux affaires. »

Elle accepte la boutade aussi allégrement que l'hommage : elle a gagné. Il est convenu que La Fayette « rentrera » en France sans demander une autorisation et qu'il attendra à la campagne la fin légale de sa proscription.

Adrienne n'est pas, pour autant, au bout de ses peines. Le Premier consul a demandé que l'exilé se retire à la campagne : c'est un ordre. Or, l'ombrageux Gilbert n'acceptera jamais de recevoir un ordre. Adrienne fait alors un pieux mensonge : « Bonaparte, précise-t-elle, n'ordonne pas, mais conseille la retraite à la campagne. » L'amour-propre de La Fayette n'en demande pas plus ; il annonce à Rœderer qu'il va résider *volontairement* à Fontenay-en-Brie, non loin de Lagrange. « J'étais peu disposé, dit-il, à tenir compte des menaces de Bonaparte, mais je me sentais lié par ses recommandations. »

Il se sent tellement lié qu'il écrit à Mme de Chavaniac le 10 frimaire (1er décembre 1799) une lettre dans laquelle il n'est question que de prudence et de renoncement :

« J'ai écrit, en arrivant, à Bonaparte et à Sieyès et leur ai mandé que j'allais immédiatement vous voir ; mais il m'a paru convenable que mon retour ne fût pas connu et ne produisît pas l'effet que l'on pouvait attendre de la malveillance des ennemis et de la bienveillance publique. Il était impossible d'arriver dans notre département sans causer la sensation que nous voulons éviter.

« Mais, dès que je le pourrai, nous partirons tous pour Chavaniac. J'ai renoncé aux affaires publiques. Le séjour de Paris, souillé du sang de mes parents et de mes amis, m'est devenu insupportable et il faudrait, pour m'y ramener momentanément, un devoir patriotique dont il ne peut être question puisque la Révolution va être terminée par un pouvoir auquel je ne participe point et qui a tous les moyens de faire le bien... Je souhaite que mon retour fasse le moins de bruit qu'il se pourra, sans pourtant qu'il me convienne en aucune manière de me cacher. Vous ferez bien aussi de continuer à mettre mes lettres sous l'adresse de ma femme. »

Se doute-t-il de la portée de ces derniers mots ? Adrienne l'a arraché à la mort puis à l'exil ; maintenant qu'il est en France, elle continue à veiller sur lui...

Dès que la succession de la duchesse d'Ayen avait été réglée, Adrienne entrée en possession du château de Lagrange pillé pendant la Révolution, s'était occupée de le rendre partiellement habitable ; mais comme elle était démunie d'argent, elle emménagea avec — en tout et pour tout — un crucifix, un prie-Dieu, deux matelas, et une montre qui se trouve à Lagrange. Encore dut-elle, pour pouvoir effectuer ces modestes achats, rogner sur son budget transports : elle s'obligeait, dans chacun de ses déplacements, à faire avec Virginie une partie du trajet à pied.

Lorsque Gilbert rentra d'exil, le château devint le refuge de la famille. Adrienne n'en continuait pas moins à se rendre presque tous les jours à Paris, pour plaider la cause de tel ou tel de leurs amis qui figurait encore sur la liste des émigrés. Mais à chaque voyage, une aimantation douloureuse la dirigeait toujours, en compagnie de sa sœur Pauline, vers la barrière du Trône à la recherche de la fosse commune où les cadavres décapités des siens avaient été enfouis dans un affreux pêle-mêle avec ceux de mille trois cents victimes de la Terreur. Elle réussit enfin, en 1802, à retrouver le lieu sinistre. Mais il fallait, avant de pouvoir prétendre à quoi que ce fût, acheter le terrain environnant et les deux sœurs n'avaient pas les moyens.

Elles eurent alors l'idée d'ouvrir une souscription parmi les parents des victimes ; grâce aux fonds recueillis, elles devinrent — conjointement avec dix autres familles — propriétaires du sol et purent ainsi faire édifier une chapelle à l'endroit même où s'élevait celle qui avait été détruite par la Révolution. Quand les travaux furent terminés, il leur suffit d'échanger un regard : elles tombèrent à genoux et se prosternèrent jusqu'à effleurer de leurs lèvres cette terre de douleur sur laquelle elles plantèrent la croix du souvenir. Un peu plus tard, elles entourèrent d'un mur le cimetière et firent bâtir le couvent qui reçut l'ordre des Adoratrices. Depuis, nuit et jour, dans la nef de la chapelle, face à l'endroit où se trouvait la fosse commune, les religieuses disent les prières pres-

Douze copropriétaires pour le terrain de Picpus.

crites par Adrienne et dont rien — guerres, révolutions, bouleversements sociaux — n'a jamais rompu le fil. Il semble que le temps ait suspendu son vol, comme s'il voulait tenir ce lieu sacré à l'écart des vicissitudes humaines...

Gilbert et Adrienne, installés à Lagrange, ont enfin réalisé leur rêve. Rien désormais ne peut les séparer. Leur cadette Virginie a épousé en 1803 le marquis Louis de Lasteyrie. Leurs petits-enfants croissent en force et en sagesse. La ferme qui sera l'orgueil des La Fayette commence à payer les lourdes dettes contractées pendant l'exil. Des lettres de Martha Washington, de Jefferson, de Madison, de Monroe, de John Quincy Adams, apportent régulièrement de bonnes nouvelles. George Washington revient des guerres napoléoniennes où il a fait preuve d'un courage qui lui a valu l'estime de ses chefs.

De 1801 à 1807, les La Fayette sont très heureux. Six années trop brèves, puisque Adrienne, lorsqu'elle tombe malade en 1807, murmure : « Si seulement le Seigneur pouvait nous accorder encore six petites années de bonheur à Lagrange ! »

DECEMBRE 1807 :
« L'AME DE LAGRANGE DISPARAIT »
MAI 1834 :
GILBERT REJOINT ADRIENNE A PICPUS

C'est en septembre 1807 qu'elle est prise brusquement d'une forte fièvre accompagnée de vomisse-
ments répétés. Gilbert, qui se trouve à Chavaniac,
rentre précipitamment à Lagrange. Le docteur Lobinhes, qui suit Adrienne depuis plusieurs années,
ne cache pas que son état est très grave. De quoi
s'agit-il ? La médecine de l'époque est trop rudimen-
taire, trop incertaine pour que l'on puisse sur le vu
d'expressions telles que « fièvre maligne », « dissolu-
tion du sang » etc., poser un commencement de
diagnostic. Ce qui est sûr, en tout cas, c'est qu'Adrienne a contracté le mal qui va l'emporter, à Olmütz, et
que les privations de toute sorte, le manque de soins,
qu'elle a endurés pendant deux ans dans la geôle
autrichienne, l'ont fait évoluer de façon irréversible
jusqu'à l'issue fatale qui surviendra le 24 décembre 1807.

Mais l'ignorance dans laquelle nous laisse la médecine importe peu. La lettre écrite par La Fayette à
César de La Tour Maubourg, quelques jours après
la mort d'Adrienne, nous révèle les secrets d'une
vérité humaine bouleversante, auprès de laquelle la
vérité médicale ne compte guère.

Lettre extraordinaire dans laquelle La Fayette, en

racontant la fin d'Adrienne à son plus vieux compagnon de captivité et son ami le plus fidèle, réussit l'impossible :

Il fait un récit précis et détaillé de l'événement, comme s'il en était l'impassible témoin, mais, en même temps, sa douleur s'épanche tout au long de ce récit ; enfin et surtout, il a la surprise de voir surgir devant lui une Adrienne inattendue, une Adrienne qui lui dit des mots qu'elle avait tus toute une vie, et ces mots vont remuer en lui un monde confus de sentiments contradictoires...

Rien dans la part de spectacle qu'offre la mort, par la force des choses, n'échappe à Gilbert : le dévouement du docteur Lobinhes qui s'ingénie à chercher d'introuvables remèdes, la venue en consultation de Corvisart, médecin personnel de Napoléon Ier, les allées et venues autour du lit de la mourante, le recueillement soudain des derniers moments :

« Nous étions autour de ce lit qu'on avait avancé dans la chambre et sur lequel elle avait fait signe à sa sœur de s'asseoir. Ses trois filles portaient sans cesse des serviettes chaudes sur ses mains et ses bras pour retenir un reste de chaleur. L'essai d'une cuillerée de vin nous a fait croire qu'elle expirait... J'ai fait éloigner les autres pour ne pas intercepter l'air ; elle a recommencé à respirer. Nous nous sommes tous mis à genoux autour de ce lit, suivant les mouvements lents de sa respiration qui s'est soutenue, longtemps, je crois, pour son état...

« C'est sans l'apparence de souffrance, avec le sourire de la bienveillance sur son visage et tenant toujours ma main que cet ange de tendresse et de bonté a cessé de vivre... Nous avons arrosé de nos larmes les restes inanimés de cette adorable femme. Je me suis senti entraîné par MM. de Mun et de Tracy ; mon cher fils me tenait dans ses bras ; on m'a permis de l'embrasser encore... J'ai dit adieu à elle et à mon bonheur dans ce monde. »

Mais par-delà le spectacle de la mort, par-delà même la douleur qu'il éprouve, La Fayette a l'intuition de ce qu'il y a d'exceptionnel, d'unique, dans le délire qui marque la fin d'Adrienne. Cet homme qui n'a aucune culture médicale ou scientifique, observe et note avec la précision d'un clinicien moderne — alors que la psychiatrie n'est pas encore née — un fait qui, à n'en pas douter, échappe à la sagacité de Lobinhes et de Corvisart :

Tandis qu'Adrienne est promenée, au gré de son délire, à travers des époques et des pays imaginaires où évoluent dans des situations insolites ceux qu'elle aime et qui l'environnent : fils, filles, sœurs, gendres, parents et alliés, ce délire épargne une seule personne, son mari :

« Son imagination en désordre, par un miracle de sentiment, n'a été invariablement fixée que dans ses rapports avec moi. Il semble que cette impression fût trop profonde pour être atteinte, plus forte que la maladie, que la mort même, car, déjà, cette angélique créature n'existait plus. Tout était glacé, et le sentiment comme la chaleur et la vie s'étaient réfugiés dans cette main qui serrait la mienne. »

Et, très vite, il discerne dans le vertige mental d'Adrienne, la permanence de ce qui a été sa raison de vivre et sa raison d'être : la passion qu'elle éprouve pour son époux.

Mais cette passion va s'exprimer avec une véhémence telle que Gilbert en est, un instant, troublé :

« Peut-être s'est-elle plus livrée à l'expression de sa tendresse, à l'abandon du sentiment que si elle avait toute sa raison. »

C'est qu'il a de la peine à comprendre que la raison telle qu'il l'entend, c'est-à-dire le respect de certaines convenances, la soumission à certaines contraintes sociales est dépassée : l'approche de la mort, en effet, balaie ces convenances, ces contraintes. Adrienne laisse parler sans retenue son amour ; elle n'en perd pas pour autant la raison. La preuve, c'est qu'elle se souvient parfaitement de « l'entraînement violent » qui faisait qu'elle était près de se trouver mal quand Gilbert, retour des Etats-Unis, entrait dans la chambre, comme elle se souvient aussi de la retenue qu'elle s'imposait de peur d'être importune, de gêner son époux. Mais, en cet instant suprême, elle ne condamne plus cet entraînement ; elle s'y abandonne parce qu'il a été le bonheur de sa vie :

« Que de grâces je dois rendre à Dieu de ce qu'un entraînement si violent a été pour moi un devoir ! Que j'ai été heureuse ! Quelle part d'être votre femme ! Je vous aime chrétiennement, profondément, passionnément, voluptueusement même, s'il me restait encore des sens ! »

Gilbert, dès lors, réalise que c'est toujours la même Adrienne qui lui parle :

« Dans cet adorable délire où elle était restée tout entière, relativement à moi, rien n'a plus retenu cette tendresse incomparable, ce culte du cœur, si j'ose dire, qui s'est montré dans tout son charme, dans toute son exaltation, dans toute sa plénitude. »

Et il suffit que, pour répondre à cette passion infinie, il évoque la tendresse que lui-même éprouve, pour qu'elle manifeste une reconnaissance éperdue — presque incrédule — à celui qui lui a permis de connaître un tel amour :

« C'est vrai que vous avez pour moi de la tendresse ? Quoi ? C'est vrai ? Que vous êtes bon ! Répétez encore. Cela fait tant de plaisir à entendre... Si vous ne vous trouvez pas assez aimé, prenez-vous-en à Dieu : il ne m'a pas donné plus de facultés que cela. »

A l'approche de la mort, elle se retrouve l'adolescente, l'enfant presque, qui, en se donnant à jamais au jeune héros de l'indépendance américaine, a découvert tout à la fois la tendresse, la passion charnelle, l'admiration et le respect. L'influence discrète mais continue qu'elle a exercée sur ce « fayettiste » dont elle s'efforçait de faire un « adrienniste », l'intelligence, le courage avec lesquels elle l'a aidé, soutenu, arraché à la mort, puis rendu à la liberté, les tâches écrasantes qu'elle a accomplies en véritable chef de famille, tout cela elle l'a oublié : il est redevenu son seigneur et maître, celui dont elle épie le moindre geste, dont elle redoute un froncement de sourcil, dont elle attend un sourire, un regard bienveillant :

« Un jour qu'elle venait d'être pansée et que je la regardais avec compassion : « Ah ! c'est trop payé, me disait-elle, par ces bienveillants regards »... Elle voulait que j'allasse à mes affaires, et lorsque je lui répondais que je n'en avais pas d'autre que de la soigner : « Que vous êtes bon ! s'écriait-elle de sa voix faible et pénétrante. Vous êtes trop aimable ! Vous me gâtez ! Je ne mérite pas tout cela. Je suis trop heureuse ! »... L'habitude de s'occuper de moi lui avait laissé dans son délire une étonnante sagacité sur ma disposition. Le lendemain d'un jour que nous avions été fort malheureux : « Votre visage est plus serein aujourd'hui, dit-elle, mais pas encore tout à fait. » Et une autre fois que j'avais été fort oppressé par l'inquiétude et qu'elle me regardait assez loin de son lit, elle me dit : « Vous avez bon visage... non, pas trop bon », ajouta-t-elle en me fixant. « Je parie que vous avez souffert de la poitrine »... »

Elle a même oublié qu'elle le plaisantait jadis sur son « fayettisme » : « Vous n'êtes, lui disait-elle, ni royaliste, ni républicain ; vous êtes fayettiste. » Le « fayettisme » est maintenant pour elle quelque chose de sacré :

« Vous n'êtes pas chrétien ? » me demanda-t-elle un

jour et, comme je ne répondais pas : « Ah ! Je sais
ce que vous êtes : vous êtes fayettiste ! — Vous me
croyez bien de l'orgueil, répondis-je, mais ne l'êtes-
vous pas vous-même un peu ? — Ah ! oui, s'écriat-
t-elle, de toute mon âme ! Je sens que je donnerais
ma vie pour cette secte-là ! »

Pour rendre sensible le bonheur exaltant qui a été
le sien, elle n'hésitera pas à le mettre bien au-dessus
de celui de ses filles :

« Elle me parlait très raisonnablement du bonheur
de ses filles, du noble et bon caractère de ses gendres.

« Je n'ai pourtant pas pu, ajoutait-elle, les rendre
aussi heureuses que moi ! Il aurait fallu la puissance
de Dieu pour refaire pareille chose. Vous êtes
incomparable ! »

Et c'est tout naturellement qu'elle lui adresse cette
prière :

« — Je vous ai donc été une douce compagne ?

« — Oui, sans doute.

« — Eh bien, bénissez-moi. »

Mais c'est tout près de la fin, alors que Gilbert ne
peut plus contenir sa douleur, qu'elle cherche à
l'étreindre une dernière fois :

« C'est donc vrai ? Vous m'aimez ? Ah ! que je suis
heureuse ! Embrassez-moi. » Ses pauvres bras qui
étaient sans mouvement, sortirent de dessous ses
draps avec une vivacité dont la garde fut surprise.
Elle en passa un autour de mon cou, approchant ma
tête de la sienne, caressant mon visage avec une
complaisance passionnée, elle me serra contre son
cœur en répétant : « Quel bonheur ! Que je suis heureuse d'être à vous ! » Elle tenait ses yeux fixés sur
moi avec un plaisir, une tendresse inexprimables.
Tant que sa main droite a eu quelques mouvements,
elle portait la mienne successivement à sa bouche et
à son cœur. »

Cette Adrienne inattendue suscite chez Gilbert un monde de sentiments parfois contradictoires :

« Ce n'est pas pour me vanter que je dis tout cela, mon cher, quoiqu'il y ait raison de s'enorgueillir ; mais je trouve de la douceur à me redire avec vous, tout ce qui me rappelle combien elle était tendre et qu'elle a été heureuse. »

Le vrai c'est qu'il éprouve un certain malaise, presque du remords, en voyant cette femme admirable lui crier qu'elle lui doit tout, alors qu'elle lui a tout donné, tout sacrifié. Mais l'orgueil d'avoir été l'objet d'un tel amour et le plaisir, pour ne pas dire l'espèce de soulagement qu'il ressent de l'avoir rendue heureuse, refoulent le remords dans la pénombre. Aussi veut-il que cette mort reste jusqu'à la fin, un tête-à-tête entre elle et lui : ce qui lui vaudra de découvrir un sentiment qui lui était inconnu :

« Un petit crucifix s'était trouvé sous sa main ; elle avait, au lieu de le prendre, saisi la mienne qu'elle serrait entre les siennes dans l'attitude de la prière. Probablement c'est pour moi qu'elle priait. On me demanda de m'éloigner pour que Mme de Montagu qui, dès le commencement, avait eu sa confiance, pût s'informer si elle n'avait rien à lui dire. Mon premier mouvement fut contre cette requête, toute tendre et timide qu'elle fût. Je craignais que ses derniers moments ne fussent troublés. J'avoue même que ma vieille affection conjugale, de trente-quatre ans, éprouvait pour la première fois un sentiment de *jalousie*. C'était un besoin passionné de l'occuper exclusivement. Je voulais tous ses regards, toutes ses pensées. Je me réprimai cependant et voulus ne rien laisser à désirer pour elle. Je cédai ma place à sa sœur qui répéta deux fois la question. La chère malade, toujours très tendre pour Mme de Montagu et qui voulut même l'avoir près d'elle, répondit deux fois « Non » en ajoutant : « Allez souper » et paraissant impatiente de me voir reprendre ma place. Dès que j'y fus, elle prit encore mes mains dans les siennes, en me disant : « Je suis toute à vous. » Ces mots « toute à vous » sont les derniers qu'elle ait prononcés. »

Ainsi, au moment où elle va disparaître, il n'y a plus dans la conscience d'Adrienne qu'une image immense : celle de l'homme qu'elle a adoré...

C'est lorsqu'elle eut été enterrée à Picpus, tout près — comme elle le souhaitait — de la fosse commune où étaient ensevelies les victimes de la Terreur, que Gilbert, après ces deux mois d'un tête-à-tête passionné, où Adrienne lui avait été plus présente que jamais, eut soudain le sentiment d'un vide immense. Quelques jours plus tard, il écrivit à Mme de Staël ces simples mots : « L'âme de Lagrange vient de disparaître. »

En se retrouvant seul dans la vaste demeure, il n'avait pas seulement perdu la joie de vivre, il était atteint dans les profondeurs de son être. A cinquante ans, il se faisait l'effet d'un vieillard, simple spectateur de la vie, cette vie qu'il avait, dans sa toute première jeunesse, pétrie à pleines mains.

Mais un homme de cette trempe ne pouvait sombrer dans la mélancolie. Il réagit en menant une existence de fermier sur sa terre qu'il ne quittait pour ainsi dire plus. Cependant il s'était ménagé une ouverture vers le monde : réveillé, tous les matins, à cinq heures par Bastien, son fidèle valet, il écrivait de son lit à ses amis, à tous ceux qui, dans tous les pays, tendaient leurs mains vers la liberté : Polonais, Hongrois, Grecs, Espagnols, Portugais, Américains du Nord et du Sud.

Puis il rejoignait en pensée la disparue : il s'agenouillait et, pendant de longues minutes, serrait entre ses doigts un médaillon d'or dans lequel étaient enfermées une miniature d'Adrienne et une boucle de ses cheveux. On eût dit que le culte du souvenir était traversé par l'ombre d'un remords... Il avait condamné la chambre de la disparue dont il gardait la clef sur lui. Seulement, à chaque veillée de Noël il y pénétrait et passait la nuit à écrire de longues lettres, à Mme Beauchet qui avait servi Adrienne avec tant de dévouement, et à quelques amis fidèles.

Bien qu'il eût renoncé à la politique active, il restait fidèle à son personnage : l'ennemi de toutes les tyrannies, de toutes les oppressions. C'est cette fidélité qui l'amena à rompre avec Bonaparte lorsque celui-ci devint consul à vie puis empereur et qui fit de lui un opposant résolu à Charles X, « roi des ultras ». Il alla, en cette occasion, jusqu'à prendre, au cours des « Trois Glorieuses », la tête de la Révolution de 1830 et il eut, de surcroît, le privilège de poser sur la tête de Louis-Philippe qu'il sacra « Roi des Français », une couronne dont il ne voulait pas pour lui-même. Il retourna à sa terre et, après quatre ans d'absence, il se rendit une dernière fois dans la capitale — en mars 1834 — pour assister aux obsèques de son ami Dulong. Saisi par un refroidissement, il dut s'aliter.

Comme ils l'ont fait vingt-sept ans plus tôt, trois enfants se retrouvent au chevet d'un mourant... Les premières lueurs de l'aube commencent à filtrer à travers les rideaux de soie jaune, lorsqu'ils voient la main de leur père tâtonner sur sa poitrine. George comprend : il met dans cette main hésitante le médaillon qu'elle cherche. La Fayette le porte à ses lèvres... Le surlendemain, il rejoint Adrienne à Picpus pour l'éternité. Au terme de tant d'épreuves, de souffrances, de joies et de peines, les voici, enfin, unis dans le même destin.

UNE NOUVELLE PRESENCE
DANS LE MONDE DES VIVANTS

Mais la mort ne va pas être pour eux l'effacement continu dans la nuit de l'absence et de l'oubli. Car, si Gilbert est redevable à Adrienne de Picpus et de ce repos sur lequel veillent les prières des religieuses de l'Adoration perpétuelle, Adrienne est redevable à Gilbert d'une nouvelle et extraordinaire présence dans le monde des vivants.

« Vous nous appartenez, Général », avait dit à La Fayette en 1824, James Monroe, président des Etats-Unis, « et après nous, vous appartiendrez à nos enfants, et après eux, aux enfants de nos enfants, pour toujours ».

L'Amérique a tenu parole : dès 1834, Livingston, ministre des Etats-Unis à Paris, après avoir fleuri la dalle de Picpus, déploie au-dessus d'elle le drapeau constellé de vingt-quatre étoiles ; et soudain, les premières notes de l'hymne national américain rompent le silence qui, depuis un demi-siècle, régnait sur ces lieux : c'est la voix d'un peuple ami qui vient bercer les La Fayette dans leur tombeau.

D'année en année la cérémonie a plus d'ampleur et plus d'éclat ; les étoiles s'ajoutent aux étoiles sur le drapeau national ; ministres, ambassadeurs, géné-

raux américains, procèdent ponctuellement à la relève de l'emblème.

Paradoxe émouvant : alors que les Etats-Unis sont
déchirés par la guerre de Sécession, alors qu'il n'y a
plus une mais deux Amériques, celle des Fédéraux et
celle des Confédérés, c'est toujours la même bannière
étoilée qui flotte sur la dalle ; comme si, par-delà
les vicissitudes de l'histoire, un seul et même emblème
symbolisait le culte que les Américains ont voué au
héros de leur indépendance.

Mais c'est au cours de l'année du bicentenaire, c'est
le dimanche 4 juillet 1976, jour de l'Independance
Day, qu'un miracle va s'accomplir :

Deux cents millions d'Américains, lorsqu'ils tournent le bouton de leur téléviseur entre sept heures
et dix heures du matin — selon la variation des
fuseaux horaires de l'extrême Pacifique à l'extrême
Atlantique — vont aller de surprise en surprise :

Ils voient paraître l'image d'un petit cimetière
français où se déroule, au même instant, retransmise
par satellite, la traditionnelle cérémonie du souvenir.

Ils apprennent que c'est le seul endroit au monde
où le drapeau américain flotte, sans interruption,
nuit et jour, depuis cent quarante-deux ans.

Ils voient s'avancer vers la tombe de La Fayette,
un de leurs généraux : le Commandant en chef des
Forces américaines dans le monde entier. L'homme,
qui, à deux cents ans de distance est l'héritier militaire du général Washington, n'assiste pas à la célébration de l'Independance Day dans son propre pays.
Il est venu à Picpus, procéder en personne à la relève
du drapeau.

Ils comprennent alors, en contemplant la dalle sous
laquelle La Fayette a voulu que de la terre de Virginie fût mêlée à la terre de France, que cette minute

émouvante réalise l'union symbolique des deux patries que les La Fayette, dans les jours heureux où la vie leur souriait, comme dans les jours de malheur où la mort semblait frapper aux portes de leurs prisons, ont toujours aimées d'un même amour.

TABLE DES MATIERES

ACHEVÉ D'IMPRIMER
LE 21 AVRIL 1977
SUR LES PRESSES
DE
L'IMPRIMERIE
CARLO DESCAMPS
CONDÉ-SUR-L'ESCAUT

Dépôt légal : 2e trimestre 1977
N° d'éditeur : 451
N° d'impression : 1291
Imprimé en France